沉浮

全球经济领导权
变迁的中国视角

刘　刚　张友泽 / 著

上海远东出版社

图书在版编目(CIP)数据

沉浮:全球经济领导权变迁的中国视角/刘刚,张
友泽著.--上海:上海远东出版社,2025.-- ISBN
978 - 7 - 5476 - 2135 - 6

Ⅰ. F124;F112

中国国家版本馆 CIP 数据核字第 20254Y3D12 号

责任编辑 程云琦
封面设计 李　廉

沉浮:全球经济领导权变迁的中国视角

刘　刚　张友泽 著

出　　版　上海远东出版社
　　　　　　(201101　上海市闵行区号景路 159 弄 C 座)
发　　行　上海人民出版社发行中心
印　　刷　上海锦佳印刷有限公司
开　　本　710×1000　1/16
印　　张　17.5
插　　页　1
字　　数　251,000
版　　次　2025 年 5 月第 1 版
印　　次　2025 年 5 月第 1 次印刷
ISBN 978 - 7 - 5476 - 2135 - 6/F · 766
定　　价　68.00 元

序　言

　　党的十九大以来,习近平总书记多次指出,当今世界面临百年未有之大变局。近年来全球范围内黑天鹅、灰犀牛等不确定性事件频发,保护主义、单边主义不断上升,世界经济持续低迷,全球产业链、供应链遭遇非经济因素冲击,国际经济、科技、文化、安全、政治等格局都在发生深刻调整,世界进入动荡变革期。今后一个时期,中国经济发展将面对更多逆风逆水的外部环境,必须做好一系列准备以应对新的风险挑战。

　　在这一系列变局中,全球经济领导权(Global Economic Leadership)正在悄然发生变化。全球经济领导权是一个抽象的概念,主要体现在国际社会对一个主权国家经济发展理念的认可与跟随。所谓"得道多助,失道寡助",理解"道"的理论内涵,是把握全球经济领导权更替规律的关键。第二次世界大战后,随着布雷顿森林体系等国际经济秩序的建立,美国以其具有绝对优势的经济基础、军事实力和政治影响力获得了无可争议的全球经济领导权。在冷战结束、苏联解体后,美国的全球经济领导地位得到进一步巩固和提高,然而却扭曲为实实在在的经济霸权。

　　美国在拥有全球经济领导权之后并未将其用于改善世界民生福祉,而是将其视作服务本国统治阶级,特别是国内上层阶级资本家,榨取全世界人民劳动果实的工具。在国际上,一方面表现为滥用美元的世界货币地位,以美联储的货币政策为媒介频繁发起美元潮汐,引爆新兴市场经济体国内的金融危机,再以极低的价格购买发展中国家的优质资产,收割全世界人民的劳动果实。另一方面表现为滥用全球银行间通信网络 SWIFT、关税协定等国际支付与结算工具，肆意封锁或制裁与美国有利益冲突、居于弱势地位的发展中国家，发动贸易战遏制他国经济发展。再一方面表现为肆意拱火挑起战乱，售卖军火大发战争财，谋夺战乱国家优质资产坐收渔翁之利。

在美国国内，由于劳动力密集型产业等创造大量劳动力就业岗位的企业将低附加值生产环节通过美国的全球经济领导权转移至具有劳动力比较优势的发展中国家，美国经济的金融化和产业空心化现象逐渐加剧，上层食利的统治阶级借助美国的全球经济领导权降低了要素投入成本，获取了更高的利润，但广大中产阶级和工人阶级却失去了赖以谋生的工作岗位，国内阶级差距逐渐拉大，阶级对立、阶级矛盾不断上升，经济社会出现撕裂，恶化了美国的经济结构，削弱了对外输出"民主自由"等"灯塔"价值观的文化基础。美国基于华盛顿共识的全球治理战略直接或间接衍生种种罕见的不确定性事件冲击所呈现的现象表明，美国全球经济领导权正逐渐丧失国际支持。

"秦失其鹿，天下共逐之"，美国全球经济领导权的衰弱使世界经济的发展出现越来越多的乱象，世界经济增长的停滞导致不同国家之间、不同阶级之间的矛盾加剧，迫切需要有一种新的价值观和新的世界经济发展思路与发展动力引领，驱使世界经济突破发展瓶颈，走向新的、更高水平的"稳态"与"均衡"。近年来，在百年未有之大变局下，中国在取得一系列经济发展成果的背景下，努力践行大国担当，提出"一带一路"倡议、人类命运共同体等重要战略思想，为世界经济发展和人类前途命运提出了中国理念和中国方案，受到国际社会的广泛赞誉和热烈响应，中国在国际社会的"朋友圈"逐渐扩大，国际支持度稳步上升，成为潜在拥有全球经济领导权地位的主权国家。

然而，美国的经验教训表明，全球经济领导权是一把"双刃剑"，对全球经济领导权的滥用必然导致国际与国内的双重失衡，既不利于自身的健康发展，还会给世界人民带来灾难。因此，理解全球经济领导权从何处来，向何处去，探讨其更替的客观规律是中国现阶段迫切需要研究的课题，对于如何用好全球经济领导权造福世界人民，以中国式现代化带动世界经济现代化，以中国经济高质量发展促进世界经济高质量发展具有重要的现实意义。

本书立足于百年未有之大变局的现实背景，在梳理典型事实逻辑的基础上，探讨中国全球经济领导权获得国际支持的动因和效应，并在此基础上研究相应的启示，意图将抽象化的政治号召转化为具象化的政策制定参考，凝练出以构建人类命运共同体的中国理念引领世界经济发展的行动路线图。

本书构思于2021年11月，经过三年三轮修改，终于在2024年12月成文。第一轮参与人员有陈毓菁、林鹏辉、苏志洪和施润东；第二轮参与人员有梁祎、陈东鹏、常文浩、林仪、祝钰华和陈永超；第三轮参与人员有张友泽、黄俊凯、江宇浩、卢凯隆、蒋宇轩、吴勤勉和蒋华君。张友泽博士协助我调整了书稿写作提纲并统稿。

感谢我的父母和岳父母，让我成人。特别感谢在本书撰写过程中，给予我无私帮助与关爱的木木和牛牛，你们的支持是我前进的最大动力。同时，还要感谢幸福港湾的大家庭成员，尤其是喻希夷、刘威、刘泽菻、邓汝达、喻牧川，你们是充满希望的新一代和新新一代，未来属于你们！

刘　刚

2025年1月18日

出版说明

一、本成果主要内容

当今世界正面临百年未有之大变局,长期不公正、不合理的国际分工体系所积累的矛盾日渐尖锐,世界主要大国间的力量对比发生深刻变化,作为超级大国的美国经济停滞不前,第二次世界大战后美元主导的国际货币体系正在接近十字路口,主要大国之间制裁与反制裁博弈日趋白热化,国际多边体系进入瓦解与重构过程……在一系列的变局中,全球经济领导权正悄然发生变化,中国的发展理念和发展方案逐渐得到越来越多国家的支持。基于此,本成果聚焦中国全球经济领导权的国际支持,就其动因、效应与启示展开研究,探讨其从何处来、向何处去,为中国如何提前谋划,应对全球经济领导权变化的国际冲击提供理论参考与政策借鉴。

二、主要观点

(1) 在百年未有之大变局下全球经济领导权出现向中国悄然转移的趋势,越来越多的国家开始支持中国的世界经济治理理念和方案。近年来世界经济体系遭受重创,经济增速严重放缓,主要发达国家和地区经济陷入衰退,进而造成全球金融市场急剧动荡,全球贸易环境迅速恶化,新兴经济体对外贸易额减少,众多国家陷入就业困难,失业人数不断攀升,多国政府预算赤字增加,全球通货膨胀压力上升,各种不利因素屡次冲击世界经济。美国作为世界贸易体系中的“龙头”,理应带头实行更加开放公平合作的贸易政策,但出于维护其自身经济利益,不断推行贸易保护主义,破坏全球贸易规则,严重损害其他贸易伙伴的利益。种种因素叠加,全球经济都在呼唤一个新的领导者,而中国提出"一带一路"倡议,打造以"人类命运共同体"为口号的"共赢"理念正赢得全世界的认可。

(2)中国全球经济领导权获得国际支持,一方面在于中国经济崛起,并努力践行大国担当,另一方面也在于世界经济环境趋于动荡背景下美国经济霸权衰落及其"逆经济全球化"战略。在三届"一带一路"国际合作高峰论坛召开,以及亚洲基础设施投资银行(AIIB,以下简称"亚投行")成员加入之后,中国全球经济领导权的国际支持度在现实层面越来越高。随着中国开放型经济转型升级、国内国际双循环提出和"一带一路"倡议推进,加之西方逆经济全球化趋势蔓延、国际金融体系混乱与不稳定,在推力因素和拉力因素的共同作用下,中国在全球经济领导权转移博弈中的"加分项"越来越多。

(3)中国全球经济领导权国际支持具有良好的经济效应,一方面有助于推进中国式现代化,促进中国经济高质量发展与高水平对外开放,另一方面有助于构建人类命运共同体,驱动世界经济走向繁荣。近年来国际经济领域出现许多棘手的问题,之前的经济战略和规则都不得不作出改变。因此,许多未知困难顺势而生,必须通过经济转型升级来解决,《区域全面经济伙伴关系协定》(RECP)和《中欧全面投资协定》(中欧 CAI)就是应对区域性主导下的经济政策转型。在上述战略博弈中,"一带一路"、亚投行等中国牵头的多边合作机制在应对变化的国际经济环境中起到了重要的引领作用。为应对美国的"关税战",中国积极设立自由贸易区,不断提高自身技术以降低生产成本,重视以国内大循环为主体的双循环格局。而美国"退群"等失信于天下的行为,让中国提出的"人类命运共同体"伟大构想进一步深入人心,这一契机也将为中国开放型经济转型升级迎来更加公平、包容、共赢的国际环境。

(4)中国全球经济领导权国际支持度的逐渐提升需要提前布局谋划,以便更好地依托全球经济领导权造福中国和世界人民。一是要尽早构建创新驱动的实体经济与科技教育人才平台;二是要加快推进高水平对外开放;三是要稳住国内经济,防范化解系统性金融风险,特别是地方债风险、中小金融机构风险、房地产泡沫风险等,避免其成为中美大国博弈中我方的"软肋";四是要与世界绝大多数爱好和平的国家一道,共建经济全球化新秩序,加快落实国内国际双循环发展战略。

三、研究方法

(1)文献研究法。本课题以百年未有之大变局、全球经济领导权转移、开放型经济转型升级为切入点,在国内外学者的文献研究基础之上,结合当前世界经济格局演化情境,对中国全球经济领导权国际支持进行前瞻性研究。

(2)定性分析法。通过对修昔底德陷阱理论、全球经济领导权转移理论和中等收入陷阱理论的梳理,以及中国全球经济领导权国际支持的行为与动因分析,主要采用演绎、归纳与总结等定性分析方法。

(3)实证分析法。在研究中国全球经济领导权国际支持时,无论是美联储紧缩性货币政策对新兴市场溢出效应研究、"一带一路"沿线国家基础设施建设的贸易效应研究,还是中国对外直接投资与双边贸易关系研究、中国货币政策对金砖国家溢出效应,以及全球经济领导权对中国开放型经济转型升级的影响,均使用实证分析方法。

(4)跨学科研究法。结合国际政治经济学研究领域已有研究成果,进行跨学科深度融合。以百年未有之大变局作为出发点,着眼于国内外政治、经济、金融、军事与外交等多方面不断变化的新形势,集中阐释中国全球经济领导权国际支持的动因、效应与启示。

四、学术创新

(1)研究视角创新。在百年未有之大变局的大背景下,本课题另辟蹊径,从中国全球经济领导权国际支持入手,重点研究其动因、效应与启示,据此提出可供操作的政策建议。

(2)研究方法创新。本课题采用跨学科融合方法,从国家与市场角度出发,借由国际政治学、国际经济学与国际金融学等相关理论,分析中国全球经济领导权国际支持的动因、效应与启示。

五、学术价值

（1）构建中国全球经济领导权国际支持的理论与实证框架。当前世界正面临百年未有之大变局的现实是当今诸多政策提出的出发点，本课题既关注国内经济形势，又紧密结合全球经济格局变化态势，以中国全球经济领导权国际支持作为研究的落脚点进行理论构建与实证检验。

（2）扎根现实，为未来政策制定与实施提供政策借鉴参考。本课题立足国内外经济形势，推演全球经济领导权转移的中美博弈情境，通过分析中国全球经济领导权国际支持的动因与效应，再循此逻辑，提出构建国内统一大市场、国内国际双循环、金融支持实体经济与乡村振兴等政策建议，供我国相关管理部门借鉴参考。

（3）放眼国内外进行跨学科融合，为后续研究提供基础。本课题在立足国内经济的同时又不仅限于此，力求放眼于国内外政治、经济、金融、军事与外交等不断变化的新形势，集中阐释中国全球经济领导权国际支持的动因、效应与启示，进而为后续相关研究奠定学理基础。

六、存在的问题和需要改进之处

（1）本课题属于前沿性和敏感性问题研究，除国外英文刊物有零星研究外，国内几乎是研究空白，因此，"问题提出→动因分析→效应分析→政策启示"的逻辑分析研究链条与理论框架，仍有待在后续研究中继续完善与提升。换言之，本课题在研究内容的选择性和全面性，研究对象的代表性和具体性，研究方法的多样性和可靠性等方面仍需进一步改进，并根据现实发展情况不断修改与完善。

（2）全球经济领导权转移虽初见端倪，但由此带来的综合效应并未完全显现，因此，本研究成果既立足于当下，又对未来的演化博弈进行前瞻性评估，而国际政治、经济、金融、军事与外交等局势变幻莫测，不确定性因素较多，本研究可能存在一些分析不够全面与深入之处，仍然需要进行持续与深入的跟踪研究。

目　录

图表目录

第一章 绪 论

进入 21 世纪,全球经济和政治格局出现了剧烈的动荡和转变。西方民主国家面临诸多内部挑战,如政治派别对立、极端主义势力抬头、文化面临多元化瓶颈和社会走向分裂。2008 年金融危机引发了全球对新自由主义世界秩序的质疑,全球经济格局发生深刻变化,新兴经济体特别是中国迅速崛起,改变了传统的国际力量对比。新冠病毒感染疫情的暴发加剧了逆全球化趋势,对全球经济造成前所未有的冲击。在这一背景下,中国通过展示大国担当,坚持对外开放和推动国内国际双循环,逐渐成为全球经济的重要领导者。

为了更好地理解和分析中国在全球经济领导权转移过程中的崛起及其国际支持的动因、效应与启示,本书将从以下方面展开研究:一方面,我们需要全面了解这一研究的选题背景,通过分析全球经济格局的变化和中国在其中的角色,揭示当前所面临的机遇与挑战;另一方面,明确研究目的和意义,以便为中国在全球经济中的战略定位和政策制定提供理论支持与实践参考。

第一节 研究背景及研究意义

一、研究背景

(一) 百年未有的世界格局

"世界处于百年未有之大变局"这一论断是习近平总书记在 2018 年中央

外事工作会议上提出的，并在之后多次重申这个论断。这个论断总结了中共中央对世界局势变化与未来发展趋势的深刻理解，帮助我们更好地顺应世界格局的变迁，准确识别和判断当今世界态势的变化，是中国实现强国复兴的重要前提。

从大历史观的角度来看，"百年未有之大变局"不仅是指一个较长且正在发生巨大变化的历史时期，更是指国际经济中心从大西洋两岸向太平洋两岸转移，全球化进程出现逆转，一些国家"退群"、脱欧，逆全球化现象频现。新的科技革命催生了许多新产业，新冠病毒感染疫情的暴发进一步影响了世界经济和国际政治格局，引发一系列连锁效应。在此背景下，中国的国际影响力和领导作用显著增强。

1. 科技革命的催化作用

近几十年来，科技革命不断推进，特别是信息技术、生物技术、新能源技术等领域的突破，极大地改变了全球经济和社会的面貌。这些科技革命不仅催生了新的产业和经济增长点，还对全球产业链和供应链产生了深远影响。例如，人工智能、大数据和物联网等技术的广泛应用，推动了生产方式和生活方式的根本性变化，使得全球生产效率大幅提高。

2. 新冠病毒感染疫情的全球冲击

2020年，新冠病毒感染疫情突然暴发并在全球迅速蔓延，逆全球化趋势加剧，世界经济受到严重冲击。各国为遏制疫情采取了封控和限制措施，导致全球供应链中断、贸易停滞、经济下滑。然而，中国在此关键时刻展现了大国担当，不仅向世界各国提供援助，还坚持对外开放，推进国内国际双循环的新发展格局。从经济力量对比来看，以中国为代表的新兴经济体集体崛起，"南升北降"趋势明显；从经济制度来看，中国的社会主义制度展现出比西方资本主义生产方式更强的竞争力。

3. 全球治理体系的深刻变革

百年未有之大变局的一个显著特征是全球治理体系发生深刻变革。传统的全球治理体系主要由西方国家主导，是基于第二次世界大战后建立的布雷顿森林体系和联合国体系。然而，随着发展中国家崛起，全球治理体系面临重构压力。中国作为世界第二大经济体,积极参与全球治理,倡导构建以合作共赢为核心的新型国际关系。通过"一带一路"倡议、亚洲基础设施投资银行等平台,中国为全球基础设施建设和经济一体化作出了重要贡献。

4. 国际力量对比的变化

自 2008 年金融危机以来,全球经济格局发生了深刻变化。西方发达国家经济增长乏力,而以中国为代表的发展中国家则表现出强劲的增长势头。国际力量对比的变化,使得全球经济权力格局发生显著转移。中国通过积极参与全球经济治理、推动区域经济合作、提供公共产品等方式,逐渐在国际事务中发挥更大的作用,赢得越来越多国家的认可和支持。

5. 全球多元文化和社会变迁

文化多元化与全球化的深度融合,使得各国在文化、价值观和社会治理方面的互动更加频繁。然而,文化冲突和社会分裂的现象也在一些国家加剧。中国提出的"人类命运共同体"理念,强调不同文明间的对话与合作,倡导尊重文化多样性,推动建立更加和谐的国际社会。这一理念不仅为全球治理提供了新的思路,也为世界各国共同应对全球性挑战提供了中国智慧。

6. 百年未有之大变局下中国的机遇与挑战

面对百年未有之大变局,中国面临着前所未有的机遇和挑战。机遇方面,中国迎来了百年未有的蓬勃发展机遇,在全球经济中发挥越来越重要的领导作用。挑战方面,中国需要冷静应对全球经济环境的不确定性和复杂性,化危为机,实现经济高质量发展。中国必须保持强大的政策毅力和战略耐心,推进"一带一路"建设和"中国制造 2025",全力布局未来。

近年来,部分西方势力对中国的崛起进行阻挠,这恰好印证了中国政策的国际影响力和前瞻性。中国应深入研判,抓住新技术革命的先发优势,以更加细致的预案应对变局。在"西颓东盛"与"智能革命"的趋势下,中国必须避免骄傲自满,要查漏补缺,兴利除弊,持续向世界先进文明学习。

（二）大变局下中国开放型经济的转型升级路径

进入 21 世纪,全球经济格局发生深刻变化。特别是在 2008 年金融危机之后,全球化进程遭遇挫折,贸易保护主义抬头,逆全球化趋势显现。在这种背景下,中国的开放型经济面临前所未有的挑战和机遇。为了在百年未有之大变局中抓住机遇、迎接挑战,中国必须加快推进开放型经济的转型升级,构建更加开放和高效的经济体系。

1. 改革开放的历程

1978 年,中国开启了改革开放的历史进程,逐步建立起社会主义市场经济体制。从沿海经济特区的设立,到全面开放的推进,中国通过不断深化改革,实现了经济的快速增长,成功融入全球经济体系。在改革开放初期,中国以引进外资和技术为重点,逐步建立起外向型经济模式,通过出口导向型政策带动工业化进程和经济的快速发展。

2. 新时期的对外开放政策

进入新世纪,中国对外开放进入新的阶段。面对全球经济环境的变化和国内经济发展的需要,中国提出一系列新的开放政策,旨在实现高水平的开放和经济的转型升级。

(1) 自贸区战略

自 2013 年中国(上海)自由贸易试验区设立以来,中国陆续在多个省区市设立自贸区,形成了覆盖全国的自贸区网络。自贸区作为开放型经济的新高地,通过制度创新和政策试验,推动贸易和投资自由化、便利化,形成了可复制、可推广的改革经验。

(2) "一带一路"倡议

2013 年,习近平主席提出共建"一带一路"倡议,旨在通过加强沿线国家的基础设施互联互通、贸易投资合作、文化交流,构建一个开放、包容、普惠、平衡、共赢的区域经济合作框架。"一带一路"倡议不仅为沿线国家带来了新的发展机遇,也为中国经济的进一步开放和转型升级提供了重要支撑。

(3) RCEP 与其他多边贸易协议

中国积极参与并推动《区域全面经济伙伴关系协定》(RCEP)的谈判和签署。RCEP 的达成,标志着全球最大的自由贸易区诞生,为区域内的贸易和投资提供了更为广阔的空间。与此同时,中国还积极推进与其他国家和地区的双边与多边贸易协议,努力构建高水平的自由贸易网络。

3. 新冠病毒感染疫情后的经济策略

2020 年初,新冠病毒感染疫情暴发并迅速在全球蔓延,对世界经济造成严重冲击。面对疫情的挑战,中国坚持扩大高水平开放,积极应对全球供应链的中断和国际贸易的停滞,推动形成以国内大循环为主体、国内国际双循环相互促进的新发展格局。在全球经济不确定性增加的背景下,中国采取一系列稳外贸、稳外资的政策措施,通过减税降费、优化营商环境、加快贸易便利化等手段,保持了外贸和外资的稳定增长。与此同时,中国大力推动 5G 网络、人工智能、大数据中心等新基建,促进了数字经济与实体经济的深度融合,为经济转型升级提供了新的动力。

4. "十四五"规划及双循环战略

2021 年 3 月,第十四个五年规划正式通过,明确了未来五年中国经济社会发展的目标和任务。在新发展阶段,中国将坚持以国内大循环为主体、国内国际双循环相互促进的新发展格局,全面提升开放型经济水平。首先,构建现代产业体系,通过深化供给侧结构性改革,推动传统产业转型升级,培育壮大战略性新兴产业,提升产业链、供应链现代化水平,构建具有国际竞争力的现代产业体系。其次,提升科技创新能力,加大科技投入,完善科技创新体制机制,推动关键核心技术攻关,增强自主创新能力,提升科技对经济发展的贡献度。最后,推动绿色低碳发展,积极应对气候变化,推动能源结构调整和产业绿色转型,加快发展绿色经济和低碳产业,构建资源节约型、环境友好型社会。

(三)全球经济领导权的转移

1. 21 世纪以来的全球经济格局变化

进入 21 世纪,全球经济格局发生深刻变化,特别是在 2008 年金融危机之后,传统西方国家主导的经济体系遭遇重创,新兴市场国家经济迅速崛起,全球经济领导权呈现出由西方向东方转移的趋势。

(1)美国经济主导地位相对下降

自第二次世界大战结束以来,美国一直是全球经济的主导力量,主导着国际货币基金组织(IMF)、世界银行等国际经济机构,制定了以美元为核心的国际货币体系。然而,2008 年金融危机暴露了美国金融体系的脆弱性,对全球经济造成了深远影响。尽管美国通过一系列政策措施实现了经济复苏,但其经济增长动力明显不足,经济主导地位相对下降。

(2)新兴市场国家经济崛起

与美国和其他西方国家相比,中国、印度、巴西等新兴市场国家在金融危机后的经济表现尤为亮眼。中国凭借改革开放以来积累的经济实力,通过实施一系列稳增长、促改革的政策,成为全球经济增长的重要引擎。印度也通过经济改革和开放政策,实现了快速增长,逐渐成为全球信息技术和服务业的重要中心。

2. 中国在全球基础设施建设与国际合作中的角色

中国在全球基础设施建设和国际合作中的积极角色,是其全球经济领导力不断提升的重要因素。通过"一带一路"倡议、亚洲基础设施投资银行等平台,中国在全球范围内推进基础设施互联互通,推动区域经济一体化。

(1)"一带一路"倡议

2013 年,中国提出共建"一带一路"倡议,旨在通过加强沿线国家的基础设施建设、贸易投资合作、文化交流,构建一个开放、包容、普惠、平衡、共赢的区域经济合作框架。目前,已有超过 140 个国家和国际组织参与"一带一路"建设,涵盖了亚欧非等多个区域。这一倡议不仅为沿线国家提供了新的发展机遇,也增强了中国在全球经济治理中的话语权和影响力。

(2)亚洲基础设施投资银行(AIIB)

2015 年,中国倡议设立亚洲基础设施投资银行,旨在为亚洲及其他地区的基础设施建设提供融资支持。AIIB 的成立,填补了全球基础设施投资的巨大缺口,赢得了广泛的国际支持。目前,AIIB 的成员已超过 100 个,覆盖亚洲、欧洲、非洲和拉丁美洲等多个地区。通过 AIIB,中国在全球基础设施融资中发挥了关键作用,进一步提升了中国在全球经济中的领导地位。

3. 对全球治理的不满与中国的机遇

以美国为首的西方国家在 IMF、世界银行等国际经济机构中的主导地位,导致了全球治理体系的不公平和不合理。新兴市场国家呼吁改革现有的国际经济体系,以便更好地反映全球经济力量的变化。

(1) 对 IMF 条件性贷款的不满

IMF 在发放贷款时,往往附加严格的条件,这些条件包括财政紧缩、货币紧缩和结构性改革,常常对贷款国的经济和社会造成巨大压力。许多接受 IMF 贷款的发展中国家对这些条件表达了强烈不满,认为其主权和经济自主权受到侵犯。这种不满情绪推动这些国家寻求新的经济合作伙伴和替代性融资渠道,中国的“一带一路”倡议和 AIIB 恰好满足了这一需求。

(2) 对美国贸易政策的不满

长期以来,许多国家对美国的贸易政策感到不满。美国频繁利用世界贸易组织(WTO)的例外条款,保护国内产业免受外国竞争的影响,违反了世界贸易组织的不歧视原则。特别是在特朗普执政期间,美国采取了更加激进的贸易保护主义政策,进一步加剧了国际社会的不满情绪。相比之下,中国坚持多边主义和自由贸易,积极参与并推动全球贸易自由化,赢得了广大发展中国家的支持。

(四) 中国的全球经济领导力提升

中国通过积极参与全球经济治理、推动区域经济合作、提供国际公共产品等方式,逐渐在国际事务中发挥更大的作用,赢得越来越多国家的认可和支持。

1. 积极参与全球经济治理

中国不仅是联合国、IMF、世界银行等国际组织的重要成员,还积极参与 G20、APEC、BRICS 等多边机制,推动全球经济治理体系的改革与完善。在这些平台,中国提出了一系列促进全球经济增长和可持续发展的倡议与政策主张,展示了负责任大国的形象。

2. 推动区域经济合作

中国通过共建“一带一路”倡议、设立 AIIB、推动 RCEP 等方式,积极推动区域经济合作,促进区域内的贸易投资自由化和便利化。这些举措不仅增强了区域内的经济联系,也提升了中国在区域经济中的领导地位。

3. 提供国际公共产品

中国在全球抗击新冠病毒感染疫情、应对全球气候变化、促进世界经济可持续发展等方面，提供了大量国际公共产品和国际援助。例如，中国向全球多个国家提供了新冠疫苗和防疫物资，积极参与应对气候变化的国际合作，推动绿色低碳发展。通过这些努力，中国在全球事务中的领导力和影响力进一步提升。

在百年未有之大变局的背景下，全球经济领导权的转移是一个复杂而深刻的过程。中国通过积极参与全球经济治理、推动区域经济合作、提供国际公共产品等方式，不断提升自身的全球经济领导力。未来，中国将继续坚持开放合作的理念，推动构建更加公正、合理、包容的国际经济秩序，为全球经济稳定和可持续发展作出更大贡献。在这一过程中，中国不仅要抓住机遇，迎接挑战，还要不断提升自身的经济实力和国际影响力，真正实现从经济大国向经济强国的转变。

二、研究目的和意义

本书通过系统研究中国全球经济领导权的动因、效应和启示，旨在为中国应对全球经济格局变化、提升国际竞争力和影响力提供理论支持与政策建议。通过深入分析和研究，我们希望能够为中国乃至全球经济的稳定和可持续发展贡献一份力量，推动世界经济朝着更加公正、合理、包容的方向发展。

（一）构建百年未有之大变局下全球经济领导权转移的理论框架

在百年未有之大变局背景下，全球经济领导权的转移已成为不可忽视的趋势。传统的全球经济领导权主要集中在西方发达国家特别是在美国。然而，随着新兴市场国家特别是中国的快速崛起，全球经济领导权正在经历深刻的变化。构建一个系统的理论框架，有助于深入理解这一复杂过程，分析其内在逻辑和外在表现，为政策制定和战略规划提供科学依据。

1. 理论框架的基本要素

全球经济领导权的定义与内涵是构建理论框架的基础。全球经济领导权指的是在全球经济体系中，某一国家在经济实力、制度影响力和国际话语权等方面的主导地位。这种领导权不仅体现在经济总量和贸易规模上,还包括制度创新、技术引领和对全球经济治理的贡献。通过回顾全球经济领导权的历史演变,可以发现其变化往往伴随着经济实力的转移和制度创新。例如,19世纪末20世纪初,英国凭借工业革命的领先地位成为全球经济领导者。第二次世界大战后,美国通过主导布雷顿森林体系和战后重建,确立了其全球经济领导地位。

新兴市场国家崛起的内在逻辑包括经济结构的优化、技术创新的推动、人口红利的释放和制度改革的深化。以中国为例,通过改革开放、实施创新驱动发展战略,中国在短短几十年内实现了从封闭落后到开放崛起的巨大转变,逐步成为全球第二大经济体和重要的国际经济治理参与者。全球经济领导权转移的外在表现包括经济总量和贸易规模的变化、国际投资和资本流动的重新配置、全球供应链和产业链的调整、国际经济组织和规则的重塑等。这些情况反映了全球经济力量对比的变化和新兴市场国家影响力的上升。

2. 全球经济领导权转移的动因分析

全球经济领导权转移的动因包括经济实力的增强、制度创新和治理能力的提升、国际合作与多边主义的倡导以及全球治理体系的不公与改革需求。经济实力的增强是全球经济领导权转移的基础。新兴市场国家通过快速的经济增长和产业升级,逐步缩小与发达国家的差距,甚至在某些领域实现超越。例如,中国在制造业、科技创新和数字经济等领域取得显著成就,为其全球经济领导力提供了坚实基础。制度创新和治理能力的提升也是关键因素。新兴市场国家在经济发展过程中,通过制度创新和治理能力的提升,增强了国际竞争力和吸引力。中国通过推进供给侧结构性改革、优化营商环境、加强知识产权保护等措施,不断提升制度竞争力,为全球经济治理贡献中国经验和中国智慧。此外,新兴市场国家积极倡导国际合作与多边主义,通过共建"一带一路"、设立亚洲基础设施投资银行等举措,推动区域经济一体化和全球经济合作。现有全球治理体系在代表性和公平性方面存在诸多问题,特别是对新兴市场国家和发展中国家的利益关注不足。这种不公正性和不合理性,促使新兴市场国家积极推动全球治理体系改革,寻求更加公正、合理、包容的国际经济秩序。

(二) 提供相应的现实政策制定借鉴与实施参考

在百年未有之大变局背景下,全球经济领导权的转移和中国经济的快速崛起对中国政策制定提出了新的要求。为更好地应对复杂多变的国际形势,提升中国的国际竞争力和影响力,我们需要从多个方面提供现实的政策制定借鉴与实施参考。

1. 加强国际公共卫生合作

新冠病毒感染疫情的全球蔓延暴露了全球公共卫生体系的脆弱性。为应对未来可能出现的公共卫生危机,中国应加强与其他国家和国际组织的合作,共同推动全球公共卫生体系建设。具体措施包括推动疫苗和医疗物资的公平分配,支持国际公共卫生研究和防控体系建设,参与全球疾病监测和应急响应机制。此外,还应加强国内公共卫生体系建设,提高应对突发公共卫生事件的能力,确保国家公共卫生安全。

2. 扩大内需和提升消费信心

在全球经济不确定性增加的背景下,扩大内需是实现经济可持续增长的重要途径。中国应通过优化收入分配、提高居民收入水平、完善社会保障体系等措施,提升居民消费信心和消费能力。具体政策包括:实施更加积极的就业政策,增加居民收入;加大对中低收入群体的支持力度,缩小收入差距;完善社会保障体系,提高医疗、教育、养老等公共服务水平,减轻居民消费负担。同时,通过引导消费升级,促进服务消费和绿色消费,推动内需结构优化和质量提升。

3. 推动高水平的对外开放

面对逆全球化趋势,中国应坚持扩大高水平开放,积极参与全球和区域经济合作机制,反对贸易保护主义,提升国际经济话语权。具体措施包括:推进"一带一路"建设,深化与沿线国家的经贸合作,促进互联互通和产能合作;积极参与并推动《区域全面经济伙伴关系协定》(RCEP)等自由贸易协定的实施,扩大自贸区网络;优化营商环境,吸引更多外资企业来华投资,提升利用外资质量。同时,通过积极参与国际经济治理,推动全球贸易和投资规则的改革,维护多边贸易体制的稳定和发展。

4. 加快构建国内国际双循环相互促进的新发展格局

双循环新发展格局是中国应对国际经济环境变化的重要战略。为加快构建这一格局,中国应增强国内市场的内生动力,提升国际循环的质量和水平。具体政策包括:推动国内市场一体化,消除市场壁垒,促进商品和要素自由流动;加快新型基础设施建设,提升数字经济、绿色经济等新兴产业的竞争力;推动产业链供应链优化升级,增强自主可控能力;加强国际经贸合作,提升全球供应链的稳定性和韧性。

5. 推进市场化改革和优化营商环境

中国建设国内统一大市场,需推进市场化改革,打破地方保护主义,建设公平竞争的市场环境。具体措施包括:深化"放管服"改革,简化行政审批程序,降低市场准入门槛;加强市场监管,维护公平竞争,保护知识产权;优化金融环境,促进金融服务实体经济,支持中小企业发展。同时,通过完善法治环境,增强市场主体信心,提升市场活力和创新能力。

6. 加快数字人民币研发和金融科技创新

数字人民币和金融科技是推动中国经济高质量发展的重要动力。中国应加快数字人民币的研发和应用,推动金融科技创新,完善金融监管体系。具体政策包括:推进数字人民币试点应用,完善配套基础设施建设;鼓励金融科技企业创新,提升金融服务的普惠性和便捷性;加强金融监管,防范金融风险,维护金融体系稳定;推动金融科技国际合作,提升中国在全球金融科技领域的影响力。

7. 实施乡村振兴战略

乡村振兴是实现全面建成小康社会的重要保障。为推进乡村振兴战略,应加强农村基础设施建设,提升公共服务水平,推动农村产业升级。具体措施包括:加大农村公路、网络、电力等基础设施建设力度,改善农村生产生活条件;加强农村教育、医疗、文化等公共服务供给,缩小城乡公共服务差距;推动农业现代化,发展现代农业、休闲农业、乡村旅游等新兴产业,增加农民收入。

8. 加强科技创新体系建设

科技创新是实现高质量发展的关键驱动力。为加强科技创新体系建设，应攻克关键核心技术，推动产学研融合，提升国家科技自主创新能力。具体政策包括：加大科研投入，支持基础研究和前沿技术研究；完善科技成果转化机制，促进科技与产业深度融合；加强人才培养和引进，组建高水平科技人才队伍；推动国际科技合作，提升中国在全球科技创新领域的竞争力和影响力。

（三）跨学科交叉融合为后续研究提供研究基础

在全球经济领导权转移的背景下，研究中国获得国际支持的动因、效应及其启示，需要放眼国内外，进行跨学科交叉融合，以便形成全面而系统的研究基础。通过结合政治、经济、金融、国际关系等多学科视角，我们能够更加深入理解中国在全球经济中的角色变化及其对国际社会的影响。

1. 跨学科交叉研究的重要性

全球经济领导权的转移是一个复杂而多维度的现象，涉及政治、经济、金融、国际关系、文化、军事等多个领域。单一学科的研究难以全面揭示其内在机制和外在表现。因此，跨学科交叉研究成为理解这一现象的必要手段。通过跨学科交叉融合，我们可以从不同视角审视中国经济崛起的内在逻辑和外在表现，揭示其在全球经济治理中的作用和影响，为政策制定和学术研究提供更加丰富的理论支撑。

2. 结合国内外双重研究视角

在进行跨学科融合研究时，我们既要关注国内研究的独特视角和经验总结，也要借鉴国际研究的理论成果和方法创新。国内学者在研究中国经济发展和全球经济治理方面积累了丰富的经验和数据，为我们提供了宝贵的资料和深刻的见解。同时，国际学者在全球经济领导权转移、国际关系和全球治理等领域的研究也为我们提供了重要的理论和方法参考。通过结合国内外研究视角，我们能够更加全面、客观地理解和分析中国在全球经济中的角色与影响。

3. 跨学科交叉研究的具体内容

（1）政治经济学视角

政治经济学研究经济现象中的政治因素及其相互作用，为理解全球经济领导权转移提供了重要的理论基础。通过政治经济学的视角，我们可以分析中国在国际经济治理中的政策取向和战略布局，探讨其在全球经济体系中的制度创新和治理模式。

（2）国际关系视角

国际关系学研究国家间的互动和国际体系的结构变化，为理解中国在全球经济中的角色提供了重要的分析框架。通过国际关系视角，我们可以探讨中国与其他主要经济体之间的互动，分析中美经济博弈、区域经济合作及其对全球经济治理的影响。

（3）金融经济学视角

金融经济学研究全球资本流动、金融市场和金融政策，为理解全球经济领导权转移中的金融因素提供了重要的理论工具。通过金融经济学的视角，我们可以分析中国在全球金融体系中的角色，探讨中国在国际金融稳定、金融创新和金融开放中作出的贡献和面临的挑战。

（4）文化与社会的视角

文化与社会学研究全球化进程中的文化互动和社会变迁，为理解全球经济领导权转移中的文化因素提供了重要的视角。通过文化与社会的视角，我们可以分析中国文化软实力的提升及其在全球经济治理中的影响，探讨全球化背景下的文化交流和社会融合。

4. 跨学科交叉融合的研究方法

在进行跨学科融合研究时，我们应采用多种研究方法，包括理论分析、实证研究、比较研究、案例研究等。通过理论分析，我们可以构建全球经济领导权转移的理论框架，揭示其内在机制。通过实证研究，我们可以利用统计数据和计量经济模型，验证理论假设，分析实际效果。通过比较研究，我们可以借鉴其他国家的经验和教训，为中国的政策制定提供参考。通过案例研究，我们可以深入分析具体的政策实践，总结经验和教训，为后续研究提供实证支持。

第二节　文献述评

一、百年未有之大变局

"百年未有之大变局"是习近平总书记近年来多次提到的一个重要论断，指的是当今世界正在经历的前所未有的重大变化。这一概念强调全球经济、政治、社会和科技等多个领域发生的深刻变革，特别是自 2008 年国际金融危机以来，全球格局面临的深刻调整和剧烈动荡。"百年未有之大变局"的重要性在于，它不仅影响到全球权力格局的重塑，也对各国的内外政策、经济发展和社会稳定产生深远的影响。

全球经济和政治格局的变化背景可以追溯到 20 世纪末和 21 世纪初。冷战结束后，世界进入相对和平与发展的时期，全球化进程加速推进。然而，随着时间的推移，全球化所带来的利益分配不均、经济发展的不平衡以及国际秩序的变迁，逐渐显现出新的矛盾和挑战。特别是 2008 年国际金融危机的爆发，暴露了西方资本主义体系的脆弱性，引发了全球经济结构的调整和政治格局的变化。

进入 21 世纪第二个十年，国际社会迎来了更多的不确定性和挑战。科技革命和产业变革加速推进，特别是第四次工业革命的到来，使得全球生产方式和生活方式发生了根本性变化。同时，新兴市场国家的崛起，打破了传统的国际权力格局，全球治理体系面临着重构的压力。在此背景下，贸易保护主义、孤立主义、民族主义和民粹主义等思潮在一些西方国家抬头，加剧了全球政治和经济的不稳定性。

面对这一复杂多变的国际环境，中国提出"构建人类命运共同体"的理念，提倡通过合作共赢、共同发展来应对全球性挑战。这一理念不仅体现了中国在全球治理中的责任担当，也为世界提供了新的发展思路和解决方案。

在全球大变局的背景下,中国致力于推动国际秩序朝着更加公正、合理的方向发展,以实现中华民族的伟大复兴和促进全球共同繁荣。

董楠和袁银传(2022)认为全球经济逐渐陷入增长疲弱的困境,国际势力局势也呈现"东升西降"的趋势。在这样的大环境下,反全球化的西方思想日益猖獗,表现出"多维一体"的思想形态,包括经济领域的保护主义、政治领域的孤立主义、文化领域的民族主义、社会领域的民粹主义以及生态领域的帝国主义。他们认为西方反全球化的思想是对资本的贪婪本质外溢的一种反应,也是西方发达国家对国际利益削弱和非理性思想的反映。在资本逻辑的支配下,全球化和反全球化相互交织,国际社会陷入了动荡不安的转型期。与此同时,在经济全球化过程中,各类生产要素的自由流通使新型生产方式不断地被创造、积累,为进一步发展的社会提供了物质基础。面对这种局面,中国立足于民族复兴和促进人类进步这条主线,提出了"推动构建人类命运共同体"的对策,旨在塑造一个更加平衡、更加开放、更加可持续的新型全球化,从而在理论层面和实践层面上实现对反全球化思潮的双重超越。权衡(2019)从现实背景、实践逻辑和历史逻辑等方面对百年未有之大变局进行了深入剖析,具体从国际政治、经济、规则、治理以及国际实力对比等方面的深刻变化入手,揭示"大变局"的理论和内在机制,认为中国在面临这样的大变革时,必须保持战略定力,继续深化体制改革、转型升级,为中国梦的实现打下坚实的物质基础;同时,我们也要顺应大势,主动、量力而行,积极提出中国的解决办法,为世界治理体制的改革与完善作出中国贡献。

杨蓉荣和李滨(2019)认为,自 2008 年国际金融危机以来,世界分工格局的变迁使新的国际生产关系发生变动,从而引发了世界政治新的趋势与变化,即所谓的"百年未有之大变局"。新自由主义的世界秩序正处于嬗变阶段,中国等新兴市场国家的作用明显增强,传统的西方和新兴力量对比发生了新的变化,新自由主义的政治和经济模式也面临着新的挑战。正是因为这些改变,西方国家尤其是美国对此表示了深切的忧虑,他们担心如果这种趋势继续发展下去,将会威胁到西方在全球体系中的统治和主导地位。这种担忧已经转化成具体的政策,特别是对中国的"限制"(confinement)政策,该政策企图通过限制中国体制所产生的竞争优势,来防止中国在今后的发展道路上取得超越。中美两国之间的贸易摩擦正是这一"限制"政策的具体表现。

美国是20世纪世界格局的主宰,其所建立的国际秩序正在21世纪丧失其力量和魅力,而整个世界也处在一个新的变革之中。尽管未来的世界秩序还在不断变化,但可以肯定的是,世界秩序的发展方向和趋势已经不再完全由美国所控制,而非西方国家的影响力正在上升。在这一背景下,我们必须看到这个有利于中国发展的重大趋势,在国际分工中,我们要继续努力,巩固自己的优势,抓住机会,顺应历史潮流。面对当前国际形势的不稳定、不确定性因素增多,中国战略机遇期受阻,周边安全形势日趋紧张等复杂多变的局面,必须树立忧患意识,坚定信念,勇于化危为机,强化大国责任和担当,推动全球治理体系朝着更加公平合理的方向发展,进一步推进新型国际关系的建设和世界秩序的重塑。中国"新时代"从容应对世界"大变局",这正是习近平总书记关于百年未有之大变局所强调的核心思想。

我们应当以坚定的信念和务实的行动,积极参与全球治理,推动国际秩序朝着更加公正、合理和可持续的方向发展。成汉平和宁威(2020)提出,百年未有之大变局揭示了当今全球秩序的结构性变迁和国际关系之间变量的复杂性,东盟内部在政治层面上存在着一定的割裂,并非一个拥有强大整体意识的共同体。在美、日、印三国介入东盟事务后,东盟与中国在经贸、文化和南海问题上形成了一个多元化的问题领域。自2019年6月东盟提出"东盟印太展望"以来,中国为促进中国-东盟关系的发展,摆脱外部国际关系的冲击和制约,必须不断加强与东盟国家的战略联系,并在下层政治空间重新释放其影响力,树立中国良好的文化理念和政治形象。

庞金友(2019)认为,由于第四次工业革命的颠覆性发展、人工智能技术的革命性升级、全球秩序格局的结构性变化以及政治传播的跨越性变革、公民价值观念的根本性转变,当今世界正处在一个前所未有的巨变之中。欧美民主政治在21世纪面临严重危机,包括:党派政治混乱,极端政治盛行,多元文化主义陷入困境,社会分裂危机不断升级,民族极化倾向日益突出等。在此背景下,中国正面临一个世纪以来最好的发展阶段,在当前形势下,我们要坚持稳中求进,深化改革开放,实施科技兴国,推行大国外交,积极寻求发展,并积极参与国际治理,提升整体实力,努力塑造大国形象。杨娜、王慧婷(2020)提出,当今世界正经历一个世纪以来最大的变化,世界格局发生了深刻的变化,国家之间以及国内的差距越来越大,国家面临的挑战和风险也日益复杂,现代科学技术的发展为国家政策和国际局势增添了新的变数。世界变革促使全球治理变革,表现为:全球治理机制的革新、区域治理的深化与整合;主权国家在全球治理中的角色从弱化到强化;大国内部政治与国家政策的转变,使其在全球治理中的治理方式发生了多方面的变化。

中国在全球治理中始终保持着积极的态度,坚持和平发展道路,推动全球治理体制深度变革,开创全新的合作方式和合作观念,广泛参与全球治理过程。面对当前大环境变化,中国创新地提出建设"人类命运共同体"的构想,包括以"合作共赢"为动力探索理念创新,以"开放包容"的方式推进治理模式创新,以"周边命运共同体"促进共同安全治理的实践创新,以及以"可持续发展"凝聚共识并率先在认同度高的领域发掘合作新契机。林毅夫(2021)指出,自1978年改革开放以来,中国经济迅速发展,在全球经济中所占的比重和影响力都得到极大的提高。随着中国经济的进一步发展,世界将会迎来一种新的、稳定的局面。而内循环比重的增加,是一个国家经济发展和规模不断扩大的必然产物。对于任何一个经济大国来说,充分发挥国内外市场和资源的作用是至关重要的。为应对百年罕见的巨变,中国要建立以国内大循环为主、国内国际双循环的新发展格局,不断深化改革、扩大开放、充分发挥发展潜能、实现高质量发展,这是一个非常重要的问题。

赵磊(2019)认为,世界格局和国际秩序是我们认识"一个世纪以来最大的变化"的两个重要变数。世界上的势力对比在变化,游戏规则在改变。所以,世界正面临着一场"大变局"。当今,最大的改变之一是发展中国家群体的兴起。此外,中国的发展以及与世界的关系也是关键因素——中国在世界格局和国际秩序中扮演着越来越积极的角色。尽管面临诸多挑战,但中国和其他发展中国家在进入第四次工业革命的重要阶段后,总的来说,与西方发达国家相比,中国处于一个较高的起点。

中华民族伟大复兴在全球范围内具有重要意义。然而,"强而不霸"和韬光养晦并非战略,而是中国人的一种文化基因。当然,当今中国仍处于"大而未强"的状态,要实现"强起来",就必须弥补这个短板,无论是结构的改变还是秩序的转换,都需要中国和其他发展中国家的共同努力。要以关键工艺、原材料和零部件为重点,在关键技术上取得变革性、颠覆性突破,实现高质量发展,助力中华民族的伟大复兴,从而在"百年未有之大变局"进程中掌握战略主动权。

朱锋(2019)提出,我们要牢牢把握"两个统筹",即统筹国内与国外两个大局,把握和应对各类外部风险,特别是战略风险的防范、控制和处理。大国崛起不仅仅是荣耀,更是一种挑战和巨大的压力。"大变局"客观上对我们构成了历史的挑战与压力。面对国内矛盾转化、国际不稳定因素增加以及西方国家对中国的全面竞争,中国必须充分发挥特有的体制优势,以及中国人民的勤劳、坚毅和务实精神,在新技术研发、优化国内营商环境和提升产业结构等方面,中国需要持续努力,确保全球市场向中国开放,确保国际产业链与价值链的地位,推动中国经济由"量"向"质"平稳转型,这将成为确保"大变局"中长期"中国机遇"的重要因素。"百年未有之大变局"是中国在风雨飘摇中不断前进的战略起点。要把握这一大变局,中国必须充分融入世界,秉持包容、交流、合作、积极、开放的态度,积极参与到国际制度的建设性变革之中,并在新世纪建立起一个共同的价值系统。

赵可金(2022)表示,从其深远的影响来看,世界大变革是一次深刻的社会变革。这次社会革命在促进世界深刻变化的同时,也在一定程度上造成了巨大的动乱。在中华民族伟大复兴的历史进程中,中国需要强化战略定力,主动谋划,紧紧抓住国家振兴和推进人类发展这条主线,努力使自己不断强大,为中华民族的复兴而奋斗。同时,中国还要主动担负起构建人类命运共同体的全球责任,为世界和平与社会和谐作出贡献。在此基础上,中国应确立存量巩固和增量改革的国家战略,既要维持和巩固已有的国际秩序"存量",又要在未来的世界秩序中不断发展和完善"增量"。具体而言,主要有三个层面:存量巩固、增量变革、智能创新。

胡鞍钢(2021)认为,我们现在处于一个世纪以来最大的变革时期,其中强调了中华民族的伟大复兴。习近平对中国和国际形势所作的重大论断,成为我们了解中国国情和国际形势的根本基础,也是中国在世纪之交面临重大变化时所应采取的重大战略。他指出,世界经济结构发生了巨大的变化,这是一个世纪以来最大的变化。通过对 2000 年至 2050 年世界经济、工业化、科技、贸易、城市、现代化等方面的深刻变革进行实证研究,他发现了从量变到质变的过程,南北国家趋势愈发明显。新冠病毒感染疫情无疑加速了世界政治格局和全球治理格局大变迁。中国本身就是"百年未有之大变局"的最大变量,既是自变量,又是因变量,二者之间的互动形成中国与世界独特的动态关系,成为中国实现第二个百年奋斗目标的最大天时地利。

在全球化进程加速的背景下,中国积极参与全球价值链和国际市场竞争,努力提升自身在全球经济体系中的地位。百年未有之大变局揭示了当今世界正在经历的深刻变革。无论是全球经济结构的调整、新兴市场国家的崛起,还是国际秩序的重构,这些变化都对中国和世界其他国家提出了新的挑战和机遇。中国提出的"构建人类命运共同体"理念,旨在通过合作共赢、共同发展来应对这些全球性挑战,推动国际秩序朝着更加公正、合理的方向发展。总之,面对复杂多变的国际环境,中国必须保持战略定力,充分发挥体制优势和人民的智慧,在全球经济和政治格局的变革中,积极探索和创新,确保在百年未有之大变局中实现中华民族的伟大复兴,并为全球共同繁荣贡献中国智慧和中国方案。

二、全球经济领导权转移

在百年未有之大变局下,关于新兴大国在不断变化的世界中扮演的角色讨论已经酝酿多年。许多人认为,鉴于非西方大国的资金、自然资源、人力和产品的影响力日益增长,它们应该建立另一种全球秩序。作为世界第二大经济体的中国,随着经济权重的不断增长和开放型经济的不断转型升级,正寻求在全球经济治理中发挥更大作用。

有些学者认为,全球经济领导权正逐步向中国转移。Broz, Zhang &

Wang(2020)分析了增加其他国家追随中国全球经济领导地位可能性的因素。他们的理论框架包含了中国通过经济利益吸引追随者的传统论点，并强调对当前全球秩序的不满如何推动国家转向新的领导人。Broz，Zhang & Wang(2020)提出对全球金融不稳定的不满是特别重要的推动因素，那些在国际货币基金组织（IMF）项目期间经历过更多金融危机、更频繁的资本账户政策、更加不稳定的资本外流和更多社会动荡的国家，其领导人更有可能支持中国的全球领导地位。具体而言，例如阿根廷和希腊，在经历 IMF 项目带来的经济动荡后，对现有全球治理体系的不满更加强烈，因此更倾向于寻求新的领导者。他们进一步指出，对全球治理的不满或对美国歧视性贸易政策的不满，与外国对中国全球经济领导地位的支持密切相关。这些国家有动机追随中国，特别是在全球资本流动方面，中国强调长期基础设施和发展融资，而非短期资本流动。这种做法吸引了那些希望获得稳定和持续发展的国家，如东南亚和非洲的多个发展中国家。

有学者认为，像中国这样正在崛起的潜在领导者可以通过提供经济利益来吸引追随者。例如，中国通过"一带一路"倡议提供大规模基础设施投资，吸引了许多发展中国家的支持。同时，对当前秩序及其领导层的不满可能会促使国家转向新的领导地位。外国领导人支持中国的全球经济领导地位，因为他们不指望美国解决他们对跨境资本流动波动或美国货币政策溢出效应的担忧。Piliaiev(2021)从中国的视角出发，指出中国在区域或双边公共机构和商业合作工具（如亚洲基础设施投资银行等）中扮演关键角色，正在对全球产生越来越大的影响。研究者认为，中国和其他儒家文化圈国家在抗击新型冠状病毒大流行方面取得不可否认的成功，导致全球领导架构和西方政治意识发生系统性转变。作为一个崛起中的"超级大国"，中国有效地应用了一个制度平台网络，在全球层面上进行非正式多边政府间政策协调，这些平台包括"一带一路"倡议、亚投行等。

站在美国的立场上，Bown & Prusa(2010)认为美国在反倾销程序中使用"归零"方法，已成为威胁世界贸易组织（WTO）争端解决机制部分合法性的政治导火线。"归零"方法是指在计算反倾销税时，将低于正常价值的进口交易值算为零,这往往会夸大倾销幅度,从而加重对进口商品的反倾销税。美国对发展中国家与发达经济体出口的产品同样征收反倾销税,这种方式并不利于美国持续拥有全球经济领导权。21世纪头十年席卷全球的金融海啸也对世界格局产生了深远影响。Overholt(2009)指出,金融危机的根源在于东方的流动性过剩和西方的管理不善。尽管全球金融危机并没有改变太平洋的格局或全球政治,但它加速了长期以来一直在进行的变化,并在一定程度上阐明了这些变化,使继续否认冷战后的新关系越来越站不住脚。无论采取何种政治手段,金融危机都凸显了亚洲新秩序的现实,在某种程度上这也是世界新秩序的现实。随着来自中国的需求促使日本和其他亚洲国家逐渐恢复增长,亚洲认识到新现实的速度远远快于华盛顿。Aizenman & Ito (2012)、Hutchison, et al. (2012)发现,与其他新兴市场国家存在的三元悖论相比,中国的情况非常独特。中国显然更加重视将汇率波动最小化作为宏观经济管理的一种工具。这种对汇率稳定的重视在一定程度上是以牺牲货币自主和金融一体化为代价的。全球金融危机证明了中国的短期韧性——在发达国家经济停滞的情况下,中国保持了全球增长引擎的运转。

王厚双和邓平平(2018)从中国的视角出发,认为中华民族的伟大复兴和中国梦的实现,需要中国在全球经济治理制度性安排方面拥有与自身国力和发展要求相匹配的话语权。为了实现这一目标,中国必须对影响其获取话语权的各种影响因素进行深入的研究,进而科学地制定获取话语权的策略。他们认为中国应进一步增强国力,为获取全球经济治理话语权奠定坚实的物质基础。同时,依托G20等国际组织平台,积极参与全球治理,并通过多边贸易体制获取更多的话语权。此外,推动构建人类命运共同体,将有助于中国赢得更多支持。他们还强调,依托《区域全面经济伙伴关系协定》(RCEP)等区域经济组织,能够增强中国在区域内的话语权、推动形成全面开放新格局,中国可以引领全球经济治理。例如,进一步开放国内市场,吸引外资,促进国际经济合作。为了实现这些目标,中国需要科学地制定获取话语权的策略,确保每一步措施都具有可行性和有效性。他们的研究表明,中国要在全球经济治理中发挥更大作用,需要系统性地提升自身实力,并在国际平台上积极发声，以赢得更多的话语权和国际支持。

但另一些学者则持有不同意见，尽管中国经济政策的优点在新兴经济体和发展中经济体中逐渐形成所谓的"北京共识"（Beijing Consensus），但 Bird，Mandlaras & Popper（2012）分析了中国和其他国家在应对三元悖论时的政策差异，提出了不同的观点。他们认为对于新兴经济体（不包括中国）和发展中国家来说，汇率往往没有中国稳定，金融开放程度更高，货币独立性更低。因此，他们质疑在实践中是否真的存在所谓的"北京共识"。

Wang（2018）反驳了关于新兴大国在不断变化的世界中扮演角色的讨论，研究者认为尽管非西方大国的资金、自然资源、人力和产品的影响力日益增长，但建立另一种全球秩序的前提并不充分，并且认为俄罗斯的能源外交和中国的"一带一路"倡议在处理各自的中短期国内挑战时，大多是"商业主义的"，无助于建立政治领导力。这两个最强大的新兴大国的经济结构并不支持通过支付经济资源来建立另一种全球秩序的战略——即便这两个国家真的有这样的战略。这篇文章挑战了有关新兴大国在全球秩序中的广泛认知，并暗示这些国家的经济实力不足以从根本上改变西方主导的世界秩序的外交现状。

此外，更多学者以不同领域为侧重点表达了自己的观点。Bergsten（2018）考虑的是世界经济是否存在"修昔底德陷阱"，即在现有霸权国家与新兴挑战者之间的内在冲突。研究者评估了特朗普总统时期疏远美国传统盟友的影响，认为这种做法可能分裂"霸权联盟"，甚至推动中国和欧洲走到一起，以及它在贸易甚至政治上趋同中国的一些规范。Bergsten（2018）追溯了中美两国近年来实际领导举措的演变，比较了美国和中国在关键系统性问题上的态度，对"具有中国特色的国际经济秩序"进行了评估。

Sainsbury（2015）同样从中美两国的视角出发，认为随着中国经济权重的增长，中国正寻求在全球经济治理中发挥更大作用。然而，他提出中国不确定的增长前景意味着中国不太可能成为世界唯一的经济领袖，但美国将不得不与中国分享全球经济领导地位，即使这种分享是不平等的。然而到目前为止，美国并没有很好地适应这一变化。美国正在努力适应中国在全球经济运行方式上拥有更大话语权的现实。该文章以气候变化问题为例,指出如果华盛顿和北京能够合作,可能为全球经济带来积极的结果。然而,如果美国选择不与中国合作,随着时间的推移,这种对抗态度可能会削弱美国的领导地位。

Chen & Eadthongsai(2011)从中国自身视角出发,得出了几条重要结论:首先,中国的企业高管在经营绩效方面表现出色,证明他们是非常有能力的管理者;其次,要成为一名有效的全球领导者,必须具备开放的全球思维和强调组织核心价值的愿景;最后,整个社会福利可以依赖于全球领导者认可。当金融危机发生时,各国通常向国际货币基金组织(IMF)寻求紧急贷款。然而,因为 IMF 在发放贷款之前会强加一些政治上敏感的政策条件,外国领导人对干预措施怀有怨恨。我们关注的是,那些在接受 IMF 项目期间经历了更多国内社会动荡的国家,是否更有可能追随中国的全球经济领导地位。这些国家在经历 IMF 的干预后,对其政策条件的不满,可能促使他们更愿意支持中国在全球经济中的领导地位。

Dreher,Marchesi & Vreeland(2008)在研究中提出,考虑经济、政治和国家具体因素后,联合国安理会临时成员资格与参与国际货币基金组织(IMF)项目之间仍存在强劲的积极关系。还有证据表明,拥有安理会成员资格减少了 IMF 项目所包含条件的数量。IMF 的贷款似乎成为该基金的主要股东赢得安全理事会有表决权成员国好感的一种机制。发展中国家通过其在联合国安理会的投票所提供的合法性换取现金。而发达国家购买了这种合法性,使传统上不透明的国际机构背后的程序变得模糊。这是一种国际再分配的形式。几乎所有国家都有机会参与安理会的重要审议,当它们参与时,只要与世界上真正强大的国家合作,不破坏局面,它们就能以 IMF 项目的形式获得额外待遇。出于政治而非经济原因而制定的 IMF 项目很可能导致较差的结果。有大量文献表明,IMF 项目对经济增长有害。

Hall & Yarhi-Milo(2012)从一个新的角度即领导人的个人印象对国际关系的影响来分析世界形势。他们认为,在现实世界中,领导人不会仅仅依赖代价高昂的信号,而是在很大程度上依赖于他们对其他领导人的个人印象,将这些印象视为真诚和可靠指标。因此,他们的方法建立在跨州交流和感知的文献基础上,并结合神经科学领域关于情感信息的最新研究。研究结果表明,个人印象是一个重要但被忽视的证据来源,它可以影响领导人对同行诚意的判断,从而对威胁评估和政策选择产生重大影响。Hall & Yarhi-Milo(2012)的研究强调,尽管个人印象可能会开启新的可能性,但领导者在决策时仍应保持谨慎,不应完全依赖于这些印象。这一发现提醒我们,情感和个人关系在国际政治中扮演着重要角色,需要给予更多关注和研究。

三、开放型经济转型升级

开放型经济转型升级,是指"引进来"与"走出去"的结合,即如何更好地实现外资引进和出口增长的问题。由于世界经济形势变化,全球经济形势严峻以及受到新冠病毒感染疫情的冲击,中国外贸增长速度有所下降。但总体来看,中国外贸发展势头依然强劲,出口和外贸依然有很大发展空间。

殷阿娜、王厚双(2014)在绩效评估上构建了开放型经济的指标,通过规模发展、质量提升以及资源环境效益三个方面,对中国开放经济发展的影响进行了分析。他们发现当前中国开放型经济发展面临的发展难题和对转型的迫切,指出其发展转型的路径主要在贸易出口、贸易结构、发展模式和发展战略上。具体来说,中国需要在提升出口质量、优化贸易结构、创新发展模式和制定长期发展战略等方面作出调整,以适应新形势下的经济需求。裴长洪、刘斌(2020)提出建设中国开放型经济理论,需要在中国共产党的领导下,依靠中国人民不断创新,才能打破西方世界经济的主流观点。他们的研究包括以下几个方面。首先,以"三对关系、六条线索"为主线,对中国渐进贸易开放的发展规律进行研究。其次,总结中国外贸新业态、新商业模式在互联网、数字技术、人工智能等新技术运用下的发展。这些新技术的运用重塑了中小企业的微观主体,培育和形成新的竞争优势。再次,分析共建"一带一路"所建立的合作共赢、海陆贯通的新型国际生产分工模式,探讨这一模式中贸易盈余与对外投资紧密联系的新型国际经济多元平衡观。最后,在习近平重要论述指导下,他们对人类命运共同体的全球经济治理理念进行了学理化阐述,提出了中国方案在全球经济治理中的重要性和实施路径。

倪红福(2022)站在国内的视角,从相关政策发展的分析中提出针对开放型经济转型升级的相关建议。首先,创新对外开放方式,实施自贸区战略,提出"一带一路"倡议。其次,充分利用自身的比较优势,优化中国的工业结构,促进工业产品结构的优化。在新的发展模式下,建设开放的经济体制。具体而言:第一,以习近平新时代中国特色社会主义思想为指导,建设开放的经济体制;第二,为新的开放经济制度的建设提供准确的政策保障,确保各项政策能够有效支持经济转型升级;第三,扩大比较优势,积极参与国际价值链,实现价值链的中高端化。随着经济全球化的不断加快,国际分工不断深化,全球价值链和产业链的演进也在加快;第四,中国要想真正进入全球价值链的核心,就必须不断提高技术水平,利用超大型市场的竞争优势,实现全球价值链的中上游地位。

在对开放型经济转型升级的挑战进行分析时,卢江、郭采宜(2021)从国际经济格局新变化的角度出发,指出了构建开放型经济体制面临的现实挑战。具体而言,第一,以开放经济为基础的国际竞争模式已经发生变化。政府、市场和民间组织在建设开放型经济模式时,必须创造公平、良好的外资企业外部环境。而且,世界各地的企业经营模式和组织形式也发生了前所未有的变化。第二,新的贸易保护主义正在逐步加强。在全球经济遭受重创的背景下,西方国家开始大力扶持本国公司,并通过政治和行政手段迫使美国企业从中国撤离。这种趋势对中国的外资吸引和国际贸易带来了巨大挑战。第三,生产要素的价格在持续上涨。一些国家不断提高进口关税,影响了中国的出口依赖型企业,增加了这些企业的运营成本和出口压力。第四,传统经济发展的动力减弱。随着全球经济环境发生变化,依靠传统制造业和低附加值产业驱动的经济增长模式面临瓶颈,迫切需要向高附加值、高技术含量的产业转型。第五,开放模式的构建存在"短板"。在开放型经济模式的推进过程中,仍存在诸多不足,需要系统性改革和政策支持,以克服这些障碍,全面提升开放型经济的质量和竞争力。

与此同时,安礼伟、张二震(2020)认为中国正面临深刻且复杂的百年未有之大变局,国际经济领域处于"规则重塑期",即全球经济发展正经历一场大变革,其本质是全球经济正处于一个"规则重构时期"。他们认为"开放"这一概念有了新的含义,成为全球价值链分工的基本特征,从市场开放转变为对生产开放,从生产要素的流通转向制度的开放。"命运共同体"这一概念是新的开放型内涵的内在需求,体现了开放型结构并存的特点,有助于防止"囚徒困境"型的国际竞争。在这个过程中,中国对新的国际经济治理体制有自己的利益需求,并为建立新的公平、合理的制度贡献力量。中国正在从"对外开放"向"开放发展"转变,重点建设"大循环"将是一个重要的发展方向。

陈大鹏、吴舒钰、李稻葵(2021)回顾新中国成立后中国开放经济建设的历史,探讨了中国开放模式的演变。最初,中国采取的是简单的单方开放,主要引入知识和技术,随后逐渐发展为贸易上的双向开放,最终转型升级为基于规则、体制和理念的双向交流以及开放。随着时间的推移,这种模式不断发展和完善。然后,从政府和市场的角度,对中国经济开放的经济实证进行了归纳,他们认为开放型经济体系的转型升级重点在于学习,在学习中改变思维模式,同时,政府需要起到科学引导的重要作用。王德蓉(2022)认为建立新的开放型经济制度是新时代深化对外开放的重大决策部署。这一制度建设是适应经济全球化新趋势的迫切要求,也是新时代深刻把握对外开放新要求、新特点的战略选择。具体而言:首先,坚持以制度创新为中心,确立新的开放型经济体系的基本要求和主要任务;其次,坚持以制度建设为主线,努力在新的开放型经济体系中培养新的参与和领导优势;最后,构建更加开放的经济体制,服务于新的发展格局。

岳兴程、汪五一、张云佳(2021)实证分析了中国开放型经济发展水平的空间分布与演化特征。他们构建了中国开放型经济发展水平指标体系,采用熵权法和 ESDA 探索性空间数据分析法,对开放型经济发展水平的空间分布及其演化特征进行探讨,并运用空间面板模型对其影响因素进行进一步分析。分析结果表明,随着中国对外开放程度不断提高,空间聚集作用显著。研究发现,中国开放型经济发展存在着空间外溢效应,产业结构、技术创新、人力资本、金融发展规模、自由贸易试验区等方面因素对中国的开放型经济发展起着重要作用,然而,城镇化水平和基础设施建设对中国开放型经济发展的影响并不显著,各区域的作用也存在差异。

裴长洪、郑文(2014)认为中国在开放型经济转型升级过程中构建新体制,能够更好地促进国有产业在全球价值链中的地位提升。具体而言:首先,通过大力发展服务业,推动开放型经济向更深层次发展,提升整体经济的附加值和国际竞争力;其次,通过加强对外投资,促进国际合作,实现互利共赢,为开放型经济提供更强大的动力;最后,制定并实施更高的标准,主动适应全球新格局和国际贸易新规则,提升中国在国际经济体系中的地位。

综上所述,我们可以看到中国在开放型经济转型升级过程中面临的机遇和挑战,以及不同学者对这一过程的分析和建议。这些研究为理解和推动中国开放型经济的发展提供了重要的理论支持和实践指导。

第二章　中国经济崛起的现实背景

全球经济领导权的本质是获得世界绝大多数主权国家的认可和跟随,而这种认可和跟随的核心在于,拥有全球经济领导权的国家具有符合世界大多数国家利益的经济发展理念,并且基于这一理念取得了卓越的发展成果。中国全球经济领导权的国际支持来源于中国经济的崛起。基于此,本章系统介绍中国经济崛起的现实背景,并着重介绍基础设施建设情况,为后续章节的分析奠定研究基础。

第一节　中国经济发展概况

一、整体概况

中国的经济发展从其历程来看,先是以追赶为主,从中国的实际情况出发谋发展,弥补自身在过去几十年来与发达国家的差距,在取得阶段性成果之后,继续着力布局进行经济转型升级,向全球经济治理领导权发起挑战。我们可以看到中国在改革开放以来取得的长足进步,也正视中国在发展中依然落后的一些不平衡不协调问题。中国经济的发展故事是一部充满转折和飞跃的史诗,自 20 世纪末的改革开放起,中国经济的轨迹标注了从边缘到中心的跃进。这一进程不仅仅是追赶,更是在不断探索和实践中,形成了具有中国特色的发展路径。从最初的劳动力密集型制造业起步,到现今的创新驱动和智能制造,中国经济的发展史,是一部由补短板到强优势的转型史。

在改革开放初期,中国经济以高速增长为标志,大量利用外资和技术,成功地将自身建设成为全球制造业中心。这一时期,中国通过出口导向型的发展策略,实现了经济的快速增长,有效地缩小了与发达国家之间的差距。此外,通过引进外资和技术,中国不仅加速了自身的工业化进程,也促进了国内市场的开放和竞争力的提升。进入21世纪,随着经济增长放缓和外部环境变化,中国开始着眼于经济结构的优化和产业升级。在这一转型过程中,创新成为驱动发展的关键因素。中国政府大力支持科技研发,促进互联网、人工智能、绿色能源等新兴产业发展,力图在全球经济中占据更加重要的地位。同时,通过实施供给侧结构性改革,中国加强了经济发展的内生动力,提高了产业的全球竞争力。

随着经济实力的增强,中国逐渐成为全球经济治理的重要参与者。通过"一带一路"等倡议,中国不仅促进了基础设施建设和经济合作,也展现了其在全球经济中的领导力。这些举措不仅加深了中国与其他国家的经济联系,也促进了全球经济的平衡发展。同时,中国在国际贸易、气候变化等全球性议题上发挥着越来越重要的作用,展现出一个负责任大国的形象。

尽管取得了显著的发展成就,中国经济仍面临不少挑战,包括经济增长的质量与效率问题、区域发展不均衡、环境污染等。对此,中国正在采取一系列措施,如推进生态文明建设、促进区域协调发展、深化改革开放等,旨在实现更加均衡、可持续的发展。未来中国经济的发展将更加注重质量和效益,继续推动经济结构的优化升级。通过深化科技创新、扩大开放、完善全球治理,中国将不断增强自身的国际竞争力和影响力,为全球经济的增长和稳定作出新的更大贡献。在全球经济治理体系中,中国将继续扮演构建人类命运共同体的积极角色,推动建立更加公正合理的国际经济秩序。

二、经济总量增长

衡量一个国家整体经济水平发展最常用的指标是国内生产总值,显然,中国在过去几十年尤其是改革开放以来取得的成绩是斐然的,不仅是在绝对数值上的显著增长,更体现出与美国经济总量差距的缩小,如图 2‑1 所示。

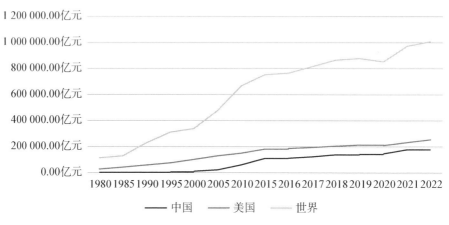

图 2‑1　中美国内生产总值、世界总体 GDP 对比

　　从经济总量来看,中国与美国的差距逐渐缩小,目前已超过美国 GDP 的 70%。前文提到,中国是一个追赶型经济体,在步入新世纪后,国内生产总值增长率基本处在更高的水平。其中虽然有一部分原因在于中国的经济总量基数较小,但中国在近年来宏观经济下行压力之下依然保持着较好的增长势头,在应对 2020 年新冠肺炎疫情的黑天鹅事件中,中国依然保持了全年经济正增长,这在全世界范围内是少有的,如图 2‑2 所示。

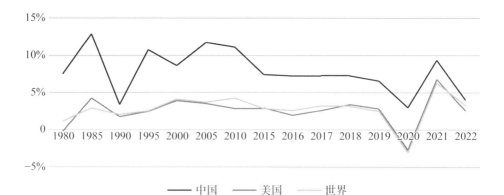

图 2‑2　中美、世界 GDP 增长率对比

除了经济总量对比,以下将对中美两国经济崛起历程中具有里程碑意义的事件进行横向对比,分别选取美国西部大开发和中国改革开放情况进行分析比较,探讨两国在经济崛起过程中的异同之处,如表2-1所示。

表2-1　美国西部大开发与中国改革开放情况分析比较

美国镀金时代(南北战争后到第一次世界大战前)	中国改革开放
1. 突破体制障碍	
18世纪六七十年代,美国扫除了资本主义发展中最大的障碍,也就是种植园奴隶制。从成效上看,镀金时代的发展使得美国真正赶超英国,在1913年美国人均GDP超过英国,成为世界第一经济强国。	改革开放前实施计划经济体制,改革开放后市场机制发挥调节作用。改革开放后,中国年均GDP增长率远远高于同期世界平均水平。
2. 区域经济发展	
以美国西进运动即西部大开发为代表。新兴国家出于内部发展需要发起经济活动,由此形成了群众性移民和开发边疆的活动。张小路(2002)认为美国西部大开发是一种按资本主义方式进行的,以联邦公共土地政策为核心、以交通运输业为龙头、以私人企业和个人创业活动为动力并以法律为保障推进的经济开发活动。 　　西进运动缓解了美国东西部发展不平衡的问题,为美国资本主义发展提供了国内市场、粮食和原料基地,促进了交通运输的迅速发展,极大加强了对外贸易,大力发展了采矿业、牧牛业、铁路建设等。粮食生产、畜牧业发展、铁路干线连通、矿产资源开发为工业发展提供了材料。	改革开放以来中国区域经济发展分为四个阶段:非均衡发展起步阶段(1978—1991年)、非均衡发展加速阶段(1992—1999年)、协调发展起步阶段(2000—2012年)和协调发展加速阶段(2013年至今),前两个阶段属于区域经济非均衡发展阶段,后两个阶段则属于区域经济协调发展阶段。 　　按照邓小平同志的设想,20世纪末达到小康水平的时候,突出地提出和解决东西部经济发展不平衡的问题。2002年,党的十六大提出"支持东北地区等老工业基地加快调整和改造,支持资源开采型城市发展接续产业",政府自2003年开始实施东北地区等老工业基地振兴战略,2004年又开始推动中部崛起战略。
3. 发展中都面临着诸多严重问题	
镀金时代自由放任的思想使得社会矛盾极度尖锐,美国国内的阶级矛盾、种族矛盾在几十年来浮浮沉沉,冲突不止,这些问题在呼吁民主自由、信奉人道主义精神的大社会环境背景下,在持续更迭的不同政党立场之下,并没有得到有力的控制。	改革开放以来,经济增长转型面临困难,精神文明与物质文明水平脱节。腐败、垄断、环境破坏、收入分配不合理等问题凸显,经济增长质量有待提高。

中国的改革开放和美国的镀金时代对于两国经济发展有着同等重要的基础性作用，是国家变革历史上的重要一笔。但两国在推行变革之后的发展速度和发展成效上还是存在着很大的差异。首先是在地理特征上的差异，美国在工业上的飞跃有很大的贡献来源于西部资源的开发，在资源开采当地即建立起相应的生产组织，就地发展以带动当地一系列产业链的发展；而中国工业布局起步较晚，大部分工业的起步依托于资源盛产之地，在改革开放期间率先发展起来的是在中国有更好社会基础的轻工业，因此工业布局仍以原有资源分布区为主，且中国人更注重乡土情缘，与美国大批移民进入的情况相比，由工业发展生产引起的大规模移民搬迁现象更少，中国的发展模式是在固有悠久文化底蕴之下更为和缓的发展模式。中国改革开放的全新面貌随着新世纪的到来也展现在全球人民的视野中，对于一个曾经备受压迫、备受侵占的国家而言，这样的发展变化是迅速且令人难以置信的脱胎换骨的变化，在奉行资本主义的发达国家林立的国际环境下，在其他发展中国家和国际合作组织中造成了强烈影响。

第二节　基础设施建设情况

一、中国概况

基础设施建设是工业社会稳定的基础，传统的基础设施建设是人们所熟知的"铁公机"，即铁路、公路、机场、水利设施等，为社会提供基础设施，并改善人民物质文化生活。2020 年，中国铁路客运量达 22.03 亿人次，客运周转量为 8 266.19 亿人公里，分别是新中国成立之初的 21 倍和 64 倍；铁路完成货物总发送量 45.52 亿吨，是新中国成立之初的 81 倍。2020 年，中国实现货运量 45.52 亿吨、货运量 30 514 亿吨公里。1980 年至 2013 年期间，货运周转量增长了 5 倍以上，同期客运周转量增长了 7 倍以上。中国拥有仅次于美国的全球第二大铁路网，其中高速铁路系统突破 4 万公里，为全球最大规模的高速铁路系统。中国已经建成运营"四纵四横"的高铁网，成为世界上唯一高铁成网运行的国家。传统基建使得钢铁、建材、水泥等产业能够蓬勃发展，对于近年来存在的一些产能过剩问题，中国一方面从国内产业转型升级改革入手，通过供给侧结构性改革、发展新基建等解决，另一方面通过国际合作实施国家基建，积极践行"引进来"和"走出去"，积极实践"一带一路"倡议。

当今世界技术更迭迅速，正在由物质化转向信息化，国家发展也从本国转向世界，与此相适应的是新基建的理念。新型基础设施建设，主要包括5G基站建设、特高压、城际高速铁路和城市轨道交通、新能源汽车充电桩、大数据中心、人工智能、工业互联网七大领域，涉及诸多产业链，是以新发展为理念，以技术创新为驱动，以信息网络为基础，面向高质量发展需要，提供数字转型、智能升级、融合创新等服务的基础设施体系。2018年12月19日至21日，中央经济工作会议在北京举行，会议重新定义了基础设施建设，把5G、人工智能、工业互联网、物联网定义为"新型基础设施建设"。随后，"加强新一代信息基础设施建设"被列入2019年政府工作报告。

相比传统基建，新基建的内涵更加丰富，涵盖范围更广，更能体现数字经济的特征。国家发展改革委给出了新基建包括的三个主要方面的内容：一是信息基础建设，指基于新一代信息技术演化而成的基础设施，比如5G、物联网、工业互联网、卫星互联网等；二是融合基础设施，主要指以新技术为支撑助力传统基础设施转型升级，进而形成融合的基础设施，比如智能交通基础设施、智慧能源基础设施等；三是创新基础设施，指支撑科学研究、技术开发、产品研制的具有公益属性的基础设施。从国家整体基建发展来看，新基建是结合中国实际发展情况对传统基建社会功能的补充。新基建不仅涉及国家发展改革委强调的科技新基建，还重视涵盖教育、医疗、保险的民生新基建，以及扩大对外开放、发展资本市场、减税降费等制度改革领域的制度新基建。

在全球范围内，新基建是中国向世界交出的一份漂亮的成绩单，对于提高中国的国际影响力和号召力有着重要作用，中国在发展新基建的同时，逐步推进"一带一路"建设和国家基建建设工程，积累了良好的国际声誉。但同时我们也要看到，在建设社会主义新农村进程中，传统基建在农村依然存在很大的发展空间。

二、中美对比

美国和中国在基础设施建设方面存在着明显的差异。美国曾经是全球基础设施建设的领导者之一，但近年来，许多基础设施已经陷入老化和失修的状态。这主要是由于长期忽视基础设施和资金短缺所致。例如，美国的道路和桥梁普遍陈旧，铁路系统需要更新，水利设施也需要改造。虽然一些地方政府和私营企业在进行投资和改进，但整体来看，美国的基础设施建设进展缓慢，面临着巨大的挑战。相比之下，中国在基础设施建设方面取得了巨大的进步，为中国经济迅速增长和社会发展提供了坚实的支撑。自改革开放以来，中国政府一直将基础设施建设作为经济发展的重要支柱之一。中国在高速铁路、公路、桥梁、港口、机场等方面取得了显著进展，许多项目都在国内外引起了广泛关注。

首先，中国拥有世界上最发达的高速铁路网之一。自2007年首条高速铁路投入运营以来，中国的高铁网不断扩张，已经覆盖全国大部分省份和地区。这项工程大大"缩短"了城市之间的距离，改善了交通状况，促进了经济发展和人口流动。

其次，中国的公路建设规模宏大。公路网络覆盖城市、乡村和偏远地区，使得人们出行更加便捷，促进了物流和货运业的发展。许多公路项目建设极大地改善了交通状况，加速了经济发展。桥梁建设也是中国基础设施建设的亮点之一。中国拥有数量众多、质量优良的桥梁，跨江大桥、跨海大桥等工程成为城市地标，促进了区域经济的繁荣和发展。中国的港口建设更是举世瞩目。上海、深圳等港口已成为全球贸易的重要枢纽，为中国的对外贸易和经济发展提供了强有力的支撑。这些港口的发展也极大地促进了中国与世界各国的经贸合作和文化交流。在水利工程方面，中国也取得了显著成就。三峡工程作为世界上最大的水利工程之一，不仅为中国提供清洁能源，还有效地控制了长江流域的洪水，改善了水资源利用效率，保障了区域水资源安全。

最后，中国还在推动基础设施数字化和智能化方面取得了显著进展。中国政府提出了"互联网＋"和"智慧城市"等战略,推动基础设施建设与信息技术的深度融合,以提高基础设施的效率、安全性和可持续性。总的来说,中国在基础设施建设方面取得的成就不仅改善了人民的生活条件,也提升了中国在国际上的地位和影响力。这些成就为中国经济的持续增长和社会稳定打下了坚实的基础。本书接下来将从三个方面对中美基础设施情况进行比较。

(一) 中美每百人固定宽带互联网用户对比

在过去的二十多年里,中美两国在固定宽带互联网的普及和发展方面展现出了显著的差异和趋势。2001 年至 2022 年的数据显示,中国的固定宽带互联网普及率经历了从极低水平起步的迅猛增长,而美国在起点上显著高于中国,但其增长速度相对平缓。在 21 世纪初,美国的固定宽带互联网用户每百人中就已达到 4.48,远高于同期中国的 0.03。这一差异反映了当时两国在网络基础设施和信息技术领域的巨大差距。然而,随着时间的推进,中国在这一领域的发展速度令人瞩目。尤其自 2014 年以来,中国固定宽带互联网普及率的增长速度大幅加快,显示出中国追赶全球信息技术发展前沿的决心和效率。2022 年,中国每百人固定宽带互联网用户的数量已经达到 41.35,超过美国的 37.58,这标志着中国在网络基础设施普及方面的重大成就。这一成就的取得,不仅体现在数字的增长上,更重要的是它反映了中国政府和企业在推动信息技术发展、优化网络基础设施建设方面的努力和成效,以及中国市场巨大的需求动力,如图 2 - 3 所示。

中国的快速增长和追赶,揭示了在全球化时代背景下,发展中国家在科技和信息技术领域的潜力与机遇。这一过程受到多种因素的共同影响,包括政府政策的大力支持、经济持续快速增长,以及人民对于更好生活质量的追求。美国虽然在网络基础设施建设上保持着较为稳定的发展,但其增长速度的放缓也揭示成熟市场在保持技术领先地位时面临的挑战。中美两国在固定宽带互联网普及和发展的历程中,呈现出了既有竞争也有互补的复杂局面。中国的快速发展不仅为其国民提供了更广泛的网络接入和更丰富的信息资源,也为全球信息技术的发展贡献了中国力量。同时,这一进程也为世界各国在追求科技进步和提升网络普及率方面提供了宝贵的经验和启示。

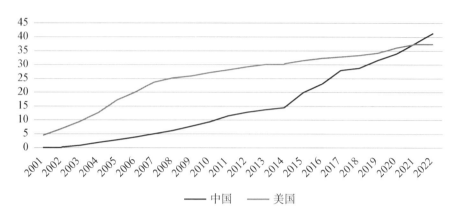

图 2-3   2001—2022 年中美两国每百人固定宽带互联网用户数

资料来源:世界银行

(二) 中美铁路总公里数、客运量对比

在过去二十年,中国铁路系统的迅速发展与现代化建设和美国的铁路状况形成了鲜明对比,尤其在高速铁路领域。中国铁路的变革,不仅在于总公里数和客运量的显著增长,更在于高速铁路网络的快速扩展和技术创新,这些都体现了中国在铁路交通领域的雄心和成就。中国铁路总公里数从 2001 年的 59 079 公里增至 2021 年的 109 767 公里,几乎翻倍,这显示中国政府在铁路基础设施建设上的巨大投入和迅速行动。相比之下,美国的铁路总公里数在同期略有下降,从 2001 年的 194 746 公里减少到 2021 年的 148 553. 34 公里,这反映了美国铁路基础设施的优化调整及其在整体交通体系中所占比重的变化。

中国高速铁路的发展尤为引人注目,自从 2008 年京津城际铁路开通以来,中国已建成世界上最长的高速铁路网络。这不仅是技术和工程能力的展示,更是对国家现代化交通体系的重大贡献。相较之下,美国尚未在高速铁路领域取得类似的成就,其铁路系统更侧重于货运而非客运,且高速铁路项目较少,这一差异体现了中美两国在铁路发展战略和交通需求上的不同。中国铁路客运量的大幅增长,特别是高速铁路客运量的快速上升,展示了高速铁路在满足公众出行需求方面的巨大潜力。相反,美国铁路客运量虽然稳

定,但规模相对较小,且增长缓慢,反映了铁路在美国人出行方式中的较低选
择比例。美国民众出行倾向于使用汽车或航空,这与其国内广阔的地理环境
和城市布局有关。

　　中国在铁路特别是高速铁路发展上所取得的成就,不仅改善了国内的交
通状况,促进了经济的区域一体化,也在全球范围内确立了中国在基础设施
建设领域的领导地位。而美国虽然在铁路系统的规模上保持着全球领先,但
在高速铁路和铁路客运服务上的投入相对较少,反映了两国在铁路发展策略
和交通文化上的根本差异,如图 2-4 所示。这些对比不仅揭示了不同国家在
交通基础设施建设和规划上的选择,也对未来铁路交通的发展趋势提供了有
价值的洞见。

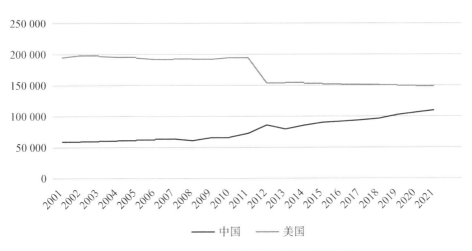

图 2-4　2001—2021 年中美铁路总里程(公里)

资料来源:世界银行

(三) 中美货柜码头吞吐量对比

　　在过去的二十年里,从 2001 年至 2021 年,中美两国的货柜码头吞吐量展
示了两国经济和全球贸易地位的显著变化,中国的进步尤为突出。中国的货
柜码头吞吐量从 2001 年的约 4 470 万 TEU 增长至 2021 年的约 26 260 万
TEU,呈现了约 5.87 倍的增长。相比之下,美国的增长虽然也在持续,但幅
度较小,从 2001 年的约 2 730 万 TEU 增至 2021 年的约 6 055 万 TEU,增长

了约 2.22 倍。这一对比反映了中国在全球物流和贸易中的地位显著提升,同时也映射了中国经济快速增长的轨迹,如图 2 - 5 所示。

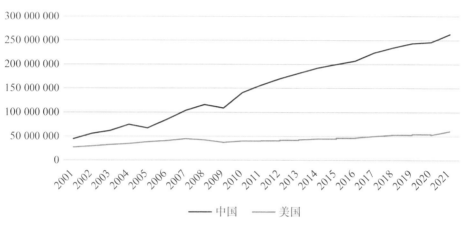

图 2 - 5　2001—2021 年中美货柜码头吞吐量

资料来源:世界银行

　　中国货柜码头吞吐量的快速增长得益于多方面因素的有机结合。首先,大规模基础设施投资为港口吞吐量的增长奠定了坚实的物质基础,包括扩建现有港口和建设新的港口设施,这不仅提高了港口的处理能力,也提升了物流效率。其次,中国积极推动的"一带一路"倡议加强了与沿线国家的经贸合作,进一步扩大了其货物吞吐量,增强了中国在全球贸易网络中的影响力。最后,技术创新在中国港口的快速发展中扮演了重要角色,包括数字化和自动化的应用,以及人工智能和大数据分析技术的引入,显著提高了操作效率和处理能力。中国货柜码头吞吐量的显著增长也是其经济发展战略转型的体现,即从依赖制造业和出口驱动的经济模式,转向更加注重高质量增长、经济结构优化和供应链高效管理。这一转型不仅促进了中国经济的可持续发展,也提升了中国在全球经济中的竞争力。

　　综上所述,通过对比分析中美两国过去二十年的货柜码头吞吐量,可以清晰地看到中国在全球物流和贸易领域取得的巨大进步。这一进步不仅体现在数量的增长上,更重要的是,它反映了中国在基础设施建设、全球贸易参与度、技术创新以及经济发展模式转型等方面的全面进步。

三、对外贸易与投资

加入世界贸易组织（WTO）是中国在全球化背景下得到的一次大推进，此后，经济全球化对中国的影响将更加强烈，国际经济形势的变化对中国产生的影响更加显著。中国在加入 WTO 的道路上做了巨大而漫长的努力。早在 2000 年前中国就履行了加入世贸组织的承诺，清理了 1 万多项法律法规、部门规章和政策文件，放开了 100 个服务贸易的部门，任何贸易政策的制定都要进行合规性评估。中国及时加入了美元主导的全球供应链体系，开足马力为全世界市场进行生产。中国充分利用发达国家主导的产品内分工，通过外包获得样品，然后借由反向工程获得技术，迅速而广泛地在全社会范围内传播和积累知识。中国市场本身也很巨大，有利于进口替代，中国物美价廉的仿制商品成就了出口导向，再借助国内市场消化一部分出口转内销，中国制造才获得了一个足够的成长空间。

在中国加入世贸组织的历程中，中国制造企业的专业化程度和技术水平不断提高，规模效应和附加值率大幅提升，服务业开放及其专业化水平与生产率提升，顺应甚至引领全球贸易投资协定的方向，使之符合自身利益。中国既是 WTO 的受益者，也是其贡献者。中国向世界分享了改革开放的红利。20 多年来中国对全球经济增长的年均贡献率接近 30%。作为 WTO 规则的贡献者和谈判的推动者，中国捍卫了 WTO 的基本原则和核心价值。数据显示，中国货物和服务出口（占 GDP 的百分比）从 2001 年的 4.31% 增长至 2022 年的 14.2%，在这一过程中达到了 2021 年的高点 14.9%。相比之下，美国的出口占 GDP 的比例在同一时间段内从 9.70% 略微增长至 11.77%，增幅相对较小。

中国出口占 GDP 比例的增长和波动，尤其是在 2001 年到 2005 年期间显著上升，凸显了中国作为"世界工厂"地位的确立及其在全球供应链中角色的加强。在这一时期，中国经济高速增长，大量依赖制造业和出口，尤其是对美国和欧洲的出口。然而，2008 年全球金融危机后，中国出口占 GDP 的比例开始下降,这一趋势部分反映了全球需求的减少,同时也反映了中国经济结构调整的初步成果,即政策导向从出口驱动向内需驱动转变。美国出口占 GDP 的比例在这段时间内的逐渐增长则体现了其经济的多样化和对外贸易的稳定增长。美国的经济结构较为均衡,服务业在经济中占有重要地位,这导致其出口占 GDP 的比例相对稳定,增长幅度较小。中国经济进步表现在其调整经济结构,特别是在提高服务业比重、增强内需以及推进创新和高技术产业发展等方面体现得尤为明显。近年来,中国政府积极推动经济高质量发展,包括促进服务业发展、提升消费能力和鼓励技术创新的相关政策。这些政策和措施有助于平衡经济增长,减少对外部市场的依赖,并在全球经济中提升中国的竞争力。

通过对中美货物和服务出口占 GDP 比例的分析,可以看出中国在过去二十年里经历了显著的经济转型和结构调整。虽然出口在中国经济中依然发挥着重要作用,但内需驱动、服务业增长和高技术产业的发展逐渐成为新的增长动力。与此同时,美国的出口增长虽然相对稳定,但两国在经济结构、出口依赖度以及对外经济策略方面的差异,凸显了中国经济发展的独特路径和进步。

第三章　中国践行大国担当的典型事实

中国全球经济领导权获得国际支持的前提是中国的战略决策和经济政治行为要惠及全世界绝大多数国家。近年来,中国提出了"一带一路"倡议,发起成立亚洲基础设施投资银行,促进对全球基础设施建设的融资支持,在全球贸易体系中的影响力不断攀升,积极开展对外援助。以上一系列典型事实说明,中国不但在国家治理上取得了巨大成就,而且在推动自身经济发展的同时,还不忘帮助世界其他国家发展。以下在阐述中国践行大国担当典型事实的基础上,分析中国的大国担当对于获取全球经济领导权国际支持的影响与价值。

第一节　"一带一路"倡议的提出与实施

一、"一带一路"倡议

当今世界形势复杂多变,各国依然面临着严峻的发展问题,且各国之间的经济联系不断加深。中国在融入世界经济的过程中,虽然取得了快速发展,但是存在效率低下等问题,亟需全面深化改革。2013 年,习近平主席宣布建设丝绸之路经济带和 21 世纪海上丝绸之路的计划,即广为人知的"一带一路"倡议(BRI)。这是一个影响深远的战略,会造成一定的区域和全球影响,因此,它越来越引起各国政府、学术界和商界的兴趣。自"一带一路"建设推行以来，中国政府与沿线国家进行友好交流，开展相关合作，并充分调动政治、经济和外交资源，努力塑造"一带一路"倡议在国际社会中的友好形象。中国政府希望在"一带一路"建设框架下，通过改善各国基础设施互联互通状况，增强中国的国际影响力，促进与周边国家的经济交流。为支持"一带一路"倡议的实施，中国牵头成立了亚洲基础设施投资银行。"一带一路"倡议表明中国开始发挥领导作用，以反映其作为一个正在崛起的全球大国的地位。

　　在国内经济增速放缓的背景下，促进经济高质量发展是中国制定外交政策的主要考虑因素之一。国内经济形势是中国"一带一路"倡议制定和实施的重要考虑因素，并且由于经济全球化，各国经济依存度不断提高，所以"一带一路"倡议是中国发挥自身优势及引领作用，以促进提升中国国际地位的重要工具。"一带一路"倡议不仅是中国对外开放的总纲领，理论上也应成为中国全面深化改革的总钥匙。"一带一路"倡议的实施有利于创造有力、有效的外部监督，提高治理效率。"一带一路"倡议作为一个有着浪漫名称与丰富历史文化内涵的倡议，具有深厚的历史根基与丰富的时代内涵。丝绸之路是起始于古代中国，连接亚、非、欧三大洲的商业贸易路线，最初的作用是运输古代中国的商品，后来成为东西方之间在经济、文化等方面进行交流的主要通道。"一带一路"倡议借用古代丝绸之路的历史符号，旨在鼓励实现亚洲、欧洲和非洲之间更好的连通性、经济流动、就业机会增长、投资、消费与文化交流。

　　"一带一路"倡议体现了合作发展的理念，有利于中国发展与沿线国家的经济合作伙伴关系，共同打造利益共同体，实现互利共赢。"一带一路"倡议的庞大规模体现在其涵盖亚太、欧亚、中东、非洲等地区，且"一带一路"沿线地区总人口占全世界人口的比重接近三分之二。此倡议是在世界经济复苏乏力、全球化进程受挫的背景下提出的，具有特别重大的意义。从客观的角度来看，经济全球化具有两面性，它在为世界经济增长提供强劲动力，促进商品和资本流动、科技和文明进步的同时，也会带来一些新问题，如贫富差距拉大、经济金融风险跨国传递等。因此，反全球化运动也在不断发生，它揭示了经济全球化造成的问题，但是也存在对全球化认识片面等问题。经济全球化是大势所趋,各国不应该因其会带来各种问题就片面反对全球化,而是应该寻求各种解决方法。解决问题的办法不是"反全球化""逆全球化"和"去全球化",而是要适应和引导好全球化,让全球化进程更有活力、更加包容、更可持续。

"一带一路"倡议是中国在后金融危机时代,将进一步发挥自身优势的一大创新,而通过"一带一路"建设能够为世界各国的发展提供中国智慧,促进世界经济持续稳定发展。传统全球化造成了各国贫富差距拉大等问题,而"一带一路"倡议推行全球化的包容性发展理念,主张各国合作发展,有利于中国引领全球化进程,推动建立更加公平和繁荣的和谐世界。"一带一路"倡议遵循共商、共建、共享的原则,为21世纪的国际合作带来新的理念,各国都是平等的参与者,以经济增长极辐射周边,开创地区新型合作模式。可见,"一带一路"倡议体现了中国引领世界经济更好发展的担当和努力,但同时也面临着许多挑战。

中国实施"一带一路"倡议既面临内部挑战,也面临外部挑战。从内部看,中国尚未建立有效的中央领导机构来协调丝绸之路相关活动,各政府部门也没有制定出统一的战略以便在国外实施"一带一路"倡议。缺乏组织间和中央与地方之间的协调,不仅可能推迟国家丝绸之路计划的实施,还可能在亚洲国家造成混乱——不知道谁负责丝绸之路计划,以及应该与谁谈判。中央和地方政府中几乎所有的机构都不同程度地参与了对外关系,它们几乎不可能以同样的方式看待中国的国家利益,也不可能用一个声音说话,而这些差异会让外界感到困惑。这种团结和沟通方面的问题可能会破坏中国推进其宏伟战略的努力。

从外部看,中国"一带一路"倡议面临的最大挑战来自外部问题,而且是政治问题,不是经济问题。中国希望通过加强基础设施互联互通、扩大贸易投资等措施促进丝绸之路沿线国家的经济增长。然而,由于怀疑中国的真实意图,亚洲国家对"一带一路"倡议的反应褒贬不一。东盟国家、美国、日本和印度的反应,对"一带一路"倡议的实施和整体效果尤为关键。

第一,尽管中国与东盟国家的双边经贸联系不断加强,但中国与许多东盟成员国的关系受到持续不断的南海争端的损害。"一带一路"倡议可能被视为中国日益增长的海上实力以及在全球投放海军力量目标的反映。一些学者认为,"21世纪海上丝绸之路"倡议的主要目的是保护中国的海上贸易路线,因为这对中国进口能源和资源至关重要。

第二,美国及其盟友可能会从根本上阻碍中国实施"一带一路"倡议。美国和中国对各自在该地区和全球的战略角色似乎存在越来越大的分歧,两国都对对方的战略和政治意图持怀疑态度。美国担心中国的崛起将挑战美国的利益,重塑西方主导的世界秩序,而中国担心美国将抑制中国的崛起。

第三,随着中日关系在地缘政治上的竞争性和对抗性日益增强,日本因素对中国构成了挑战。中日双边关系已经因为各种问题而恶化,这些问题缘于日本侵华造成的历史遗留问题、靖国神社、军事对抗、钓鱼岛的领土争端以及地区的基础设施竞争等。

第四,中国必须应对印度的崛起给其实施"一带一路"倡议带来的挑战。印度被认为是一个"摇摆国",尚未接受中国的"一带一路"倡议。尽管习近平主席在2014年访问了印度,但印度只是作出了外交姿态,表示将考虑中国的提议。中印关系被认为是亚洲最重要但最复杂的双边关系之一。

二、"一带一路"国际合作高峰论坛

(一) 第一届"一带一路"国际合作高峰论坛

在中国提出"一带一路"倡议之后,有关"一带一路"建设的合作逐步推进,中国的倡议得到各方的欢迎和参与。2017年是"一带一路"建设全面推进的重要节点,需要一个重要会议来对"一带一路"的过去进行总结以及进一步规划"一带一路"的未来。因此,在这种背景下,第一届"一带一路"国际合作高峰论坛在北京成功召开。此次论坛在"一带一路"建设处于关键阶段的背景下举办,发出了各方推动"一带一路"建设,进一步发展和构建人类命运共同体的积极信号。

2017年5月14日至15日,北京举办了第一届"一带一路"国际合作高峰论坛。这是中国提出"一带一路"倡议以来,中国就此召开的规模最高的国际会议。在会议安排上,此次论坛广泛听取各方意见,努力使各方都有参与的机会,体现了开放包容、民主透明的办会风格;在议题设置上,此次论坛的主题议题关注世界经济中的共性挑战,抓住各方共同关心的问题,在与会各国代表中产生强烈共鸣。这次峰会聚集了包括 29 位外国元首和政府首脑在内的多个国家和国际组织的代表,旨在宣传习近平主席标志性的外交政策:"一带一路"倡议(BRI),这是一个雄心勃勃的愿景,旨在扩大中国与其他约 65 个国家(这些国家总共覆盖了世界三分之二的人口)的投资和贸易关系,如表 3 - 1 所示。会议达成了 270 多项具体成果,为今后一段时间的"一带一路"建设指明了方向,规划了重点。众多国家的企业,包括央企、私营企业以及上市公司,都认为"一带一路"拓展了市场,并带来了越来越多的商业机会。

表 3 - 1　第一届"一带一路"国际合作高峰论坛嘉宾

序号	与 会 嘉 宾
1	29 个国家的元首、政府首脑等领导人,如阿根廷、白俄罗斯、智利、捷克、印度尼西亚、哈萨克斯坦、肯尼亚、老挝、菲律宾、俄罗斯、瑞士、土耳其、乌兹别克斯坦、越南、柬埔寨、埃塞俄比亚、斐济、希腊、匈牙利、意大利、马来西亚、蒙古国、缅甸、巴基斯坦、波兰、塞尔维亚、西班牙、斯里兰卡、吉尔吉斯斯坦
2	联合国秘书长、世界银行行长和国际货币基金组织总裁

在参会的国家中,有 13 个亚洲国家,11 个欧洲国家,2 个非洲国家,2 个拉丁美洲国家,1 个大洋洲国家。值得注意的是,参会的有两位拉美国家领导人,分别是阿根廷总统和智利总统。众所周知,古丝绸之路并不包括拉美国家,但却有拉美国家领导人来参会,这充分体现了"一带一路"的魅力。而最集中来参会的,是东盟国家领导人。东盟十国中,有印度尼西亚、老挝、菲律宾、越南、柬埔寨、马来西亚、缅甸这七个国家的领导人来参会。在这些与会的国家领导人中,最受瞩目的无疑是俄罗斯总统,随着俄罗斯总统的参会,之前外界热传的俄罗斯对"一带一路"建设存在心结等质疑的声音也逐渐消失。来参会的欧洲地区的国家领导人也不少,西欧有瑞士、意大利、西班牙,东欧有白俄罗斯、捷克、波兰、塞尔维亚等。总体上看,东欧国家的领导人相比西

欧国家更愿意来参会。联合国秘书长等三位重要国际组织负责人也出席了此次会议,进一步体现出"一带一路"倡议的国际性。

共建"一带一路"是中国提出的倡议,是惠及各国的倡议。虽然它的重点是亚洲、欧洲和非洲大陆,但它对所有国家都是开放的。习近平主席在开幕式上发表主旨演讲时指出,无论是亚洲、欧洲、非洲还是美洲,所有国家都可以成为"一带一路"的国际合作伙伴。因此,中国没有对"一带一路"划定明确的地理界限,而是将"一带一路"视为国际合作的倡议。可以看出,虽然"一带一路"倡议有着源远流长的历史基因,但是它在全球化的今天焕发出了新的活力。中国对"一带一路"全球合作的重视,体现了中国倡导世界各国经济合作以及对自身全球经济领导权的追求。

但是,需要注意的是,针对这次会议,也有国外学者提出了质疑,对"一带一路"的定义表示疑惑。在 2017 年的主旨演讲中,习近平主席对这个"世纪工程"的描述几乎包罗万象:金融、基础设施、创新、贸易、交通、可持续发展和民心相通。中国没有对什么是"一带一路"项目给出过官方定义,所以中国的地方政府、国有企业、民营企业、大学,甚至慈善机构和非政府组织都能够声称他们的项目是"一带一路"的一部分,无论它们是否得到政府的官方支持。"一带一路"可能是近十年来谈论最多、定义最少的流行语。

参与"一带一路"建设的国家不知道该倡议主要是关于基础设施建设、促进贸易、发放中国贷款、建立新标准,还是传播中国软实力。它们不能强制问责,因为它们不能根据自己声称的目标对"一带一路"项目进行评估。事实上,它们甚至不确定哪些项目属于"一带一路"。这种含糊不清为怀疑和猜测提供了肥沃的土壤,比如有人声称,中国为了从债务国手中夺取战略资产,故意希望"一带一路"项目失败。

针对国际社会的批评,中国正在努力改造和重塑"一带一路"的品牌。为了成功地做到这一点,它将不得不澄清该倡议的目的、优先事项和范围。中国应明确具体项目,只允许那些在质量、透明度和问责方面达到足够高标准的项目才能声称拥有该倡议的"衣钵"。通过消除围绕"一带一路"的困惑,中国开始重新赢得国际社会的信任。

（二）第二届"一带一路"国际合作高峰论坛

2019 年 4 月 25 日至 27 日，中国在北京举办了第二届"一带一路"国际合作高峰论坛。在第一届"一带一路"国际合作高峰论坛举行以来，中国本着共商、共建、共享的原则，全面推进"一带一路"建设，为世界经济作出了贡献。2018 年是"一带一路"建设取得新的重要进展的一年，中国与 67 个国家签署了合作文件，并且截至 2019 年 3 月 3 日，已有 152 个同中国签署合作文件的国家和国际组织。各方通过互联互通，进行密切合作，并取得了不错的成绩，而且在一些专业领域建立了多边合作机制。这些结果表明，"一带一路"倡议有利于各国达到合作共赢的目标。为了进一步凝聚共识、推动各国经济合作，中国再次举办了这个重大国际会议。共 40 多个国家和国际组织的领导人出席本次会议，并围绕"共建'一带一路'、开创美好未来"的主题进行了广泛讨论。此次会议分论坛数量达到 12 场，比首届增加一倍，并且首次举办企业家大会，为各国工商界合作提供平台。此次论坛达成 6 大类共 283 项成果，推动"一带一路"合作进入全面加速阶段，表明"一带一路"倡议正在逐步走向成熟。

在参会的国家中，有 20 个亚洲国家，10 个欧洲国家，5 个非洲国家，1 个拉丁美洲国家，1 个大洋洲国家，如表 3-2 所示。从出席名单可以看出，本届会议的规模比第一届大。第一届高峰论坛有 29 个国家的领导人出席会议，而第二届则有 37 个。值得注意的是，与第一届相比，第二届高峰论坛的参会国多了埃及，而它与阿联酋一样，都是代表阿拉伯世界的重要国家。莫桑比克是非洲南部地区的国家，它的参会体现了参会国涉及地区的范围越来越大。拉美国家智利的领导人连续两次参加高峰论坛，体现了"一带一路"倡议的可持续性与魅力。最集中来参会的，依旧是东盟国家领导人。文莱、柬埔寨、印度尼西亚、老挝、马来西亚、缅甸、菲律宾、新加坡、泰国、越南这十个东盟国家领导人全部参会，反映了东盟国家与中国的经贸联系日益密切。

表 3-2　第二届"一带一路"国际合作高峰论坛嘉宾

序号	与 会 嘉 宾
1	37 个国家的元首、政府首脑等领导人,如奥地利、阿塞拜疆、白俄罗斯、文莱、柬埔寨、智利、塞浦路斯、捷克、吉布提、埃及、埃塞俄比亚、希腊、匈牙利、印度尼西亚、意大利、哈萨克斯坦、肯尼亚、吉尔吉斯斯坦、老挝、马来西亚、蒙古国、莫桑比克、缅甸、尼泊尔、巴基斯坦、巴布亚新几内亚、菲律宾、葡萄牙、俄罗斯、塞尔维亚、新加坡、瑞士、塔吉克斯坦、泰国、阿联酋、乌兹别克斯坦、越南
2	派出领导人委托的高级代表,如法国、德国、英国、西班牙、日本、韩国、欧盟
3	联合国秘书长和国际货币基金组织总裁

俄罗斯领导人连续两届参会,表明俄罗斯对中国"一带一路"倡议的支持与重视,是中俄两个大国之间关系互信升级的重要体现之一。参加第二届高峰论坛的欧洲地区的国家领导人不仅包括奥地利、塞浦路斯、捷克、希腊、匈牙利、意大利、葡萄牙这些欧盟国家,还包括白俄罗斯、塞尔维亚、瑞士这几个非欧盟国家。另外,法国、德国、英国、西班牙等经济体派出了领导人委托的高级代表参加会议,表明"一带一路"倡议的影响力进一步扩大。总体上看,相比东欧国家,西欧国家对于"一带一路"倡议的态度显得更加保守。联合国秘书长以及国际货币基金组织总裁也参加了此次会议,进一步体现出"一带一路"倡议的国际性。

2019 年 4 月,彭博社(Bloomberg)报道称,北京规定哪些项目应被视为"一带一路"的一部分,并正在起草一份中国政府正式承认的合法"一带一路"项目清单。这表明中国积极采取措施,明确"一带一路"的范围,制定一定的标准,并发布符合这些标准的官方"一带一路"项目清单。这些措施表明了中国进一步让"一带一路"合作走深走实的决心,也代表了中国对一些国外质疑态度的回应。

出人意料的是,印度领导人缺席了第二届"一带一路"国际合作高峰论坛。2017 年,印度也缺席了首届论坛,理由是印度对中国在巴基斯坦的"中巴经济走廊"(CPEC)项目感到担忧。印度将"主权"和"领土完整"问题列为其关切的根源。对此,中国政府多次明确表示,包括中巴经济走廊在内的"一带一路"倡议只是一项经济倡议,并不针对任何第三方国家,与任何两国历史遗留的主权和领土争端无关。与日本和美国的情况一样,印度国内一直有声音批评"一带一路"是"债务陷阱外交"。以美日为首的资本主义国家热衷于插手其他国家和地区组织,现如今印度也试图加入其中,形成替代基础设施走廊,以应对这一局面。例如,印度与日本一起提出了"亚非增长走廊"(AAGC)。亚非增长走廊是一条连接非洲与印度、东南亚和大洋洲的海上走廊,印度和日本的一些媒体认为它是中国方案的"替代者",甚至指出它将成为中国"一带一路"倡议的对冲。"向东行动"政策是莫迪政府外交政策的标志,主要是为了给印度自身创造一个最佳的地缘环境,可能会对中国"一带一路"倡议造成影响。

尽管面临一些负面影响,但中印两国还是继续在某些领域进行了合作,比如中国在印度投资的项目。时任中国外交部长王毅在关于"一带一路"的新闻发布会上表示,印度和中国之间的关系不会因为"一带一路"倡议而受到影响。另一方面,阿富汗、孟加拉国、斯里兰卡、马尔代夫、缅甸、尼泊尔和巴基斯坦都允许在其国家开展新的"一带一路"项目。

(三)第三届"一带一路"国际合作高峰论坛

2023 年 10 月 18 日上午,国家主席习近平在人民大会堂出席第三届"一带一路"国际合作高峰论坛开幕式并发表题为《建设开放包容、互联互通、共同发展的世界》的主旨演讲。第三届"一带一路"国际合作高峰论坛参加的国家有 151 个,包括 52 个非洲国家、40 个亚洲国家、27 个欧洲国家、11 个大洋洲国家、9 个南美洲国家、12 个北美洲国家,参会嘉宾注册人数超过 4 000 人。论坛发布了《数字"慧"就发展之路》案例集、《航运贸易数字化与"一带一路"合作创新白皮书》,并举行了企业合作文本交换仪式,通过展现数字基础设施、数字医疗、数字贸易、智慧出行、数字文旅等领域典型合作案例,进一步凝聚数字经济国际合作共识,拓展"一带一路"数字经济合作领域。第三届高峰论坛充分展示了"一带一路"中国倡议、全球响应、世界共赢的鲜明特点,体现党的二十大以来全面推进中国特色大国外交的新进展,对外传递世界各国团结、合作、共赢的积极信号,为世界提供正能量、注入稳定性。

习近平宣布中国支持高质量共建"一带一路"的八项行动，强调中方愿同各方深化"一带一路"合作伙伴关系，推动共建"一带一路"进入高质量发展的新阶段，为实现世界各国的现代化作出不懈努力。

1. 构建"一带一路"立体互联互通网络

中方将加快推进中欧班列高质量发展，参与跨里海国际运输走廊建设，办好中欧班列国际合作论坛，会同各方搭建以铁路、公路直达运输为支撑的亚欧大陆物流新通道。积极推进"丝路海运"港航贸一体化发展，加快陆海新通道、空中丝绸之路建设。

2. 支持建设开放型世界经济

中方将创建"丝路电商"合作先行区，同更多国家商签自由贸易协定、投资保护协定。全面取消制造业领域外资准入限制措施。主动对照国际高标准经贸规则，深入推进跨境服务贸易和投资高水平开放，扩大数字产品等市场准入，深化国有企业、数字经济、知识产权、政府采购等领域改革。中方将每年举办"全球数字贸易博览会"。未来5年（2024—2028年），中国货物贸易、服务贸易进出口额有望累计超过32万亿美元、5万亿美元。

3. 开展务实合作

中方将统筹推进标志性工程和"小而美"民生项目。中国国家开发银行、中国进出口银行将各设立3500亿元人民币融资窗口，丝路基金新增资金800亿元人民币，以市场化、商业化方式支持共建"一带一路"项目。本届高峰论坛期间举行的企业家大会达成了972亿美元的项目合作协议。中方还将实施1000个小型民生援助项目，通过"鲁班工坊"等推进中外职业教育合作，并同各方加强对共建"一带一路"项目和人员的安全保障。

4. 促进绿色发展

中方将持续深化绿色基建、绿色能源、绿色交通等领域合作，加大对"一带一路"绿色发展国际联盟的支持，继续举办"一带一路"绿色创新大会，建设光伏产业对话交流机制和绿色低碳专家网络。落实"一带一路"绿色投资原则，到2030年为伙伴国开展10万人次培训。

5. 推动科技创新

中方将继续实施"一带一路"科技创新行动计划,举办首届"一带一路"科技交流大会,未来5年把同各方共建的联合实验室扩大到100家,支持各国青年科学家来华短期工作。中方将在本届论坛上提出全球人工智能治理倡议,愿同各国加强交流和对话,共同促进全球人工智能健康有序安全发展。

6. 支持民间交往

中方将举办"良渚论坛",深化同共建"一带一路"国家的文明对话。在已经成立丝绸之路国际剧院、艺术节、博物馆、美术馆、图书馆联盟的基础上,成立丝绸之路旅游城市联盟。继续实施"丝绸之路"中国政府奖学金项目。

7. 建设廉洁之路

中方将会同合作伙伴发布《"一带一路"廉洁建设成效与展望》,推出《"一带一路"廉洁建设高级原则》,建立"一带一路"企业廉洁合规评价体系,同国际组织合作开展"一带一路"廉洁研究和培训。

8. 完善"一带一路"国际合作机制

中方将同共建"一带一路"各国加强能源、税收、金融、绿色发展、减灾、反腐败、智库、媒体、文化等领域的多边合作平台建设,继续举办"一带一路"国际合作高峰论坛,并成立高峰论坛秘书处。

第二节 亚洲基础设施投资银行的设立与发展

一、亚洲基础设施投资银行介绍

随着综合实力的上升,中国为地区和全球贡献"中国方案"的动机和能力也随之增强。2013年,习近平主席在访问印度尼西亚时,提出建立亚洲基础设施投资银行(以下简称为"亚投行")的倡议。2015年12月25日,"亚投行协定"所规定的生效条件已经达到,亚投行正式成立。亚投行是首个由中国倡议设立的多边金融机构,其成立目的是通过支持基础设施建设促进亚洲经济的进一步发展。基础设施是否完善，决定了一个国家或地区的经济能否持续稳定地发展。当今世界经济存在的一个长期问题是基础设施的投资不足，而多边投资机构和银行的实力不足以解决这一问题。

亚洲地区需要对基础设施进行巨额投资，以维持近几十年的增长势头，但是亚洲地区在基础设施建设方面仍有不足。在这种背景下，亚投行的成立能够为基础设施建设注入新的活力。亚投行是多年来建立的第一个多边开发银行：在现有的主要多边开发银行中，除欧洲复兴开发银行外，所有银行都是在 20 世纪中期成立的。亚投行的规模非常大，其 1000 亿美元的法定资本使其规模与现有的地区性多边开发银行相当。亚投行也是试验性的，因为它是唯一一个在职能上专门从事基础设施的多边开发银行。就地区而言，它是自 2005 年东亚峰会召开以来在亚洲建立的第一个经济机构，也是自 1966 年亚开行成立以来的第一个金融组织。值得注意的是，这也是中国政府首次提出设立并将总部设在中国的多边金融机构。互联互通基础设施建设是中国"一带一路"倡议的核心内容。总部设在北京的亚投行通过提供资本贷款和技术服务，促进和加快该地区基础设施的改善，从而促进"一带一路"这一倡议的实施。

亚投行以"简洁、廉洁、清洁"为经营理念，希望在基础设施和其他生产性领域进行投资，能够促进亚洲经济持续稳定发展，改善地区基础设施互联互通状况。亚投行成员资格向国际复兴开发银行和亚洲开发银行（简称"亚开行"）成员开放。亚投行有 57 个意向创始成员国，截至 2023 年 9 月，亚投行成员数量增至 109 个，覆盖世界 81% 的人口和全球 65% 的 GDP。

中国拥有充足的外汇储备和金融资源来帮助欠发达国家的基础设施建设。亚投行的成立反映了中国在全球范围内推动对外投资的决心。中国正在为基础设施建设提供优惠贷款和赠款，赢得了亚洲、非洲和拉丁美洲许多发展中国家的支持。自亚投行提议公布以来，许多亚洲国家一直渴望从中国获得资金援助，用于它们无法自筹资金的大型公共基础设施项目。因此，亚投行是中国增强其在该地区的地缘经济影响力、增强"一带一路"倡议国际势头的重要金融机构。

在政府的全力支持下,中国企业(其中大部分是国有企业)一直在积极实施"一带一路"倡议,它们已经在丝绸之路国家的交通和其他基础设施项目上进行了巨额投资。对港口的投资就是一个很好的例子。中国公司已经建造许多集装箱港口,并获得了独家经营权。这些港口位于丝绸之路沿线的战略位置,使中国能够控制货物和人员的运输。该地区已建成、在建或待建的大型港口项目的建设,将有助于中国实现海外能源和原材料供应的多元化,维护国家能源和经济安全。中国政府推进长期的新丝路建设,以提高中国的全球影响力和全球领导力。

"一带一路"倡议远远超出投资合作和经济利益的范畴,因为它有明确的政治和战略基础。亚投行的成立,是中国崛起为全球大国的体现,将把其他亚洲国家更深地拉入中国的发展轨道。"一带一路"倡议的有效实施在很大程度上取决于中国大大小小邻国的反应,需要的不仅仅是言语和善意,还有实际的行动。因此,中国选择创立亚投行,以实际行动证明"一带一路"倡议的巨大潜力。有观点认为亚投行是中国推动国际金融机构(IFI)改革努力的一部分。近些年来,随着中国经济总量在全球经济中的权重增加,中国一直在推动改革,这些改革将在 IFI 治理方面给予发展中国家更大的话语权。然而,这些倡议一再遭到西方国家的阻挠。亚投行代表着中国对国际金融体系改革步伐缓慢感到沮丧的回应。中国有限的投票权意味着它在世界银行、IMF 和亚洲开发银行的决策过程中几乎没有影响力。作为世界第二大经济体,中国现在是净资本盈余出口国,正努力通过实施这些大胆的改革,寻求在西方主导的国际金融体系中获得更大份额。

亚投行的创立引发了国际上的许多争议。有些人认为亚投行不仅是一家基础设施投资银行,更是中国实现政府战略雄心的工具。他们指出,中国对亚投行的领导让人们担心,亚投行的贷款活动将与地缘经济捆绑在一起,比如旨在促进中国与亚洲经济体之间互通互建的"一带一路"倡议。另一些人则表示,这是中国为了试图削弱现有多边开发银行,特别是世界银行和亚洲开发银行的地位。美国政府认为,中国主导的亚投行将不会与世界银行、IMF 和亚洲开发银行进行和谐合作,并将挑战西方主导的国际金融秩序。因此，美国政府对其亲密盟友施加外交压力，要求其不要加入亚投行。美国担心中国创建亚投行的真正意图是用一个以中国为中心的地区和国际金融体系取代西方主导的金融体系。不过，中国政府多次表示，亚投行是对现有地区和国际金融体系的补充，将与该地区现有的多边组织进行密切合作。

亚投行存在争议有两个本质原因。一方面，西方国家政府担心亚投行会以这样或那样的方式破坏现有的国际援助机构。美国决策者曾公开表示担心，亚投行将削弱世界银行和国际货币基金组织等现有机构采用的社会和环境标准。一个潜在的担忧是，亚投行可能会盖过并削弱这些机构。日本政策制定者也表达了类似的保留意见。另一方面，在中国经济和地缘政治崛起的背景下，人们对中国的意图感到担忧。亚投行发出信号，表明中国打算发挥更大的国际作用：中国是会表现得像一个负责任的利益相关者，进一步融入现有的世界秩序，还是会更专注于挑战美国的霸权。

可见，亚投行的创立是中国对自身综合国力与全球经济领导权不相契合的情况寻求改变的尝试。亚投行的创立在一定程度上代表着中国不只是国际经济秩序的追随者，也是追求全球经济领导权的重要力量。另一方面，亚投行的创立也引发许多争议，而这些争议在一定程度上限制了亚投行的进一步发展。

二、亚洲基础设施投资银行意向创始成员国分析

亚投行成立后将成为中国"一带一路"倡议的先锋。亚投行和"一带一路"倡议将提高中国引领其他国家和地区发展的能力，使中国经济地位进一步提高，借此加强与其他国家和地区的经济联系。"一带一路"倡议还将利用中国在基础设施建设、金融实力和制造能力方面的优势，为中国企业和资本在其他国家投资提供渠道。"一带一路"倡议和亚投行可能会改变亚洲这个21世纪最具经济活力地区的经济和政治格局。互联互通基础设施建设是中国"一带一路"倡议的核心部分。总部设在北京的亚投行将通过提供资本贷款和技术服务，促进该地区的基础设施发展，使得中国"一带一路"倡议更好地推进。中国的外汇储备在世界各国中排名第一，拥有丰富的金融资源来帮

助沿线地区欠发达国家的基础设施建设。亚投行的成立是中国在全球范围内推动对外投资的体现，是中国增加其地缘经济影响力和推进"一带一路"合作的重要金融机构。因此，亚投行的成立，是中国提高其全球经济领导权的重要尝试，各国的加入也一定程度上反映了对中国全球经济领导权的国际支持。

中国最初向意向创始成员国"推销"亚投行是在 2014 年，并最终促成成立亚投行的备忘录的签署。该备忘录于 2014 年 10 月签署，在北京设立了临时秘书处。然而，最初吸引其他国家加入亚投行的努力收效甚微。备忘录的 21 个签字国主要是南亚、东南亚和西亚的发展中国家。这些国家被有机会获得新的基础设施融资来源所吸引，并公开欢迎中国的倡议。然而，该地区的大多数主要经济体，例如澳大利亚、日本、韩国和俄罗斯，最初都持观望态度。这些经济体最初抱有观望的态度，是因为它们认为中国想成立一个正式由中国控制的亚投行，并将赋予自身相当大的自主权，以推进中国自己的经济目标。2014 年签署备忘录的众多发展中国家则可以接受这种做法。美国、日本和几个欧洲国家，它们都以对治理和透明度方面的担忧为由拒绝加入该组织的邀请。美国担心中国成立亚投行的真正意图是用以中国为中心的区域和国际金融体系取代西方主导的金融体系，尽管中国政府多次表示，亚投行是对现有地区和国际金融体系的补充，将与现有的多边发展机构密切合作。美国政府认为，中国主导的亚投行与世界银行、国际货币基金组织和亚开行不能协调发展，将挑战西方主导的国际金融秩序。对于中国发起的创建亚投行的倡议，美国政府的反应十分冷淡，不仅自己不愿参与，还敦促盟友不要参与。2014 年，美国成功地游说了几个盟国，包括澳大利亚和韩国，让它们不要加入亚投行。随着申请加入亚投行的最后期限临近，亚投行意向创始成员国似乎将仅限于中国和少数发展中国家。

随着欧洲国家的加入，这一点有所改变。2015 年 3 月初，英国政府宣布决定加入亚投行，并向亚投行提供贷款，这一决定是基于其国家经济利益。英国希望在亚洲潜在的巨大基础设施建设市场中分得一杯羹，并寻求通过利用中国和其他亚洲新兴经济体的快速经济增长来加强伦敦作为重要国际金融中心的作用。同时,亚投行实现了发展中国家与发达国家的良性互动,这也是英国会不顾美国反对成为首个加入亚投行的西方大国的重要原因。英国是第一个加入中国主导的亚投行的西方主要发达国家,这是吸引其他亚洲发达国家和非亚洲国家加入亚投行的象征性举措。英国的加入引发了其他国家加入亚投行的洪流。四天后,德国、法国和意大利都宣布了加入的意向;在接下来的两周里,瑞士、澳大利亚、韩国、俄罗斯、巴西和土耳其也宣布了加入的意向。

截至 2015 年 3 月 31 日的最后期限,亚投行的意向创始成员国确定为 57 个国家。众多亚洲和非亚洲国家都在寻求成为亚投行的意向创始成员国,这对中国来说是一个了不起的成就,而中国也低估了亚投行的受欢迎程度。亚投行从一个潜在的区域性金融机构转变为一个具有全球影响力和视野的国际金融机构,这表明中国积极的外交政策及其强大的地缘经济实力和影响力正在改变该地区及其他地区。

亚投行意向创始成员国包括中国、奥地利、阿塞拜疆、孟加拉国、巴西、文莱、柬埔寨、澳大利亚、丹麦、埃及、法国、芬兰、格鲁吉亚、德国、冰岛、印度、印度尼西亚、伊朗、以色列、意大利、约旦、哈萨克斯坦、韩国、科威特、吉尔吉斯斯坦、老挝、卢森堡、马来西亚、马尔代夫、马耳他、蒙古国、缅甸、尼泊尔、荷兰、新西兰、挪威、阿曼、巴基斯坦、菲律宾、波兰、葡萄牙、卡塔尔、俄罗斯、沙特阿拉伯、新加坡、南非、西班牙、斯里兰卡、瑞典、瑞士、塔吉克斯坦、泰国、土耳其、阿联酋、英国、乌兹别克斯坦和越南。亚投行意向创始成员国按大洲划分,其中亚洲国家共 34 个,欧洲国家共 18 个,大洋洲国家 2 个,南美洲国家 1 个,非洲国家 2 个。金砖国家成员中国、俄罗斯、巴西、印度、南非全部加入亚投行。在 G20 国家中一半以上国家选择加入亚投行,为 13 个。在经济合作与发展组织(OCED)成员国中,近三分之二国家选择加入亚投行。可以看出,亚投行的意向创始成员国不仅仅局限于亚洲地区,而是覆盖全球五大洲,这体现出亚投行具有一定的国际性。

意向创始成员国数量的增加提高了人们对亚投行国际合法性的看法。亚投行意向创始成员国包括世界上大多数主要经济体,而这赋予亚投行一定程度的威望和可信度。然而,这也从根本上改变了银行的内部性质。在意向创始成员国增加之前,亚投行可以被合理地描述为中国主导的机构。但随着新成员国的加入,对亚投行的正式控制权进行了重新分配。

虽然亚投行是世界上第一个重点支持基础设施建设的多边开发银行,并向亚洲基础设施融资注入了 1 000 亿美元的资本,但是它几乎没有对现存的发展融资规则和做法进行"修改"。这显示了中国经济治国方略的灵活性,以及它愿意与合作伙伴妥协,以提升中国在全球经济中的领导地位。主要多边发展机构均表示将与亚投行合作,并分享其专业知识,以建设欠发达地区急需的基础设施。现有多边开发银行与亚投行的关系不是简单的亲密无间或彼此对立,而是在一些层面或维度保持动态平衡。尽管亚投行很难避免与现有国际组织在基础设施项目融资方面的竞争,但基础设施建设拥有十分广泛的市场,亚投行、世界银行和亚开行可以进行友好竞争。

事实上,建立亚投行极大地增强了中国的领导资历。中国不仅首次牵头创建了一个多边机构,而且还担任了一个主要国际经济组织的总部和轮值主席国。在美国反对的情况下,亚投行确保了西方国家的成员资格,特别是澳大利亚、德国、韩国和英国,这标志着国际社会承认了中国以前从未享受过的经济领导地位。中国在创立亚投行的谈判期间作出的种种妥协向其亚洲内外的主要外交伙伴发出了一个明确的信息,即中国愿意作出必要的调整,以成为一个负责任的大国。

三、亚洲基础设施投资银行后续成员国分析

亚投行的成立成为中国推动多边主义合作的新起点,因为亚投行是由中国这个非西方的发展中国家发起成立的第一家多边开发银行。中国希望在推动亚投行发展的同时,发展多边主义,并积极创造与现有多边开发银行的合作机会。亚投行决定在头几年与世界银行和亚开行共同资助 80% 的获批项目,并取得了很好的效果,因为它们在许多方面能够相辅相成。这种做法帮助亚投行避免了国际上对其项目选择政策和程序的诸多批评。亚投行与大多数其他多边开发银行的不同之处在于其投票权份额的计算。它只考虑

国家 GDP 的规模，这与其他机构不同。例如，国际货币基金组织有一个配额公式，包括 GDP 的加权平均值、经济开放度、经济波动性和国际储备。亚投行的公式被认为更适合发展中国家，对发展中国家更友好，因为发展中国家在其他指标上的得分往往较低。这也符合中国长期以来的立场，即不应根据国内经济制度的差异和其他任意指标来区别对待不同国家。另外，即使中国是亚投行最大的股东，在亚投行重大决策上拥有一票否决权，但是中国仍追求以协商的方式解决争端，而不是使用一票否决权。亚投行自成立以来，始终保持穆迪、标准普尔、惠誉给予的 AAA 级最高信用评级，并拥有稳定的评级展望。联合国高度肯定亚投行对促进发展所作出的贡献，授予了亚投行联合国大会永久观察员身份。

中国在向其他发展中国家提供贷款时不会附加任何政治条件，因为中国认为在某些情况下，附加条件导致的发展中国家过于仓促地实施某些政策（例如金融自由化），会不利于发展中国家的稳定发展。同时，中国也认为每个国家都可以自由选择适合自己的发展方式，而不应该受到其他国家的干涉。虽然中国是亚投行的发起国和最大股东，但是获得最多融资支持的却是印度，并且印度在亚投行也有较大的影响力。亚投行的一个明显特点是它避免了严格的附加条件，然而，这并没有引起国际社会的广泛重视，因为亚投行在成立头几年选择与其他多边开发银行合作，共同资助大部分获批项目。当亚投行随着发展而更多地独立投资融资项目时，其所附带的条件可能将逐渐改变。

最初，亚投行预计只会吸引一定数量的亚洲国家加入，但令中国感到意外的是，即使在美国的反对下，欧洲国家和美国的一些最亲密的地区盟友（韩国和澳大利亚）仍决定加入亚投行。尽管亚投行于 2016 年作为区域性银行开业，但亚投行并没有采取严格的区域限制，而是将全球各个地区都纳入自己的选择范围。因此，亚投行的非区域成员范围相比其他多边开发银行而言，包容性更强，且对非区域成员的数量没有限制。随着越来越多成员的加入，中国在亚太地区的影响力不断扩大，而在现有的国际金融机构中，新兴经济体的声音也在不断增强。

2017 年 3 月 23 日，亚投行批准 13 个新成员加入亚投行，这是亚投行自

2016 年成立以来第一次批准新成员加入。在新成员名单中,有 8 个非区域成员,有 5 个区域成员;5 月 13 日,亚投行批准 7 个新成员加入亚投行,其中有 3 个亚太区域国家,4 个非亚太区域国家;6 月 16 日,亚投行批准阿根廷、马达加斯加和汤加 3 个新成员加入亚投行;12 月 19 日,亚投行批准库克群岛、瓦努阿图、白俄罗斯和厄瓜多尔 4 个成员加入亚投行,其中区域成员和非区域成员各有 2 个。

2018 年,亚投行有 2 个区域成员和 7 个非区域成员加入,而 2019 年加入亚投行的 7 个国家全是非区域成员,如表 3-3 所示。

表 3-3　亚投行后续成员加入情况

国家/地区	加入亚投行时间	所属大洲
比利时	2017 年 3 月 23 日	欧洲
加拿大	2017 年 3 月 23 日	北美洲
埃塞俄比亚	2017 年 3 月 23 日	非洲
匈牙利	2017 年 3 月 23 日	欧洲
爱尔兰	2017 年 3 月 23 日	欧洲
秘鲁	2017 年 3 月 23 日	南美洲
苏丹共和国	2017 年 3 月 23 日	非洲
委内瑞拉	2017 年 3 月 23 日	南美洲
阿富汗	2017 年 3 月 23 日	亚洲
亚美尼亚	2017 年 3 月 23 日	亚洲
斐济	2017 年 3 月 23 日	大洋洲
中国香港	2017 年 3 月 23 日	亚洲
东帝汶	2017 年 3 月 23 日	亚洲
巴林 ·	2017 年 5 月 13 日	亚洲
塞浦路斯	2017 年 5 月 13 日	亚洲
萨摩亚	2017 年 5 月 13 日	大洋洲
玻利维亚	2017 年 5 月 13 日	南美洲
智利	2017 年 5 月 13 日	南美洲

国家/地区	加入亚投行时间	所属大洲
希腊	2017 年 5 月 13 日	欧洲
罗马尼亚	2017 年 5 月 13 日	欧洲
阿根廷	2017 年 6 月 16 日	南美洲
马达加斯加	2017 年 6 月 16 日	非洲
汤加	2017 年 6 月 16 日	大洋洲
库克群岛	2017 年 12 月 19 日	大洋洲
瓦努阿图	2017 年 12 月 19 日	大洋洲
白俄罗斯	2017 年 12 月 19 日	欧洲
厄瓜多尔	2017 年 12 月 19 日	南美洲
巴布亚新几内亚	2018 年 5 月 2 日	大洋洲
肯尼亚	2018 年 5 月 2 日	非洲
黎巴嫩	2018 年 6 月 26 日	亚洲
阿尔及利亚	2018 年 12 月 19 日	非洲
加纳	2018 年 12 月 19 日	非洲
利比亚	2018 年 12 月 19 日	非洲
摩洛哥	2018 年 12 月 19 日	非洲
塞尔维亚	2018 年 12 月 19 日	欧洲
多哥	2018 年 12 月 19 日	非洲
科特迪瓦	2019 年 4 月 22 日	非洲
几内亚	2019 年 4 月 22 日	非洲
突尼斯	2019 年 4 月 22 日	非洲
乌拉圭	2019 年 4 月 22 日	南美洲
贝宁	2019 年 7 月 13 日	非洲
吉布提	2019 年 7 月 13 日	非洲
卢旺达	2019 年 7 月 13 日	非洲
利比里亚	2020 年 7 月 28 日	非洲
尼日利亚	2021 年 10 月 28 日	非洲

新冠病毒感染疫情的发生,使得亚洲成员的经济遭到沉重打击,亚投行致力于帮助这些成员抗击疫情并恢复经济发展,灵活响应成员的应急融资需求。尽管新冠病毒感染疫情的发生对亚投行的正常业务造成了一定的影响,但是亚投行采取灵活的方式调整自身业务,保持了自身的平稳发展。2020年7月28日,亚投行采取线上的方式批准利比里亚加入亚投行。

可以看出,亚投行在成立以后,不仅没有严格限制新成员加入,还吸引了一大批区域成员和非区域成员加入。在成立之初,亚投行在面临国际社会质疑的情况下,积极开展与现有多边开发银行的合作,尊重发展中国家的利益,不采取极端方式挑战国际经济秩序。通过几年的努力,亚投行吸引了一大批新成员加入亚投行,也获得了国际社会的普遍认可。目前,亚投行成员总数仅次于世界银行,是全球第二大多边开发机构。

第三节　中国在全球基础设施融资中的关键作用

一、中国在全球基础设施融资方面已取得的成就

基础设施建设是一个国家(地区)维持经济长期稳定发展的重要基础,是关系国家规划和民生的重要社会活动。它也是所有企业、单位和人民生产经营、生活的共同物质基础,是城市主要设施正常运行的保证。做好基础设施建设,可以为经济发展积累能量,增加动力,同样,基础设施建设的延误也将成为经济发展的瓶颈。此外,基础设施建设还具有"乘数效应",根据"乘数效应理论",一个国家或地区投资于基础设施建设中,基础设施将带来数倍的"投资回报"(社会总需求和国民收入)和附加效应。中国的经验表明,改善基础设施可以刺激贸易扩张,加速工业化,吸引外国直接投资,提高供应链效率和经济增长(Lu, Rohr, Hafner, et al., 2018)。

20世纪30年代,面对持续不断的经济危机,为应对史无前例的大萧条,美国时任总统罗斯福推行了著名的"罗斯福新政",其中最重要的政策之一就

是政府主导大规模基础设施建设。正是依靠这些基础设施项目,美国不仅改善了就业岗位,增加了人民收入,而且为后来的重大经济发展奠定了坚实的基础。类似的事件也有很多,比如面对2008年突如其来的金融危机,为了降低这场全球性灾难给国内经济带来的衰退风险,中国政府推出了"四万亿"经济刺激计划,近半数投资都投向了交通基础设施和城乡水电项目建设,该计划不仅使中国能够加速摆脱全球金融危机的负面影响,同时扩大内需,拉动了中国经济的发展和消费的快速增长。

因此,基础设施建设投入一直是国家领导人高度重视的问题,因为这一重要的"国家计划"不仅关系到国计民生,而且是领导人执政能力的重要标志。如果说基础设施是一个国家经济发展的重要引擎,那么债务融资就是这个引擎的燃料。由于基础设施建设项目是一些大型项目,需要国家和地区政府进行巨额资金投入,但是,政府收入主要依靠一些固定的税收来源,当面对广泛的基础设施建设需求时,政府财政往往很困难。因此,加强基础设施建设的资本投入是一个难题。特别是在一些经济落后的发展中国家和地区,由于经济发展缓慢、国民收入水平低、政府财政不足,基础设施建设难以实施,基础设施不足会影响这些国家的长远经济发展,从而陷入"经济贫困陷阱";在一些发展中国家,缺乏政府资金使基础设施无法跟上经济发展的步伐,在很大程度上减缓了该国的快速增长。

虽然基础设施融资的方式很多,包括直接投资、政府债务、国际货币基金组织和世界银行贷款等,举例来说,政府债务是政府通过债券发行融资的一种方式,但在经济落后的国家,由于居民投资政府债券的意愿不强,政府债务在金融中的作用有限。向国际金融机构申请贷款更加困难,这些机构往往会为申请贷款的国家和地区增加一些额外的规定。除此之外,类似于PPP、BOT的投融资模式虽然具有创新性,且是对基础设施建设而言效果很好的模式,但这些模式在发展中国家发展不健全,也使得作用不是很明显。

全球基础设施中心(Global Infrastructure Hub, GIH)通过对全球50个国家以及7大行业(公路、铁路、电力、电信、港口、机场、水资源)的基础建设投资需求进行数据分析,在发布的最新《全球基础设施建设展望》报告中对

2016—2040 年世界各地区的基础设施投资缺口作出了预测。如图 3 - 1 所示,美洲和非洲基础设施投资缺口最大,分别达到了 47％和 39％。特别是非洲国家,在当前趋势下,尽管有着相当大的增长潜力,但其基础设施市场的绝对规模仍然很小,仅占全球基础设施投资需求的 6％。

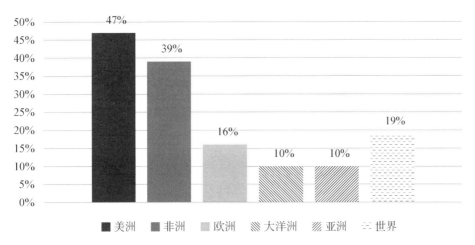

图 3 - 1　2016—2040 年世界各地区基础设施投资缺口预测

资料来源:全球基础设施中心(GIH),https://www.gihub.org/

　　新中国成立以来,中国的基础设施建设取得了历史性成就。身为"基建狂魔",中国适度超前、统筹衔接的一体化现代基础设施网络已初步建成,基础设施服务能力和水平显著提高,整体质量全面改善,综合效率明显提升,创造了举世瞩目的"中国速度"。从规模来看,中国的基础设施建设存量已经位于世界第一。然而,中国在实现自己国家基础设施完善的同时,仍不忘积极承担作为一个大国的责任与担当,依靠自身完备的资金与技术为其他国家和地区的基建工作贡献自己的力量。

　　以非洲为例,这个居住着全球约七分之一人口的地区在所有基础设施领域的表现几乎都是全球垫底。由于经济、文化和历史因素的影响,在占到全球陆地总面积 23％的非洲大陆上,交通基础设施建设十分落后,其铁路总里程仅占世界铁路总里程的 7％左右,高速公路和普通公路的密度仅为世界平均水平的十分之一和四分之一,全国电力短缺约占 50％,更严重的是,非洲仍然有 40％的居民仍无法保障获得安全的饮用水。面对非洲基础设施状况严重不完善，国内公共资本匮乏、民间投资不足等问题，中国为非洲基础设施建设作出了重大贡献。商务部数据显示，截至 2018 年底，中国已经在非洲建立了 3 700 多家企业，股份投资金额超过 460 亿美元，其中大部分资金流入基础设施，如铁路、高速公路、港口、油气田和发电厂。根据麦肯锡的报告，中国的基础设施在过去 30 年中发展迅速，创造了大量工程承包商，其成本优势高于国际同行。中国企业依靠建设速度快、质量高，且多方面不逊色于西方国家的高科技竞争优势，即使在世界银行资助的公开招标项目中，中国企业也是大赢家，中标率高达 42％。除了直接为其他国家与地区提供基础设施建设资金外，"一带一路"倡议、亚投行、中国进出口银行和国家开发银行都专注于为亚洲、欧洲、非洲及其他地区的基础设施建设融资。

亚投行自 2015 年底成立以来，一直致力于为成员的基础设施建设融资。作为中国牵头创立的区域性金融机构，亚投行建立之初的主营业务是援助亚太地区国家的基础设施建设。根据研究统计，为了维持目前的经济增长水平，各国平均每年至少需要 8 000 亿美元的内部基础设施投资。而在这 8 000 亿美元中，68％将投资于新基础设施的建设，32％用于维护现有基础设施。据调查，亚洲开发银行和世界银行两家银行每年只能为亚洲国家提供约 200 亿美元，这根本无法满足其需求。由于基础设施投资资本需求大、实施周期长、收入来源不确定等原因，基础设施建设项目想要吸引巨额的私人部门投资存在着很大困难。在全面投入运营后，亚投行将利用一系列配套设施为亚洲国家的基础设施项目提供包括贷款、股权投资和担保等在内的金融支持服务，以恢复成员对交通、能源、电信、农业和城市发展等各行各业的投资。

截至 2021 年 1 月 1 日，在成立五周年之际，亚投行取得了令人瞩目的成就。从亚投行的投资年鉴来看，2016 年批准了 8 个项目，2017 年批准了 15 个项目，2018 年批准了 12 个项目，2019 年批准了 28 个项目，2020 年批准了 45 个项目。与之相对应的是，亚投行投出去的资金持续增加：2016—2020 年，亚投行批准的投资分别为 16.9 亿美元、25 亿美元、33.1 亿美元、45.4 亿美元和 99.8 亿美元，5 年内达到 220.2 亿美元。随着亚投行项目在"朋友圈"中越来越大,亚投行从最初的 57 个创始成员国发展成为六大洲 109 个成员的大家庭。

新冠病毒感染疫情的蔓延致使世界经济面临更大的不确定性,经济下行压力剧增,国债增加的风险越来越大,基础设施联通性能恢复到正常水平的挑战很大。因此,亚投行应该肩负起更大的责任和使命,帮助亚洲和世界应对挑战。正如亚投行行长金立群所言,有机遇但更多的是挑战,五年来取得的成就让我们有信心向前迈进,以更大的责任和使命推动亚投行迈向更高水平,建立更高的标准。2021 年,亚投行发布了下一个 10 年发展战略的具体指标:到 2025 年,气候融资的份额将达到 50%,到 2030 年,跨境互联互通将占 25% 至 30%,私人资本将占 50%。亚投行一直将基础设施作为其关注的核心和投资主题。扩大社会基础设施、促进区域互联互通与合作、建设绿色基础设施、调动民间资本、建设技术型基础设施是亚投行在疫情后时期列出的五大优先战略重点。相信今后亚投行在世界经济恢复中发挥的作用会越来越大。因此,我们认为,存在巨大基建投资缺口且受到亚投行项目融资支持的国家更愿意支持中国全球经济领导权的地位。

二、"一带一路"背景下基础设施建设贸易效应的实证分析

中国提出"一带一路"倡议,主要是想借助现有的区域合作平台,依靠中国与有关国家既有的双多边合作机制,推动"一带一路"沿线国家的经济优势、地缘优势等形成互补,进而转化为合作优势以及可持续增长优势,同时积极发展中国与沿线国家的经济贸易合作,共同促进区域国家经济发展。

(一) 研究背景

"一带一路"沿线大多数国家属于发展中国家,人均收入水平落后,基础设施建设资金缺口较大,基础设施覆盖率较低,致使国内工业产品生产成本高、运输效率低,难以将丰富的资源进行输出,进而限制了该国的对外贸易开放度。所以,基础设施建设不足一直是"一带一路"沿线发展中国家经济发展的短板和互联互通的阻碍。

中国通过创立亚洲基础设施投资银行,专注于发展中国家的基础设施融

资,推动弥补发展中国家的基础设施融资缺口,以改善它们的基础设施条件。基础条件的改善能够使部分发展中国家的经济潜力得到释放,所以,基础设施融资对部分发展中国家具有很大吸引力,从而使其选择支持亚投行,并进一步追随中国的其他经济举措。在基础设施建设中,良好的交通基础设施能够通过降低运输等贸易成本,提高运输便捷性等贸易效率,不仅可以推动本国贸易增长和产业升级,更有利于沿线国家形成优势互补、分工协作的全球价值链与跨国产能合作体系,从而推动本国的经济增长。

在此提出假设:"一带一路"沿线国家交通基础设施的改善能够显著促进该国贸易扩展。以下通过对 29 个沿线国家 2010—2015 年的面板数据进行回归分析,以检验假设是否成立。

(二) 模型构建

为了研究"一带一路"沿线国家基础设施建设改善对该国贸易水平的促进效应,构建以下计量模型:

$$\ln exp_{it} = \alpha + \beta_1 score_{it} + \beta_2 X_{it} + \mu_i + \delta_t + \varepsilon_i \qquad (3-1)$$

其中,i 表示年份,t 表示某一国家,$\ln exp_{it}$ 为沿线国家的出口规模取对数,作为被解释变量;$score$ 为沿线国家的交通基础设施得分,用来衡量该国的交通基础设施建设水平,X_{it} 为其他相关控制变量,μ_i 表示个体异质性,δ_t 表示时间固定效应,ε_i 表示随机扰动项,如果交通基础设施的改善能够提高该国的贸易水平,则 β_1 应该显著为正。

(三) 变量及数据选择

根据相关变量数据的可得性,选取 29 个亚洲"一带一路"沿线国家作为研究对象,包括:以色列、新加坡、希腊、孟加拉国、阿联酋、巴林、塞浦路斯、哈萨克斯坦、科威特、沙特阿拉伯、马来西亚、伊朗、黎巴嫩、阿曼、土耳其、越南、约旦、泰国、斯里兰卡、印度尼西亚、吉尔吉斯斯坦、菲律宾、蒙古国、不丹、老挝、柬埔寨、印度、巴基斯坦、尼泊尔。样本的时间区间为 2010 年至 2015 年,为了减小数据的异方差,对部分较大的变量进行取对数处理。

相关变量名称含义及来源如表 3-4 所示。被解释变量选取一国的出口

表 3-4　变量含义及来源

变量类型	变量名称	变量解释	数据来源
被解释变量	$\ln exp$	出口规模	世界银行数据库
核心解释变量	$score$	交通基础设施得分	张鹏飞(2018)
控制变量	$\ln gdp$	一国的国内生产总值	世界银行数据库
	$\ln FDI$	当年的外国直接投资净流入	世界银行数据库
	$output$	工业生产总值(占 GDP 百分比)	世界银行数据库
	cpi	通货膨胀率	世界银行数据库
	$kaopen$	对外开放指数	Chinn 和 Ito(2006)
	cap	资本形成总额(占 GDP 百分比)	世界银行数据库

贸易额取对数,以衡量该国的贸易水平。核心解释变量即交通基础设施得分数据来源于张鹏飞(2018)通过拟合得到的数据[交通基础设施主要是通过铁路货运量(百万吨公里)、港口集装箱吞吐量(TEU)、航空货运量(百万吨公里)三个指标来衡量],用来说明"一带一路"沿线国家的交通基础设施水平。其他控制变量为可能会影响该国贸易额的相关变量,分别为:一国的国内生产总值取对数、该国当年的外国直接投资净流入取对数、工业生产总值(占GDP 的百分比)、通货膨胀率、对外开放指数、资本形成总额(占 GDP 的百分比),其中对外开放指数来源于 Chinn 和 Ito(2006)编辑的数据库,其他变量均来源于世界银行数据库。

各个国家 2010—2015 年的交通基础设施得分如表 3-5 所示,按平均分从大到小排序。从表 3-5 中可以看出:在这 29 个"一带一路"沿线国家中,交通设施得分最高的国家为阿联酋,平均分为 0.486 82,其他排名前五的国家依次是新加坡、印度、马来西亚、泰国;交通基础设施得分最低的国家为不丹,平均分为 0.000 02,其他排名后五的国家依次为柬埔寨、吉尔吉斯斯坦、尼泊尔、老挝;不同国家之间的交通基础设施得分存在较大的差异。

表3-5 "一带一路"沿线亚洲国家交通基础设施得分及均值

国家	2010 年	2011 年	2012 年	2013 年	2014 年	2015 年	平均分
阿联酋	0.399 84	0.417 28	0.496 77	0.542 28	0.540 27	0.524 47	0.486 82
新加坡	0.379 62	0.377 36	0.371 33	0.336 54	0.302 87	0.285 31	0.342 17
印度	0.237 18	0.241 61	0.242 1	0.249 9	0.262 7	0.288 97	0.253 74
马来西亚	0.171 88	0.157 43	0.153 38	0.152 15	0.142 59	0.130 94	0.151 40
泰国	0.129 52	0.126 73	0.127 62	0.117 59	0.104 66	0.086 34	0.115 41
土耳其	0.065 09	0.079 47	0.095 55	0.105 08	0.108 57	0.107 42	0.093 53
沙特阿拉伯	0.068 19	0.074 85	0.088 11	0.082 2	0.073 01	0.043 83	0.071 70
印度尼西亚	0.061 67	0.065 75	0.070 14	0.063 86	0.069 25	0.060 57	0.065 21
哈萨克斯坦	0.050 97	0.051 74	0.055 99	0.056 35	0.055 93	0.056 62	0.054 60
越南	0.042 02	0.044 28	0.047 63	0.046 05	0.047 21	0.043 59	0.045 13
菲律宾	0.038 74	0.038 41	0.040 9	0.032 39	0.038 36	0.036 2	0.037 50
以色列	0.039 5	0.040 16	0.038 8	0.036 88	0.029 08	0.029 34	0.035 63
斯里兰卡	0.030 14	0.030 54	0.032 1	0.029 25	0.026 98	0.026 87	0.029 31
阿曼	0.024 18	0.023 63	0.023 67	0.024 16	0.022 83	0.023 41	0.023 65
巴基斯坦	0.023 66	0.020 19	0.019 65	0.019 22	0.015 32	0.014 67	0.018 79
伊朗	0.019 99	0.019 49	0.018 98	0.019 21	0.020 39	0.009 98	0.018 01
科威特	0.015 68	0.013 8	0.013 79	0.012 52	0.012 45	0.010 21	0.013 08
巴林	0.018 09	0.015 24	0.013 18	0.010 18	0.009 11	0.007 84	0.012 27
孟加拉国	0.012 05	0.011 72	0.011 51	0.013 16	0.011 82	0.007 09	0.011 23
希腊	0.005 42	0.005 62	0.008 49	0.011 71	0.013 13	0.013 84	0.009 70
约旦	0.010 41	0.009 46	0.009 43	0.008 52	0.008 01	0.007 31	0.008 86
黎巴嫩	0.007 04	0.005 96	0.006 11	0.005 69	0.005 78	0.005 53	0.006 02
蒙古国	0.002 52	0.002 79	0.002 95	0.003 14	0.003 55	0.003 57	0.003 09
塞浦路斯	3.003 13	0.002 17	0.001 83	0.001 55	0.001 19	0.000 98	0.001 81
柬埔寨	0.001 14	0.001 03	0.000 99	0.001	0.001 03	0.001 03	0.001 04
吉尔吉斯斯坦	0.000 21	0.000 23	0.000 24	0.000 24	0.000 24	0.000 00	0.000 19
尼泊尔	0.000 21	0.000 22	0.000 2	0.000 19	0.000 14	0.000 12	0.000 18
老挝	0.000 00	0.000 01	0.000 03	0.000 05	0.000 04	0.000 04	0.000 03
不丹	0.000 01	0.000 02	0.000 02	0.000 02	0.000 03	0.000 01	0.000 02

（四）实证结果分析

首先对所有变量进行描述性统计，各解释变量的样本数、均值、标准差、最大值及最小值如表 3-6 所示，可以看出，每个变量用于回归的样本数均为 174 个，其中被解释变量一国的出口额取对数后的最大值为 26.752 45，最小值为 20.097 78，平均值为 24.099 29，核心解释变量交通基础设施得分最大值为 0.542 28，最小值为 0，平均值为 0.065 864 9。

表 3-6　各变量描述性统计

变量名称	样本数	均值	标准差	最小值	最大值
$\ln exp$	174	24.099 29	1.908 228	20.097 78	26.752 45
$score$	174	0.065 864 9	0.112 275 3	0	0.542 28
$\ln gdp$	174	25.374 85	1.666 943	21.160 22	28.374 67
$\ln FDI$	174	21.783 96	1.834 882	15.679 74	24.971 37
$kaopen$	174	0.386 101 3	1.439 304	−1.210 019	2.346 708
$output$	174	33.104 03	14.576 97	9.984 704	74.812 15
cap	174	27.895	9.939 068	11.892 28	69.484 5
cpi	174	5.403 537	5.004 023	−3.749 145	36.603 04

为了增强估计结果的稳健性，实证研究同时提供了随机效应和固定效应估计结果，如表 3-7 所示。最后一行给出了固定效应和随机效应的豪斯曼检

表 3-7　面板数据回归结果

变量	固定效应	随机效应
$score$	1.693 482*** (0.000)	2.430 941*** (0.000)
$\ln gdp$	0.365 549 (0.193)	0.766 952 8*** (0.000)
$\ln FDI$	0.040 953 2* (0.052)	0.049 164 2** (0.019)

（续表）

变量	固定效应	随机效应
kaopen	0.058 840 6*** (0.005)	0.045 827 5* (0.077)
output	0.016 450 7*** (0.005)	0.020 080 4*** (0.000)
cap	−0.005 996 4* (0.079)	−0.006 618 2* (0.082)
cpi	−0.009 762 3** (0.049)	−0.004 035 3 (0.328)
常数项	13.365 06* (0.056)	2.930 849*** (0.009)
模型统计量	$F(12,28)=29.05^{***}$ (0.000 0)	Wald chi2(7)=713.13 (0.000 0)
时间效应检验	$F(5,28)=7.99^{***}$ (0.000 1)	
豪斯曼检验	chi2(8)=16.61** (0.034 4)	

验结果，用来判断应该参照哪个模型的回归结果，若豪斯曼检验显著拒绝原假设，则应采纳固定效应模型；若接受原假设，则应采纳随机效应模型。同时在固定效应模型中考虑了时间效应，倒数第二行是对各年度虚拟变量的联合显著性检验，以判断模型是否含有时间效应，若联合显著性检验拒绝原假设，则应该在模型中纳入时间效应；若接受原假设，则不考虑时间效应。从最后一行可以看出，豪斯曼检验的 p 值为 0.034 4，故强烈拒绝随机项与解释变量不相关的原假设，应使用固定效应模型进行分析，而固定效应模型中时间效应检验的 p 值为 0.000 1，故强烈拒绝"无时间效应的原假设"，认为应在模型中包含时间效应，所以本节在固定模型中纳入了时间效应，回归结果如第二列所示。模型统计量的 p 值为 0.000 0，表明所有回归模型的拟合效果都很好。

首先关注核心解释变量之外其他变量的参数估计结果，从两个模型的回归结果可以看出,除了 cap(资本形成总额)以及 cpi(通货膨胀率)之外,其他变量的系数均为正,且除了 gdp 在固定效应模型中接近显著外,其余变量无论是固定效应模型还是随机效应模型均能达到显著,说明沿线国家的经济规模、外国直接投资净流入、对外开放程度、工业生产总值对该国的贸易出口额均有显著的正向促进作用。核心变量 $score$ 在两个模型中都达到了 1% 的显著性水平且对应系数为正,说明假设成立,"一带一路"沿线国家交通基础设施的改善能够扩展该国的出口贸易水平,从固定效应模型的参数回归结果来看,沿线国家的交通基础设施得分每增加一分,会使得该国的对外出口额增长约 1.7 个百分点。

(五)稳健性检验

为了验证研究结果的可靠性,以下进行稳健性检验,将被解释变量换成一国商品贸易(进口加出口总额)的对数($\ln trade$)并再次进行固定效应模型和随机效应模型的实证检验,从回归结果可知,豪斯曼检验的 p 值为 0.4770,故应接受随机项与解释变量不相关的原假设,选择随机效应模型的回归结果,从随机效应模型参数估计结果可以看出,除了 cpi(通货膨胀率)以及 $\ln FDI$(当年的外国直接投资净流入)外,其他控制变量的系数均显著为正,说明一国经济增长、对外开放度、工业生产总值以及国内投资水平的提高均有利于改善该国的商品贸易水平。同样,在两个模型中,交通基础设施指数 $score$ 的系数在 1% 显著性水平下为正,说明假设通过了稳健性检验,如表 $3-8$ 所示。

表 $3-8$　稳健性检验回归结果

变量	固定效应	随机效应
$score$	1.564107^{***} (0.000)	2.048219^{***} (0.000)
$\ln gdp$	0.7276564^{***} (0.000)	0.8341004^{***} (0.000)
$\ln FDI$	0.0035057 (0.828)	0.0162945 (0.286)

(续表)

变量	固定效应	随机效应
kaopen	0.038 510 3[*] (0.053)	0.037 660 1[**] (0.042)
output	0.007 126 1[*] (0.080)	0.011 002 2[***] (0.000)
cap	0.004 346 4[***] (0.010)	0.003 984 5[*] (0.019)
cpi	−0.009 978 3[***] (0.001)	−0.000 473 78[*] (0.077)
常数项	5.950 488 (0.110)	2.847 041[***] (0.003)
模型统计量	$F(12,28)=71.34$[***] (0.000 0)	Wald chi2(7)=789.73 (0.000 0)
时间效应检验	$F(5,28)=13.55$[***] (0.000 0)	
豪斯曼检验	chi2(8)=7.57 (0.477 0)	

(六) 研究结论

在经济全球化的大趋势下,各国间的贸易往来越来越紧密,交通基础设施对各国的贸易影响也变得逐渐明显,改善交通基础设施成为一国的重要任务和挑战。本节通过建立相关计量模型,对 29 个"一带一路"沿线国家2010—2015 年 6 年的数据进行实证分析,对前文提出的假设进行验证。从参数回归结果中可以看出,无论是固定效应模型还是随机效应模型,核心解释变量 score 的系数均显著为正,且通过了稳健性检验,研究表明"一带一路"沿线国家交通基础设施的改善对该国贸易量的增长具有显著的正向促进作用,能够明显提高该国的贸易水平,进而推动该国的经济增长。除此之外,一国的经济增长水平、对外开放程度等因素都会对该国的贸易增长产生影响。所以,为了更好地提高沿线国家贸易水平,应该积极发挥亚投行与"一带一路"

倡议的作用,推动弥补沿线国家基础设施建设融资缺口,着力改善沿线国家的基础设施水平,从而进一步释放沿线国家的经济潜力,这不仅有利于促进中国与沿线国家的经济往来,也有助于提升中国在国际间的影响力。

第四节　中国在全球贸易体系中的影响力

一、中国对外贸易现状

除了在世界各国和地区基础设施建设方面发挥重大作用,中国多年来还一直致力于促进全球各国的贸易友好往来,在全球贸易方面充分展示了大国的力量和责任担当。中国始终是多边贸易体制的坚定支持者和参与者。自2001年12月正式加入世界贸易组织以来,中国严格按照 WTO 规则开展工作,严格信守承诺,努力促进全球多边贸易关系和区域经济合作,积极参与国际经贸规则的制定和实施,为国际经济技术合作创造更加有利的条件,努力解决与各国合作中出现的分歧和问题,促进世界贸易秩序平衡有序发展。

在出口贸易方面,中国近年的主要出口对象为美国、韩国、日本、德国、英国、印度、越南等国家;在进口贸易方面,中国的进口货物主要来自美国、日本、德国、韩国、澳大利亚等国家。从地理分布来看,中国与其他国家在贸易上的接近性并没有因地域遥远的问题而减弱,与美国、德国、英国、澳大利亚等国保持密切联系,而与邻近国家的密切交往也只有日本、韩国、印度、越南、俄罗斯,与其他邻近国家的贸易密切程度更是远远低于这些国家。总而言之,与中国具有贸易合作的伙伴众多,分布广泛,中国在全球经济中扮演着重要的角色。

中国的发展离不开世界,世界的发展同样离不开中国。在当今世界经济波动不断、外部环境复杂严峻的大背景下,中国经济仍以奇迹般的速度保持稳定发展,为世界经济增长提供了希望和长远动力。中国始终顺应经济全球化的发展趋势,坚持在更大规模、更广领域、更高层次上参与国际经贸合作,朝着有利于各国共同繁荣的方向积极推进经济全球化。互惠共利是当前国际贸易发展的主线，中国坚持双赢的开放战略，以符合国家利益和促进共同发展作为处理与各国经贸关系的基本标准，强调在平等的基础上发展与世界各国的经贸合作，互惠互利，不断为全球贸易的可持续增长作出贡献。

中国在与各国贸易中严格遵守国际惯例和世界贸易组织规则，坚持平等对话，利用世贸组织争端解决机制处理贸易摩擦问题，在制定和实施国内经济政策时切实考虑国际因素和国际影响，充分考虑中国经济发展对世界各国的经济影响。经过加入世贸组织近二十年的友好合作与不懈努力，中国在全方位、多层次、宽领域的对外开放格局下建立了一个更加广泛的合作圈。截至 2020 年，与中国保持经济贸易往来的国家和地区已有 200 多个，其中不少与中国互为重要的贸易伙伴。尽管是在西方国家掌握的贸易规则下，中国依旧靠着自身经济实力的提升以及产业链和供应链的明显优势，使得中国外贸应对不确定性因素的能力不断提升，国际贸易地位不断加强，与各国的货物贸易额不断增加，近年来在与美国在全球贸易中地位的角逐中丝毫不落下风，如图 3-2 所示。

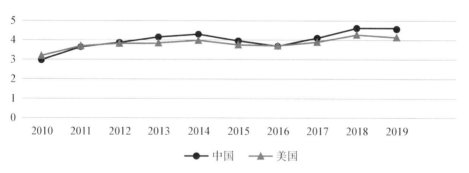

图 3-2　2010—2019 年中美两国货物贸易总额对比（万亿美元）

资料来源：联合国贸易统计数据库，https://comtrade.un.org/

自 2009 年以来，中国成为全球第一大贸易出口国，之后在 2013 年首次超越美国，成为全球第一大货物贸易国。由图 3-2 可以清楚地看到，2013 年之后，中美两国的货物贸易总额都呈现出波动上升的趋势，但总体上中国的贸易总额是高于美国的。由此可见，中国逐渐坐实了全球第一大贸易国的宝座,对世界贸易经济发挥着越来越关键的作用。据世贸组织(WTO)公布的数据,2021年全球贸易额为28.5万亿美元,而中国的国际贸易总额为6.06万亿美元(折合人民币约为39.1万亿元),占全球贸易总额的21.26%。为了考察近年来各经济体与中国贸易关系的变化,根据贸易流量表,以五年为一阶段,本书分别统计了2011—2021年这十年间中国的十大贸易伙伴排名,如表3-9所示。

表3-9　中国的主要贸易伙伴

贸易类型	年份	国家(地区)
中国出口贸易主要伙伴国家(地区)	2011年	美国、中国香港、日本、韩国、德国、荷兰、印度、英国、俄罗斯、新加坡
	2016年	美国、中国香港、日本、韩国、德国、越南、印度、荷兰、英国、新加坡
	2021年	美国、中国香港、日本、韩国、越南、德国、荷兰、印度、英国、马来西亚
中国进口贸易主要伙伴国家(地区)	2011年	中国香港、日本、韩国、美国、德国、中国台湾、澳大利亚、新加坡、巴西、俄罗斯
	2016年	中国香港、韩国、美国、日本、德国、中国台湾、澳大利亚、新加坡、巴西、俄罗斯
	2021年	中国台湾、韩国、日本、美国、澳大利亚、德国、巴西、马来西亚、越南、俄罗斯

资料来源:联合国贸易统计数据库

从表3-9可以看出,近十年期间,中国的主要进出口贸易国(地区)为中国香港、日本、韩国、美国、德国等,这些国家和地区的进出口商品额占据了中国贸易总额的70%左右。从整体上看,这些主要的贸易国家(地区)没有太大变化,主要是一些名次上的变动。但是,随着亚太经济合作组织、"一带一路"倡议的建立,越南、印度尼西亚、马来西亚等一些东南亚地区国家与中国的贸易额飞速增长,中国已经成为越南等国家的首要贸易伙伴。2020年,东盟也正式超越欧盟,跃升为中国最大的贸易伙伴。

据美联社报道,2006年中国发展成为全球70个国家的最大贸易伙伴,而美国此时已经是全球 127 个国家的最大贸易伙伴。但是到了 2011 年,该现象就发生了颠覆性的变化,中国成为 124 个国家的最大贸易伙伴,美国的这一数字却减少 76 个。中国在短短的五年时间里便超过美国成为全球众多国家的最大贸易伙伴,这其中不乏澳大利亚、韩国、日本等美国的友好盟国。并且这一差距也随着中国全球经济影响力的不断提高而逐渐扩大,截至 2020 年,中国已经成为全球 130 多个国家的最大贸易伙伴,美国仅为 70 多个。

根据对外贸易与经济增长理论,对外贸易不仅会拉动本国经济增长,同时还会对贸易合作国的经济增长起到促进作用。因此,中国作为全球第一大贸易国,在自身经济不断增长的同时,也拉动了贸易伙伴的经济发展。与中国保持友好密切的贸易关系,已经成为众多国家对外贸易的首要选择。根据中国在全球经济贸易中的地位,以及与世界各国贸易关系的现状,我们认为把中国作为最大贸易伙伴的国家和地区更有可能支持,也更愿意支持中国在全球经济中的领导地位。

二、中国对"一带一路"沿线国家投资的驱动力研究

"一带一路"倡议是新时期中国进一步扩大对外开放、拉动区域经济增长的一项重大举措,在"一带一路"倡议的推动下,中国与沿线各国的经济关系更加紧密。自该倡议提出以来,中国就同参与"一带一路"建设的沿线国家形成了贸易伙伴关系,根据相关数据统计,在 1993—2017 年间,中国同"一带一路"沿线国家的贸易额从 294.75 亿增长至 1.5 万亿美元,增长倍数超过 50 倍;而在"走出去"战略的推动下,中国大力发展对外直接投资,2019 年中国对"一带一路"沿线国家的直接投资流量为 234.4 亿美元,直接投资存量为 2 581.5 亿美元,分别占同期对外直接投资的 17.1% 和 11.7%。

(一) 研究背景

当前中国正由贸易大国向投资大国转型,借助资本"走出去"策略,进一步扩大产能合作,不仅有利于提升东道国的经济发展水平,还能够推动中国与沿线国家间的"贸易畅通",改善与沿线国家的贸易格局,通过与其他沿线国家搭建贸易投资桥梁,强化彼此间的经贸联系,进一步推动中国与沿线国

家的政治合作。本节通过实证分析 27 个"一带一路"沿线国家 2004—2016 年的面板数据,研究中国向沿线国家对外直接投资与双边贸易的关系。

(二)模型设定

1687 年,牛顿提出万有引力定律:任意两个物体之间的相互引力与两个物体间的距离成反比,与各自的质量大小成正比。20 世纪 60 年代荷兰经济学家简·丁伯根(Jan Tinbergen)在牛顿万有引力公式的基础上提出贸易引力模型,主要用来研究国际贸易领域中的双边贸易问题,即贸易引力等式:

$$T_{ij} = A \frac{Y_i Y_j}{D_{ij}} \qquad (3-2)$$

其中,i 和 j 指任意两个不同的国家;T 指 Trade,T_{ij} 代表 i 国与 j 国两国间的双边贸易流量;A 是常数,Y_i 表示 i 国的经济发展水平,Y_j 表示 j 国的经济发展水平,一般用两个国家各自的 GDP 来衡量;D_{ij} 表示两国间的距离,为 Distance 的缩写。D_{ij} 作为分数的分母,分母越大,T_{ij} 即双边贸易额越小,说明两国间的距离与两国间的双边贸易量成反比,可能原因是两国间相距较远,意味着货物运输要花更多的时间和经济成本,会在一定程度上阻碍两国间的贸易发展。而分子 Y_i 与 Y_j 越大,双边贸易额就越大,说明两国各自的经济规模与双边贸易额成正比,不难理解一国的经济规模越大,国内市场规模也就越大,社会对国外商品的供给和需求的种类与数量也会随之上升,从而促进双边贸易的发展。贸易引力模型说明双边贸易额受两种因素的影响:经济体量和地理距离。

利用传统的贸易引力等式进行研究会有一定的困难,在实证研究中,为了方便计算,通常对等式两边取自然对数,即:

$$\ln T_{ij} = \beta_0 + \beta_1 \ln Y_i + \beta_2 \ln Y_j + \beta_3 D_{ij} + \varepsilon \qquad (3-3)$$

其中,β_0 为常数,β_1 和 β_2 表示两国各自经济规模与双边贸易的相关系数,用来反映两国 GDP 对双边贸易的影响程度;同理,β_3 反映两国间距离对双边贸易的影响程度;ε 表示误差项。若对应变量的 $\beta>0$,说明该变量与双边贸易额成正比;若对应变量的 $\beta<0$,说明该变量与双边贸易额成反比。此

外,可根据自身研究问题的方向和需求,除了以上几种因素外,还可以引入其他会影响双边贸易的控制变量,对引力模型进行拓展。

　　贸易引力模型广泛用于研究国际贸易问题,以下主要探讨中国在"一带一路"沿线国家的直接投资与双边贸易的关系,在参考相关文献的基础上,对传统的引力模型进行改动,引入中国对"一带一路"沿线国家的出口额以及进口额作为被解释变量,以中国对"一带一路"沿线国家的直接投资流量和存量作为主要解释变量。由于本节主要研究中国与其他国家的双边贸易,因此只选取沿线国家 GDP 以及衡量各国消费水平的人均 GDP 作为控制变量,建立以下两个模型:

　　(1)以出口额为因变量的引力模型

$$\ln exp_{it} = \beta_0 + \beta_1 \ln ofdi_{it} + \beta_2 \ln ofdic_{it-1} + \beta_3 \ln gdp_{it} + \beta_4 \ln pgdp_{it} + \varepsilon_{it}$$

$$(3-4)$$

　　(2)以进口额为因变量的引力模型

$$\ln imp_{it} = \beta_0 + \beta_1 \ln ofdi_{it} + \beta_2 \ln ofdic_{it-1} + \beta_3 \ln gdp_{it} + \beta_4 \ln pgdp_{it} + \varepsilon_{it}$$

$$(3-5)$$

　　其中,i 表示 1~27 个国家个体,t 表示 2004—2016 年;$\ln exp_{it}$ 表示在 t 年中国对 i 国的出口贸易额取对数,$\ln imp_{it}$ 表示在 t 年中国从 i 国的进口贸易额取对数;$\ln ofdi_{it}$ 和 $\ln ofdic_{it-1}$ 分别表示中国在 t 年对 i 国的直接投资流量取对数以及滞后一期的直接投资存量取对数,其中当期直接投资存量为历史累积直接投资存量加上当年发生的直接投资净额;$\ln gdp_{it}$ 和 $\ln pgdp_{it}$ 分别表示 i 国在 t 年的 GDP 取对数及人均 GDP 取对数。

　　(三)数据选取

　　以下对"一带一路"沿线国家进行筛选,由于部分国家的经济体量较小,在观察期内对外直接投资流量数据缺失或者负值数据过多,考虑相关数据的可得性以及连续性,最终选取 2004—2016 年间 27 个"一带一路"沿线国家的数据作为研究样本,具体包括:蒙古国、俄罗斯、马来西亚、越南、新加坡、菲律宾、缅甸、柬埔寨、老挝、文莱、印度、印度尼西亚、泰国、巴基斯坦、孟加拉国、沙特阿拉伯、波兰、捷克、匈牙利、乌克兰、埃及、白俄罗斯、斯里兰卡、阿联酋、伊朗、土耳其、乌兹别克斯坦。中国与"一带一路"沿线国家的出口和进口贸易数据来源于海关总署以及中国统计年鉴;中国对沿线国家的直接投资流量和存量来源于中国对外直接投资统计公报;各国的 GDP 以及人均 GDP 的数据来源于世界银行的官方数据库,如表 3-10 所示。

表 3-10　数据及来源

数据	来源
中国与"一带一路"沿线国家的贸易数据	海关总署公布、中国统计年鉴
中国对沿线国家的直接投资流量和存量数据	中国对外直接投资统计公报
各国的 GDP 以及人均 GDP 数据	世界银行的官方数据库

(四) 稳健性检验

为了避免估计模型时出现"伪回归"的问题,首先对模型所需相关变量的数据进行平稳性检验。IPS 检验是由 Pesaran & Shin(2003)提出的一种面板单位根检验,适用于短面板数据,由于进行回归的数据个体数量相对较大,时间跨度相对较小,符合短面板数据的特征,因此采取 IPS 检验方法考察各个数据的平稳性,若 IPS 的结果在 10% 的水平下显著拒绝存在单位根的原假设,则说明该变量数据平稳,否则说明不平稳。各变量 IPS 检验的 P 值均小于 0.01,可以认为各变量水平平稳,满足进行回归分析的条件,如表 3-11 所示。

表 3-11　各变量数据 IPS 检验结果

Variables	IPS 检验	P 值	结论
$\ln exp$	-9.8340	0.0000	平稳
$\ln imp$	-13.2097	0.0000	平稳
$\ln ofdi$	-5.5907	0.0000	平稳
$\ln ofdic$	-17.5692	0.0000	平稳
$\ln gdp$	-10.3817	0.0000	平稳
$\ln pgdp$	-26.8261	0.0000	平稳

（五）相关性检验

在进行回归之前，先对各变量之间的相关性进行初步分析，根据各个变量间的相关系数检验结果，可以看出，27 个"一带一路"沿线国家贸易出口量与进口量之间存在较强的相关性，相关系数达到了 0.787。一国的 GDP 对该国的贸易出口量和贸易进口量的相关系数分别为 0.839 和 0.702，说明国家的贸易水平与该国的经济发展水平存在较大的关系。在以出口为因变量的引力模型中，中国对外直接投资存量与贸易出口量的相关性高于对外直接投资流量与贸易出口量的相关性，相关系数分别为 0.611 和 0.471；而在以进口为因变量的引力模型中，中国对外直接投资存量的相关系数减小为 0.532，对外直接投资流量的相关系数增大为 0.494，从这两组相关系数可以初步看出中国对外直接投资与一国的贸易水平存在一定的相关性。另一方面，由于数据量相对较小，中国对外直接投资存量与流量之间的相关系数达到 0.843，但其他解释变量之间的相关性均比较低，如表 3-12 所示。

表 3-12　各变量相关性检验

变量	$\ln exp$	$\ln imp$	$\ln ofdi$	$\ln ofdic$	$\ln gdp$	$\ln pgdp$
$\ln exp$	1.000					
$\ln imp$	0.787	1.000				
$\ln ofdi$	0.471	0.494	1.000			
$\ln ofdic$	0.611	0.532	0.843	1.000		
$\ln gdp$	0.839	0.702	0.195	0.280	1.000	
$\ln pgdp$	0.292	0.373	0.119	0.113	0.371	1.000

众所周知，多重共线性会使得实证模型的系数值估计不合理，甚至出现系数符号与理论预期相反的结果，如果存在严重的多重共线性，增加或减少解释变量会使得系数估计值发生较大的变化。为了避免多重共线性对回归结果造成估计误差，以下对各个解释变量进行方差膨胀因子（VIF）检验，方差膨胀因子（variance inflation factor，VIF）主要用来衡量回归模型中多重共线性的严重程度，VIF 越大，说明共线性越严重，一般经验认为各个解释变量中

最大的 VIF 不超过 10。可以看出,各个解释变量的 VIF 均小于 10,平均 VIF 仅为 2.37,说明研究变量之间不存在多重共线性,如表 3-13 所示。

表 3-13　方差膨胀因子(VIF)检验

变量	VIF	1/VIF
$\ln ofdic$	3.56	0.280 891
$\ln ofdi$	3.46	0.289 243
$\ln gdp$	1.26	0.796 009
$\ln pgdp$	1.20	0.836 720
Mean VIF	2.37	

(六) 参数估计

采用 stata15.1 对 27 个"一带一路"沿线国家的面板数据进行实证分析,在进行实证分析时,分别采用混合回归、固定效应回归、随机效应回归三种回归方法对模型的参数进行估计。为了确定具体该参考哪种回归方法得出的系数,采取 F 检验和 Hausman 检验的结果作为模型选择的依据。F 检验的原假设是所有个体效应均为 0,即不存在个体效应,若 F 检验的结果拒绝原假设,则认为存在个体效应,应选择固定效应回归而不是混合回归;若接受原假设,则认为不存在个体效应,应选择混合回归。Hausman 检验的原假设为个体效应与解释变量不相关,若检验结果拒绝原假设,则认为个体效应与解释变量相关,应采取固定效应分析;若检验结果接受原假设,则认为个体效应与解释变量不相关,应采用随机效应分析。

两个模型 Hausman 检验结果均拒绝个体效应与解释变量不相关的原假设,表明固定效应模型优于随机效应模型,应采纳固定效应模型的估计结果;两个模型 F 检验结果均拒绝不存在个体效应的原假设,表明固定效应模型优于混合回归,因此,主要参考固定效应模型得出的回归结果,如表 3-14、表 3-15 所示。

表 3 - 14　F 检验结果

	以出口为因变量模型	以进口为因变量模型
F 值	214.63	24.26
Prob>F	0.0000	0.0000

表 3 - 15　Hausman 检验结果

	以出口为因变量模型	以进口为因变量模型
chi2(5)	14.50	10.85
Prob>chi2	0.0127	0.0544

通过 stata15.1 对以出口额为因变量的模型和以进口额为因变量的模型进行固定效应估计，stata15.1 分析出来的两个模型参数结果如表 3 - 16 所示，分别汇报出不同变量的系数值、统计值和对应的 P 值，以及两个模型的可决系数，其中各变量的回归系数均保留小数点后 4 位数。

表 3 - 16　两个模型的实证结果

变量	以出口为因变量模型			以进口为因变量模型		
	系数值	t 值	P 值	系数值	t 值	P 值
$\ln ofdi$	0.0183	1.04	0.309	0.0106	0.34	0.738
$\ln ofdic$	0.1470	4.15	0.000	0.0935	1.88	0.072
$\ln gdp$	1.0851	4.69	0.000	1.1045	1.49	0.149
$\ln pgdp$	−0.1886	−0.77	0.447	0.0279	0.04	0.971
常数项	−14.55895	−3.62	0.001	−17.0784	−1.32	0.198
R^2	0.8110			0.5540		

根据上述回归结果，可以写出以出口为因变量模型的表达式如下：

$$\ln exp_{it}=0.0183\ln ofdi_{it}+0.1470\ln ofdic_{it-1}+1.0851\ln gdp_{it}-$$
$$0.1886\ln pgdp_{it}-14.55895 \qquad (3-6)$$

可以看出，在以出口为因变量的引力模型中，R^2 的值为 0.8110，模型拟合程度良好。$\ln ofdi$ 系数虽然为正但不显著,说明中国对"一带一路"沿线国家的直接投资流量对中国的对外出口影响不明显,因此,在短期内对"一带一路"沿线国家直接投资增加不会显著促进中国对该国的出口规模增长。$\ln ofdic$ 的系数为正且在 1% 的水平下显著,说明在长期内,对外投资存量的累积会显著促进中国对外出口的增加,从回归结果来看,中国对"一带一路"沿线国家的直接投资存量每增加 1%,中国对该国的出口规模就会增加 0.147%。此外,"一带一路"沿线国家的 gdp 也会影响中国对该国的出口贸易,gdp 的系数显著为正,说明随着一国的经济发展水平不断增加,中国对该国的出口规模会不断扩大,这可能是因为一国的经济增长促使社会对进口商品的需求扩大,使其加大从中国的商品进口。

根据上述回归结果,可以写出以进口为因变量模型的表达式如下:

$$\ln imp_{it} = 0.0106\ln ofdi_{it} + 0.0935\ \ln ofdic_{it-1} + 1.1045\ \ln gdp_{it} +$$
$$0.0279\ln pgdp_{it} - 17.0784 \qquad\qquad (3-7)$$

在以进口为因变量的模型中,R^2 为 0.5540,该模型的拟合程度较差于以出口为因变量的模型,$\ln ofdic$ 的系数在 10% 的水平下显著为正,说明中国对外直接投资存量的累积会明显影响中国对该国的商品进口规模,从回归结果来看,对外直接投资存量每增加 1%,中国对该国商品的进口就会增长 0.0935%,说明在长期内,对外投资存量的积累会促进中国对"一带一路"国家进口规模的增长。其他变量虽然为正却不显著,说明中国对外直接投资流量的增加和"一带一路"沿线国家经济水平的增长并不会明显扩大该国对中国的出口贸易。

(七)研究结论

以上通过两个贸易引力模型对 27 个"一带一路"沿线国家 2004—2016 年的面板数据进行实证分析,研究中国对外直接投资与双边贸易的关系。从以出口为因变量和以进口为因变量的两个引力模型的实证结果,可以看出中国对外直接投资与双边贸易具有相关性,中国对沿线国家的直接投资会正向促进两国间贸易规模增长,改善双边贸易关系。无论是以出口为因变量的模型还是以进口为因变量的模型，其中对外直接投资流量和存量的系数均为正，但对外直接投资流量的系数不显著，而对外直接投资存量的系数显著。

因此，在对双边贸易关系的改善中，对外直接投资存量的影响均明显大于对外直接投资流量的影响，表明中国对"一带一路"沿线国家直接投资的贸易效应在短期内并不明显，但在长期内，随着对外直接投资存量的积累，贸易效应会不断明显。不断扩大中国对"一带一路"沿线国家的投资规模，将会促进中国与"一带一路"沿线国家的贸易发展。此外，沿线国家的 GDP 增长也会显著提高该国与中国的双边贸易额，背后的原因不难理解：一个国家经济体量的增长会拉动该国对外国商品的进口需求以及本国商品市场的出口输出。

综上所述，在长期内，中国持续加大对外直接投资，会改善与其他国家间的双边贸易关系，进一步推动国际间关系的发展。

第五节　中国积极的对外援助

对外援助作为一项十分重要的国际政治经济现象，对受援助国家的经济、政治、社会等方面产生了重要的影响。自 20 世纪 60 年代以来，众多学者就对外援助和经济增长之间的关系进行了深入的探讨与研究。大部分学者通过研究得出对外援助对受援国经济增长有效的结论。例如，Chenery & Strout(1966)认为，根据国内实际情况，将受援助的资金用于弥补国内储蓄缺口和投资缺口，可以改善受援国由于资金不足带来的经济滞后现象，并且在经济发展水平越落后的国家，对外援助资金对经济增长的促进作用越强。Papanek(1973)通过对不同国家在不同时期经济增长与国外投资、国内储蓄、对外援助以及其他流入要素之间关系的考察，发现相较于其他三部分要素，对外援助与经济增长之间存在着显著的正相关，且对经济影响最为深刻。Levy(1987)同样从储蓄与投资的角度说明了外来援助不仅可以提高受援国的资本存量，还能够提高国内储蓄与投资水平，从而使受援国的经济得到增长。

相较于之前基于理论推导的方法,从 20 世纪 90 年代起,越来越多的学者基于公开数据,通过实证研究论证了对外援助对经济增长的促进作用。例如,Durbarry & Gemmel(1998)使用大量发展中国家数据,实证研究得出对发展中国家的经济援助对其国家经济增长具有显著的正相关关系的结论;同时还发现当受援资金额占本国 GDP 的 40% ~ 45% 时,援助效果最佳。Hansen & Tarp(2000)运用实证研究的方法探讨了对外援助与受援国的储蓄、投资及政策之间的关系。结果显示,援助在总体上可以促进受援国的经济增长,并且发现援助对经济增长的正向影响对于国内政治经济状况较差的受援国仍然有效。Gyimah-Brempong & Racine(2014)通过使用大量面板数据,运用实证模型研究了 1995—2004 年间世界上经济最落后的 77 个国家的经济受援助效应,结果显示,经济援助对受援国的经济增长具有显著的积极影响,而且良好的政策环境也能够增加落后国家受援助的经济效应。

当然,也有少部分学者通过研究认为援助对经济增长无效或者存在消极作用。以经济合作与发展组织的发展援助委员会(OECD-DAC)为代表的国际社会普遍认为,对发展中国家尤其是对最不发达国家进行援助是十分有必要的,对外援助资金已经成为这些国家非常重要的一种外部资源。虽然在对外援助与经济增长之间关系的研究上存在着分歧,尚没有一个准确统一的结论,但可以肯定的是,对外援助无疑会促进援助国与受援国之间的友好关系,以及两国在国际事务上的相互支持。

一、中国对外援助概况

自新中国成立以来,中国就积极开展对外援助,为人类社会共同发展作出了重大贡献。在"一五"计划时期,中国对外援助就占到中国基础建设投资份额的十分之一。自此以后,中国的对外援助资金规模也在中国经济快速发展的同时稳步增加。据 Aid-data 数据库显示,2000—2014 年期间,中国为140 多个国家的建设与发展提供了 3544 亿美元的资金援助,美国在此期间提供的援助金额为 3940 亿美元,中美两国虽然在援助总额上大致相同,但是美国的援助金额增长缓慢,中国却保持着较快的增长速度。从 2000 年的 260 万美元开始,到2014年的3730万美元,国际援助额翻了10倍。在2008年全球经济危机爆发期间,由于受到金融危机的影响,传统西方援助国对外援助增速放缓,援助金额收紧,援助项目减少,而以中国为代表的非传统捐助力量逐渐兴起,中国在此期间的对外援助金额达到美国的2倍,占整个发展援助委员会(DAC)援助金额的50%。

进入新时代以来,习近平总书记重点强调,要讲好中国故事,传播好中国声音,向世界展示一个真实、立体、全面的中国,促使中国进一步加大对外经济援助的力度。自"一带一路"倡议提出以来,对外援助成为中国推进"一带一路"建设的重要支柱工作之一,在2017年举办的首届"一带一路"国际合作高峰论坛上,习近平主席宣布未来三年内中国将对外提供600亿元人民币援助,建设更多民生项目。特别是在2018年国家国际发展合作署成立后,"一带一路"建设与中国对外援助的联系更加紧密,此举将进一步加快中国对外援助建设的步伐,展现中国对构建人类命运共同体的历史担当。

以2013—2018年中国对外援助为例,在此期间,中国对外援助金额达到2702亿元人民币,援助资金类型包括无偿援助、优惠贷款和无息贷款三类,如图3-3所示。

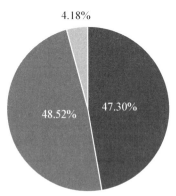

图3-3　中国对外援助资金分布(按资金类型划分)

资料来源:中华人民共和国国务院新闻办公室《新时代的中国国际发展合作》白皮书,2021年

与此同时，中国对外援助范围也在不断扩大，涉及亚洲、欧洲、非洲、大洋洲、拉丁美洲及加勒比地区 122 个国家和 20 个国际与区域性多边组织，如图 3-4 所示。

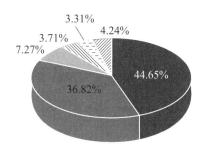

3.31%
4.24%
3.71%
7.27%
44.65%
36.82%

■非洲地区　■亚洲地区　▨拉丁美洲及加勒比地区
▨大洋洲地区　▱欧洲地区　▨国际组织及其他

图 3-4　中国对外援助资金分布（按区域及国际组织划分）

资料来源：中华人民共和国国务院新闻办公室《新时代的中国国际发展合作》白皮书，2021 年

中国对外援助在援助方式上更是展现出多元化趋势，主要有援建成套项目、提供一般物资、开展技术合作和人力资源开发合作，以及新增的"南南合作"援助基金项目等；援助项目领域涉及基础设施、农业、工业和教育等；援助项目和资金在总体趋势上保持稳定增长的态势，其援助类型不断扩大以满足受援国发展的各类需求。

二、中国对外援助的特点

与西方国家对外援助的概念相比，中国对外援助有其鲜明的特点，深刻体现了中国向国际社会提供援助的理念和智慧。中国始终坚持对外经济技术援助八项原则，并在此基础上不断与时俱进，丰富创新，在新时代的今天，已经在国际舞台上形成具有特色的中国援助。

第一，中国的对外援助明确强调支持受援国的"自主发展"，坚持"相互尊重主权""不干涉内政""不附加政治条件"的原则，这与西方国家明显不同。西方援助在帮助受援国实现现代化发展的同时，以干涉受援国内政为附加条件,在帮助受援国实现现代化发展的同时获取受援国发展的主导地位。例如,发展中国家民主化改革自20世纪以来一直由西方推动,许多国家在获得西方援助的过程中失去了独立性,逐渐沦为西方传送其意识形态的渠道。与此不同的是,中国真正做到了为非洲现状考虑,解决非洲人民生活迫切需求,真正为非洲的发展作出了巨大贡献。中西方援助的根本区别在于中国真正尊重受援国的意愿,有效考虑受援国的合理需要和关切,真正帮助受援国实现自力更生、自主发展。

第二,中国的对外援助始终贯彻"真""实""亲""诚"的理念。在一些西方国家看来,对外援助就是一种处于居高临下,用审视与批判的口吻来指导受援国。与西方不同,"真""实""亲""诚"是中国的对外援助主张,同时也是中国同所有发展中国家团结合作的理念。主要表现为中国对于广大发展中国家都坦诚相待,本着相互尊重与平等原则去切实地帮助发展中国家。近年来,由于国际金融危机等影响,大多数国家都选择了减少对外援助的资金与项目,唯有中国踏踏实实地履行援助承诺,深刻地体现了中国讲情义,守信用,坚持"真""实""亲""诚"的对外援助理念。

第三,中国的对外援助强调合作共赢,从全球治理困境和建立国际政治经济新秩序的角度出发,以大国担当谋求共同发展。在西方发达国家主导的对外援助体系框架下,对外援助常常被视为维护本国利益的工具,尤其是在民粹主义、保护主义盛行的背景下,以零和博弈等思维为指导并展开竞争。相较于西方援助,中国在不断加快自身经济建设的同时,积极履行相应的国际义务,通过对外援助促进与发展中国家以及其他受援国之间的合作,为广大发展中国家分享发展机遇,充分履行作为大国所肩负的使命与担当。

大量研究表明,中国的对外援助取得了良好的效果,极大促进了受援国经济增长与社会建设,降低了受援国贫困水平,促进了受援国贸易发展。例如,通过实证检验,中国的援助与投资在整体上能够有效降低发展中国家的贫困发生率,并且具有显著的经济促进效应(杨文溥,2021)。中国通过进行优势互补与加强合作,全面推进创新,不断优化对外援助结构等方式,在提高对外援助质量的同时显著地增强了受援国的自主发展能力,带动更多国家融入国际分工合作体系中来,使得受援国不再是等待援助的对象,而是国际发展道路上的同行伙伴。

因此,考虑到中国在世界经济中发挥的巨大影响力以及在国际援助中作出的巨大贡献,我们有充分的理由相信,受惠于中国援助资金或援助项目的国家和地区,将会有更大的动力支持中国在全球经济中的领导地位。

第四章　世界经济环境动荡与全球经济领导权变化

近年来黑天鹅事件和灰犀牛事件层出不穷,各类不确定性冲击的出现导致世界经济环境趋向动荡。不确定性事件出现频率的增加体现出旧有不合理的国际秩序所演化的矛盾趋于不可调和,因此,世界经济动荡的根源在于不合理的国际经济秩序。本章将在描述全球经济环境趋向动荡的基础上系统分析其中的深层次原因,找出全球经济治理体系不合理之处,并进一步研究在修正不合理国际秩序的过程中,中国获取全球经济领导权的天时、地利与人和。

第一节　全球经济环境动荡的表象

第二次世界大战后,主要资本主义国家和苏联都遭受了严重的创伤,工业体系被严重破坏,国家外汇储备清零,生产能力严重低下,整个欧洲呈现一片颓废的局面。而美国由于远离战火,本土经济未受到打击,反而靠着向其他国家兜售大量的工业品,大发战争横财,其工业水平得到飞跃式的发展。除此之外,依靠罗斯福政府经济大萧条时期颁布的经济政策,以及原始资本积累,美国在战后迅速从英国手中夺走了全球经济领导权的地位。然而,俗话说,"打江山容易,坐江山难",美国为了巩固自己全球经济霸主的地位,实行了一系列政策和手段。

戦后美国向各国提供借款，从而使自己成为世界的"债主"。之后，美国凭借其强大的经济实力确定了以美元为主导的国际货币金融体系——布雷顿森林体系，同时依靠国际货币基金组织（IMF）、世界银行（WB）以及关贸总协定（GATT）三大支柱，美国牢牢把握着全球经济领导权。虽然之后由于美元的特殊地位、汇率机制等一系列问题，布雷顿森林体系在1971年崩溃瓦解，但是美国依靠强大的经济实力与工业体系依旧坐实全球经济"领头羊"的位置。

时至今日，虽然以中国为代表的新兴经济体崛起不断挑战美国对于全球经济领导权的地位，但毫无疑问，美国依旧是当今世界最大的经济体，美国经济依旧对世界经济起到举足轻重的作用，当今世界依旧是美国领导下的全球经济秩序。因此，由于美元在国际经济秩序中的重要性，随着经济全球化进程的脚步不断加快，美国经济波动必然会殃及他国经济，甚至影响到全世界，从而加剧全球经济的不稳定性。在造成全球经济不稳定的影响因素中，金融危机是影响最为深远、破坏力更强的因素之一，并且危机过后的复苏相比正常情况需要更长的时间。

自20世纪80年代以来，在美元主导的世界经济秩序下，世界范围内先后发生数次经济危机，其中破坏力巨大、影响力深远的主要有1982—1983年的拉美债务危机、1992—1993年欧洲债务危机、1997年东南亚金融危机，还有最为严重的2008年美国次贷危机。下面我们将以2008年美国次贷危机为例，说明金融危机对世界经济的影响程度。

2008年9月14日，在美国联邦储备委员会拒绝提供财政援助后，雷曼兄弟申请破产，就在同一天，美国银行宣布正式收购美林证券。这两件事直接导致美国经济的崩溃，以此为标志，席卷全球的金融危机开始了。此后，由于危机状况无法得到控制，愈演愈烈，其破坏程度远远超出人们的预期。此外，危机范围之广、冲击力之大、连锁反应之迅速等都出乎意料。这也是自第二次世界大战以来将全球经济拖入全面持续衰退的最严重的金融危机，使得世界各国的经济发展和人民生活遭受重创，引起了世界各国政府和人民的巨大焦虑和恐慌。此次危机的全球影响主要体现在以下几个方面。

一是世界经济体系遭受重创,经济增长速度严重放缓,主要发达国家和地区经济陷入衰退。美联储数据显示,在2008年危机发生的一年期间,美国经济在第三季度经历了0.3%的负增长,这是美国经济当时的最大跌幅,此外,个人消费下降了3.1%,是美国28年来的最大降幅。根据日本官方数据报道,相较于2008年第三季度,日本第四季度出口下降了13.9%,国内生产总值同比更是下降了3.3%,此后,这种负增长的经济状况在日本一直持续了三个季度。同样,欧洲发达国家和地区也难逃危机的魔爪,英国的经济形势十分糟糕,英国统计局数据显示,与上一季度相比,英国2008年第四季度的GDP为1.5%的负增长,这是英国经济自1980年以来的最大季度跌幅。此外,欧元区经济基本面恶化也在加速,德国、法国、意大利、西班牙等国经济萎缩幅度都超过预期,如表4-1所示。

表4-1　世界主要经济体GDP增长率(%)

年份 国家	2007 年	2008 年	2009 年	2010 年	2011 年
美国	1.79	−0.29	−2.80	2.51	1.85
日本	2.19	−1.04	−5.53	4.65	−0.57
英国	3.43	−0.77	−5.17	1.66	1.12
德国	3.27	1.08	−5.15	4.01	3.33
法国	2.29	−0.08	−3.15	1.72	2.03
中国	14.16	9.63	9.21	10.45	9.30

资料来源:世界银行官网

二是金融市场急剧恶化,全球股市呈现一片颓废的局面。自金融危机开始以来,仅美国就有14家银行倒闭,世界主要金融股票市场受到重创。全球股市暴跌,美国第四大投资银行雷曼兄弟宣布破产,美林银行被美国银行收购,华尔街经历了自"9·11"事件以来最糟糕的一天,道琼斯工业平均指数下跌500点,下跌4.42%。在欧洲,金融时报100只股票的平均价格指数下跌39.6%;巴黎股市的CAC40指数和法兰克福证券交易所的DXA指数更是分别下跌了 46.3％和 46.9％。亚太地区的金融股整体下跌,台湾证券交易所加权指数下跌 4.1％,为当时近三年来的最低收盘价;日本东京证券交易所日经 225 平均价格指数也下跌了 47.6％。由于股市受到重创,俄罗斯联邦政府下令所有交易所停止交易。

三是全球贸易环境迅速恶化,新兴经济体对外贸易额减少。新兴经济体十分依赖扩大出口等战略来推动经济发展,与美国和欧洲等发达国家的贸易已成为支撑其经济增长的重要驱动力。金融危机后,美国和欧洲国内需求放缓将不可避免地导致全球货物贸易下降,严重影响新兴经济体的出口和经济增长。除此之外,危机导致的贸易环境恶化也会导致全球贸易保护主义重新抬头。越南是一个受危机影响较早的国家,自 2008 年初以来,越南股市暴跌,越南盾大幅贬值,物价持续上涨,贸易逆差扩大,金融市场震荡强劲,世界各国对越南的经济忧心忡忡。

四是众多国家陷入就业困难,失业人数不断攀升的严峻局面。自 2008 年以来,由于深受危机迫害,美国失业率迅速上升至 7％或 8％,创造了新的失业率峰值,在此期间就业人数下降了 76 万人。欧盟统计局 2008 年 10 月 31 日公布的数据显示,欧元区 9 月的失业率为 7.5％,高于上年同期的 7.3％。英国 8 月失业人数达到 3.25 万人,占总计失业人数 172 万人的 5.5％。从全球范围来看,经济形势阴霾加剧了就业形势,失业人数大幅增加,据经济合作与发展组织和国际劳工组织估计,到 2009 年,全球失业人数达到创纪录的 2.1 亿人。

五是多国政府预算赤字增加,全球通货膨胀压力上升。为了面对通胀对经济的巨大冲击,2008 年 10 月,美国政府宣布了一项 7 000 亿美元的具体救助计划;自 2008 年 10 月 13 日以来,英国、德国、法国、西班牙和葡萄牙政府实施了大规模的财政救助方案,在欧洲国家的救助总额接近 2 万亿欧元;日本已将救济资金上限提高到约 1 100 亿美元,以挽救当前的经济衰退;俄罗斯已向金融市场注入高达 1.13 万亿卢布的资本。然而,这一庞大的救助资金无疑将给政府未来的财政赤字带来巨大压力,进而可能加剧全球通胀的上升态势。2008 年 10 月 8 日,纽约时代广场上的"国债钟"赫然显示,美国联邦政府的债务已接近惊人的 10.2 万亿美元。

金融危机是毁灭性的事件，我们由此认为，对国际经济不稳定的不满缘于美国主导秩序下发生的一系列金融危机会给各国政治领导人和政府带来巨大的政治成本。因为经历金融危机的国家比没有经历危机的国家要遭受更长时间和更严重的经济衰退，而且危机过后的经济复苏比正常情况需要更长的时间。考虑到经济状况和选举结果之间的联系，政治领导人要为在任期间发生的金融危机承担责任，付出巨大代价。例如，Bartels & Bermeo(2014)指出，在全球经济危机之后的选举中，各个政治领域的领导人都受到了"惩罚"，其方式与追溯性经济投票模式一致。此外，Mian, Sufi & Trebbi(2014)研究表明，在金融危机过后，政府多数席位缩水，议会出现两极分化，政策陷入僵局。Funke, Schularick & Trebesch(2016)研究发现，金融危机过后，右翼极端派会获得大量席位，社会出现更多的大罢工、暴力骚乱和反政府示威，政府支持减弱和议会分裂的例子很多。

在 2008 年的全球危机中，选民对执政联盟和"大帐篷党"的支持率普遍下降。例如，在比利时、丹麦、德国、日本、荷兰和葡萄牙，选民对执政党或联盟的支持率从危机前的最后一次选举到之后的第一次选举之间下降了 20 个百分点。在西班牙，几十年来一直相互竞争的两个主要政党——人民党和社会主义工人党，他们的联合选票份额从 2008 年的 83.8% 下降到 2011 年的73.4%，在法国和德国也可以观察到类似的情况。在瑞典，中右翼联盟从2006 年大选中的多数派政府转变为 2010 年大选中的少数派政府。在英国，保守党在 2010 年仅获得 47% 的席位，这导致出现"悬浮议会"和与自由民主党共同组建的联合政府，这是英国历史上第二次这样的安排（唯一的另一个联合政府成立于 1974 年）。

因此，考虑到金融危机的巨大政治成本，各国（地区）领导人鉴于执政期间以及下届选举时的民意支持，当对当前全球经济不稳定感到不满时，势必会对世界第一经济体即美国的经济领导能力产生怀疑，而作为第二大经济体的中国，也势必会吸引更多的目光。

第二节　世界经济动荡的深层原因：不合理的全球
　　　　　经济治理体系

全球经济治理体系形成于第二次世界大战之后，该体系是以美国为首的西方国家为主要领导者。随着世界银行、国际货币基金组织等一系列重要国际性机构的相继建立，全球经济治理的基本框架得以确立，为后续全球经济的稳定与发展奠定了坚实的基础。

世界银行（WB）成立于1945年，是一个集国际金融公司、国际复兴开发银行、国际开发协会、多边投资担保机构以及国际投资争端解决中心为一体的国际金融机构。世界银行自成立之初，便肩负着帮助第二次世界大战后欧洲和日本等国家重建的重任，并向这些国家提供了大量的基础设施建设贷款，以促进其经济的恢复与发展。世界银行在全球金融领域中的核心地位和作用早已确立。现在世界银行的宗旨是向所有成员提供贷款和投资，帮助促进国际贸易的平衡发展。世界银行具有以下主要职能：（1）通过对生产进行投资和鼓励资源开发，支持成员经济的复苏和建设；（2）通过对较不发达国家与地区的生产进行投资和鼓励资源开发来支持成员经济的复苏和建设，主要通过担保或者参与民间贷款等投资形式对较不发达国家和区域的资源进行投资；（3）鼓励国际投资，协助成员提高生产能力，促进成员国际贸易均衡发展，改善国际收支平衡。

国际货币基金组织（IMF）成立于1945年12月，与世界银行并称为全球两大金融机构，它主要承担七项职能：（1）制定和监督成员之间的汇率政策和定期项目支付以及货币兑换规则；（2）向面临国际收支困难的成员提供紧急财务信息；（3）为成员提供国际货币合作协商等会议场所；（4）促进金融部门和货币部门的国际合作；（5）加快国际经济一体化步伐；（6）维护各成员之间的汇率稳定；（7）协助各成员建立规范的多边货币支付体系等。

以世界银行和国际货币基金组织为核心的全球经济治理体系在建设之初的几十年里为世界经济作出了重大贡献。虽然新兴经济体的经济实力和地位不断提升,但世界银行和国际货币基金组织的治理机制仍延续着原有的体制,因此,21 世纪以来,新兴经济体为了提高自己在世界经济治理格局中的发言权,要求世界银行和国际货币基金组织改革的呼声一直没有中断过。

以国际货币基金组织为例,该组织的运行资金主要来源于各成员认缴的份额(quota),这些份额也构成各国在 IMF 议事规则的投票权。国际货币基金组织的议事规则很有特点,执行的制度是加权投票表决制。投票权由两部分组成,组织内每个成员都有相同的基本投票权,除此之外就是根据各国在 IMF 中所缴纳的份额得到的加权投票权。由于各个国家的基本票数都一样,因此,加权票才是在实际政策决议中起决定性作用的,其中,加权投票权与成员所缴份额成正比。除此之外,份额的缴纳又是根据一国在世界经济中的相对地位和本国经济发展程度等一些指标分配的。

IMF 现行的份额配给公式是一个综合考量多个经济指标的加权平均体系。具体来说,这一公式涵盖以下主要变量及其权重:国内生产总值(GDP)占据 50%的权重,其中,基于市场汇率计算的三年平均 GDP 占 60%,而以购买力平价(PPP)计算的 GDP 占 40%;以经常项目收入总和为标准的国家经济开放程度指标拥有 30%的权重;另外,经济波动性这一指标以经常项目收入和资本净流动来衡量,占据 15%的权重;最后,国际储备占据 5%的权重。这一公式的设立旨在提供一个全面而公正的框架,以评估各国在全球经济体系中的相对贡献和地位。除此之外,为了缩小成员计算份额的离散程度,公式中还包括一个"压缩因子"(0.95)。具体公式如下:

$$CQS = (0.50 \times GDP + 0.3 \times Openness + 0.15 \times Variability + 0.05 \times Reserves)^{0.95}$$

$$(4-1)$$

其中,CQS 即为当前的份额计算,GDP 为国内生产总值,Openness 为开放程度,Variability 为经济波动性,Reserves 为国际储备。

根据以上份额计算公式,最新的国际货币基金组织份额投票权前 30 排名分布如表 4 - 2 所示。

表 4‐2　IMF 份额投票权比例排名

排名	国家	份额投票权比例(%)	排名	国家	份额投票权比例(%)
1	美国	17.398	16	韩国	1.799
2	日本	6.461	17	澳大利亚	1.378
3	中国	6.390	18	比利时	1.344
4	德国	5.583	19	瑞士	1.210
5	法国	4.225	20	土耳其	0.977
6	英国	4.225	21	印度尼西亚	0.974
7	意大利	3.159	22	瑞典	0.929
8	印度	2.749	23	波兰	0.859
9	俄联邦	2.705	24	奥地利	0.824
10	巴西	2.315	25	新加坡	0.816
11	加拿大	2.311	26	挪威	0.787
12	沙特阿拉伯	2.095	27	越南	0.780
13	西班牙	1.999	28	马来西亚	0.762
14	墨西哥	1.868	29	伊朗	0.748
15	荷兰	1.831	30	冰岛	0.723

资料来源:IMF 官网,https://www.imf.org/

　　尽管份额分配具有一定的衡量标准,但是国际货币基金组织(和世界银行)的治理仍然存在争议,因为新兴经济体认为它们没有得到公平的代表。原则上,每个国家在国际货币基金组织的投票份额应该反映其经济的相对规模,并且衡量要与时俱进,及时更新。但这些经济衡量公式并没有被准确应用。因此,一些新兴经济体经常抱怨,尽管它们在世界经济产出的份额越来越大,但是它们的代表性仍然不足,如表 4‐3 所示。

表 4‐3　2020 年全球 GDP 排名

排名	简称	经济体	GDP 总量(百万美元)
1	USA	美国	20 936 600
2	CHN	中国	14 722 731

(续表)

排名	简称	经济体	GDP 总量(百万美元)
3	JPN	日本	5 064 873
4	DEU	德国	3 806 060
5	GBR	英国	2 707 744
6	IND	印度	2 622 984
7	FRA	法国	2 603 004
8	ITA	意大利	1 886 445
9	CAN	加拿大	1 648 408
10	KOR	韩国	1 630 525
11	RUS	俄罗斯	1 483 498
12	BRA	巴西	1 444 733
13	AUS	澳大利亚	1 330 901
14	ESP	西班牙	1 281 199
15	MEX	墨西哥	1 076 163
16	IDN	印度尼西亚	1 058 424
17	NLD	荷兰	912 242
18	CHE	瑞士	74 959
19	TUR	土耳其	720 101
20	SAU	沙特阿拉伯	700 118
21	POL	波兰	594 165
22	SWE	瑞典	537 610
23	BEL	比利时	515 332
24	THA	泰国	501 795
25	NGA	尼日利亚	432 294
26	AUT	奥地利	428 965
27	ARE	阿拉伯联合酋长国	421 142
28	IRL	爱尔兰	418 622
29	ISR	以色列	401 954
30	ARG	阿根廷	383 067

资料来源:世界银行官网,https://www.worldbank.org

从表 4－3 可以看出,美国 2020 年 GDP 为 20.9 万亿美元,占全球经济总量的 24.41％,在 IMF 中占有 17％的投票份额无可非议;然而,中国 2020 年创造了 14.7 万亿美元的 GDP,占全球 GDP 总量的 17％以上,在 IMF 中的投票份额却低于 GDP 只有 5.06 万亿美元的日本。与中国一样,印度、越南、印度尼西亚、泰国等一些新兴经济体,它们在 IMF 的投票份额都没有达到它们在世界经济中的地位,这难免会引起这些新兴经济体的不满。

此外,IMF 投票分配公式结构的不合理是引起新兴经济体不满的另一个重要原因。首先,GDP 是反映一个国家和地区经济实力与贡献较为理想的综合指标,扩大其在公式中的份额已成为必然趋势。在对 GDP 的全面评估中,购买力平价(PPP)是衡量经济实力的真正方法。因为它能反映一种货币的真实价值、一个国家的长期汇率,有很强的稳定性。相反,用市场汇率(MER)来计算 GDP 会导致价格偏差,以及重大的波动劣势,这也导致发展中国家的 GDP 实力被低估,相对而言发达国家被高估,并不能真正反映出二者的经济实力。因此,应在分配公式中增加 GDP 的比重,同时通过购买力平价增加占 GDP 的比重,减少按市场汇率计算的 GDP 份额。这一点也让发展中国家普遍不满和反对,并且分配公式中缺乏对一国人口数量的会计要素的考量。

IMF 自成立以来尚未将人口因素纳入该公式,理由是人口与国际货币活动之间没有直接关系。但是,从理论或实际情况来看,不考虑人口因素是完全错误的。一个国家的人口与该国在世界经济和国际金融体系中的发展有着密切的关系。例如,劳动力供给与就业的关系是一个国家经济的重要组成部分,人力资源也是衡量一个国家在世界经济活动中资本的重要组成部分,根据新的经济增长理论,知识和人力资源是经济增长的"引擎"。此外,归根到底,推动一个国家和社会持续发展的根本因素是人。从某种意义上说,人口是经济增长的源泉,人口众多的国家具有更大的经济增长潜力,能够为世界经济作出更大的贡献。因此,人口因素应包括在公式中。

事实上,造成这种情况的根本原因是拥有国际货币基金组织多数票的大型成员与较小的发展中国家之间的利益冲突。众所周知,近年来,此前主导世界经济的 G7 国家在世界经济体系中的地位逐渐下降,而以中国为首的新兴经济体发展迅速,对世界经济增长贡献重大。根据世界银行的数据,如今发展中国家的 GDP 占全球的 50%以上,在过去十年中每年对全球经济增长的贡献率超过 60%,成为全球经济的主要驱动力。然而,为了保护原有西方发达国家的利益,以美国为首的发达国家在 IMF 中拥有多数票,并不想放弃自己的所有权股份。

以 2010 年 IMF 份额和治理改革事件为例,此次改革是 IMF 成员谈判的结果,旨在提高包括中国在内的新兴经济体的投票份额,尽管此项改革方案于 2010 年 9 月通过了初次审批,但五年后仍无法落地,主要原因是来自美国作为最大股东的阻挠。根据国际货币基金组织的章程,改革计划需要得到 85%以上股东的批准,但拥有 17%份额的美国一直不批准,导致改革延迟。直到 2016 年 1 月 27 日,2010 年的治理和市场份额改革计划才正式生效,至此中国也成为国际货币基金组织中仅次于美国和日本的第三大股东。

根据“领导力转移”理论(何凯、冯慧云,2019),如果挑战者的需求在现有制度下没有得到满足,挑战者就会创建一个新的制度来挑战现有制度的合法性。例如,全球第一家由中国发起并牵头建立的多边金融机构——亚投行,中国打算在成立之初持有亚投行 50%的股份。然而,在权衡中国与其他成员 GDP 规模的基础上,随着几个发达经济体的加入,中国毅然决定减少自身股份占比。最终,在 2016 年 1 月亚洲基础设施投资银行(亚投行)正式开业时,中国拥有 26.6%的投票权。尽管中国仍是亚投行中拥有否决权的最大股东,但它坚称并无意图行使这一权力。正如亚投行董事会主席金立群所言,仍有众多国家有意加入亚投行,随着新成员的陆续加入,中国投票权将会相应减少,否决权投票的情形也将逐渐淡化。

经过长达两年的成员间谈判,亚投行最终确立了其独特的决策程序,即引入“固定”特别多数原则。这一原则要求至少达到三分之二的成员以及四分之三的总表决权来达成重要决策。这一“固定”特别多数原则显著区分了亚投行与国际货币基金组织及世界银行的运作机制,因为它确保了没有任何一个国家能够单独改变或影响亚投行的特别多数决策要求。这一制度的设立旨在保障亚投行的决策过程更加公平、透明和稳定。份额和投票配给机制

是国际货币基金组织的核心机制,因此,根据以上对多数新兴经济体对国际
货币基金组织份额分配机制的不满,以及对亚投行公平完善的份额分配制度
的分析,我们有充分的理由认为,在 IMF 中投票份额低于其国家在世界经济
中所处地位的国家领导人会逐渐放弃美国的领导地位,从而更愿意支持中国
在全球经济体系中的领导地位。

第三节　中国获取全球经济领导权支持的"天时" "地利"与"人和"

通过研究三届"一带一路"国际合作高峰论坛和亚投行成员加入的情况,
可以发现中国获得全球经济领导权国际支持的行为占据了"天时""地利"与
"人和"。

一、天时:世界各国对经济利益的追求

当今世界正面临"去全球化""逆全球化""反全球化"浪潮侵袭,各种贸易
保护主义层出不穷,对各国经济合作造成了一定影响。美国作为世界头号强
国,没有充分发挥好美国主导的多边机构的作用,而且在特朗普政府当政期
间,实行各种贸易保护主义政策,与中国大打"贸易战",妨碍国际贸易的正常
进行。与美国不同的是,中国始终倡导多边主义,主张各国平等合作,实现合
作共赢。传统的全球化并没有实现发达国家与发展中国家的良性互动,因此
给发展中国家带来的经济利益十分有限。中国作为一个负责任的大国,有动
力也有能力去追求一个更加和谐的国际经济新秩序。中国实施"一带一路"
倡议,以及筹建亚投行,不仅是中国追求国际经济新秩序的重要体现,也是中
国发挥自身经济领导作用的重要尝试。

在国家领导人与会第一届"一带一路"国际合作高峰论坛的名单中,出现
了瑞士等欧洲发达国家的身影。在第二届高峰论坛,英国、法国、德国等西欧
发达国家也派出领导人委托的高级代表。中国是瑞士的重要贸易伙伴,且瑞

土也需要广阔的基础设施建设市场空间,这些都促使瑞士支持中国的"一带一路"倡议。亚投行在正式成立之前,并不被国际社会所看好,因为许多国家认为它只是由一些亚洲发展中国家组成的区域性银行,而在英国宣布加入之后,这一情况有了改变,法国、德国、瑞典等发达国家纷纷宣布加入亚投行。英国之所以加入亚投行,是因为它认为亚投行有利于实现发达国家与发展中国家的良性互动,帮助自己获取更多的经济利益。中国也非常重视发展中国家的核心利益,在为这些国家提供贷款时不会附带任何政治条件。中国"一带一路"倡议的实施和亚投行的成立,为发展中国家注入了新的经济发展活力,有利于发展中国家实现经济利益的最大化。追求本国的经济利益,也促使众多发达国家和发展中国家更加愿意支持中国的全球经济领导权。

二、地利:中国独特的地缘关系

国家之间的地缘关系,指的是以地理位置、综合国力等地缘要素为基础的国与国之间的关系。现代国家之间的地缘关系主要包括地缘政治关系和地缘经济关系。其中,影响地缘经济关系的基本因素是地理因素。无论是地缘政治关系还是地缘经济关系,都强调地理因素的重要作用。中国与众多周边国家接壤,有较强的地缘性,并且处于亚太关键地带,加上日益增强的综合国力,造就了其他国家与中国的复杂地缘关系。地缘关系是一个国家进行决策的重要考虑因素,也是各国进行国际合作需要衡量的重要指标。一国与中国的地缘关系,在一定程度上影响其支持中国全球经济领导权的行为。

从三届"一带一路"国际合作高峰论坛可以发现,在国家领导人参会的国家中,最集中来参会的是东盟国家领导人,并且第二届高峰论坛东盟十国领导人全部参会。另外,东盟十国也是亚投行的意向创始成员国。东盟国家与中国的地缘经济关系日益紧密,使得它们更加重视与中国的合作,更愿意支持中国的全球经济领导权。中俄两国之间有着紧密的地缘政治和地缘经济关系,这为两国合作创造了良好的条件。相比其他大国,俄罗斯表现出了对中国"一带一路"倡议的肯定,不仅是派出国家领导人与会三届高峰论坛的国家,也是亚投行的意向创始成员国,并且在亚投行有着较大的影响力。巴基

斯坦与中国有着十分良好的地缘政治和地缘经济关系,这使得巴基斯坦相比
其他国家更加支持中国的全球经济领导权。

中印关系是世界上最复杂的双边关系之一。一方面,印度有与中国寻求
合作、获取利益的动机,印度成为亚投行的意向创始成员国就是重要体现。
另一方面,印度也有阻止中国进一步获得地缘优势的做法,最明显的例子是
莫迪政府公开反对中国的"一带一路"倡议。印度国家领导人两次缺席高峰
论坛,也表明印度对中国的"一带一路"倡议有所顾忌。中印两国之间复杂的
地缘政治与地缘经济关系,造成印度不会像其他国家一样支持中国的全球经
济领导权,其行为是难以预测的。由于存在历史遗留问题,以及中日两国之
间存在利益上的竞争,造成两国的地缘政治关系相对较差,所以日本并不支
持中国的全球经济领导权。

三、人和:广大发展中国家对基础设施建设投资的需求

基础设施对于一个国家经济的发展有着极大的推动作用,而发展中国家
往往因为缺乏资金而导致本国基础设施建设的进程较慢。落后的基础设施
建设,不仅不利于本国企业的生产经营,也阻碍跨国企业的进入。中国的快
速崛起,进一步证明了基础设施建设对于促进国家经济发展的重要性,而中
国也希望通过实施"一带一路"倡议,加强区域基础设施互联互通,促进亚洲
及其他地区的经济发展,实现各国合作共赢。全球对基础设施建设投资的需
求日益加大,但是,在亚投行未成立以前,并没有一个专门重点支持基础设施
建设的国际金融机构。另外,有些多边开发银行的贷款原则附带了政治条
件,增加了发展中国家的贷款难度。可以看出,中国十分重视基础设施建设
的作用,也愿意给予发展中国家相关支持,做一个负责任的大国。

中国自 2013 年提出"一带一路"倡议以来,与许多国家携手建设基础设
施,并取得了不错的成果。中国之所以筹建亚投行,是因为认识到亚洲地区
基础设施建设相对落后,需要一个重点支持基础设施建设的多边开发银行的
现实情况。三届"一带一路"国际合作高峰论坛和亚投行的成立,引起众多亚
洲国家的积极响应。虽然印度缺席两届高峰论坛,但它却是亚投行的意向创

始成员国，这也客观反映出发展中国家对基础设施建设投资的需求是很大
的。三届高峰论坛的亮点之一是拉丁美洲国家领导人的与会，他们的到来体
现了"一带一路"倡议的国际性。另外，拉丁美洲国家也纷纷加入亚投行，进
一步加强了中国与拉丁美洲国家的合作。这些拉丁美洲国家的行为，都体现
出对基础设施建设投资的需求，会影响它们对中国全球经济领导权的支持。
中国近年来一直都在帮助非洲国家开展基础设施建设，与它们保持良好的合
作关系。三届高峰论坛都有非洲国家领导人参与，且第二届有 5 位，相比第一
届的 2 位有所增加。亚投行的意向创始成员国包括非洲国家，而且从亚投行
的后续加入成员可以看出，非洲成员加入数量正在快速增加。中国对非洲国
家基础设施建设的支持，促使它们更加愿意支持中国的全球经济领导权。

第五章　美国经济霸权衰落与"逆经济全球化"战略

国际经济秩序失衡的根源在于全球利益分配不均,即人口占比较小的发达国家占据了全球超过大半比例的劳动成果,而人口占比较大的发展中国家分享较小比例的劳动果实。全球利益分配不均导致当今世界种种矛盾的激化。美国作为构建和维系传统国际经济秩序的主权国家,在受益于这种国际经济秩序的同时其内部的阶级矛盾也在加速激化。经济全球化的同时也导致美国经济金融化和产业空心化,而美元作为世界货币成为美国收割全世界财富的主要工具。在国内矛盾难以调和的前提下,美国选择了贸易保护主义,并四处拱火挑起战乱,试图将国内矛盾转移至国际,以掩盖其经济发展不可持续的事实。本章通过展示美国经济霸权衰落的现实,分析其"逆经济全球化"战略及其经济影响,剖析美国全球经济领导权衰落,逐渐丧失国际支持的动因。

第一节　美国经济金融化与产业空心化

自 20 世纪中后期起,资本主义金融化成为以美国为主导的现代资本主义体系演进的显著趋势,其中"脱实向虚"的现象尤为突出,成为当代美国金融体系过度金融化的重要表征。在全球化的时代浪潮中,美国引领的金融资本在金融创新的名义下,显著增强了对全球劳动力剩余价值的榨取,这已造成实体经济持续萎靡、贫富差距日益悬殊、社会矛盾急剧尖锐等一系列严峻问题。为了应对这一全球性挑战,美国政府近年来采取了一系列策略:对国内,美国政府积极推动"再工业化"战略,旨在重振实体经济,发展产业资本,并通过调整社会再分配机制,努力缩小贫富差距,以缓解社会不公和民众不满;对国外,美国政府则奉行"美国优先"的外交政策,意图通过强化自身地位,来巩固其在全球的霸权地位。美国政府正试图通过内外并举的策略,来应对金融资本过度扩张所带来的全球性危机。然而,这些措施的实际效果以及可能带来的长远影响,与美国经济运行基础相悖,对外的"美国优先"政策又会产生"逆经济全球化"的效应,长此以往,势必会加重美国经济治理失灵和产业空心化的局面。

一、美国经济金融化趋势

金融化是指自20世纪70年代以来,随着实体经济增长的相对停滞,美国等资本主义国家通过利用其金融统治地位及金融市场的繁荣发展,以推动经济总量增长的现象。根据马克思主义对资本及资本主义体系的深刻剖析,金融化本质上反映了资本在追求剩余价值过程中,其竞争领域和形式的持续扩展。其核心动力来自金融资本势力的周期性扩张。然而,值得注意的是,金融资本的积累并不等同于实际资本积累,金融市场的繁荣亦非实体经济繁荣的真实反映。当金融化发展到一定程度时,金融泡沫的滋生难以避免,而泡沫的破灭则往往伴随着金融和经济的剧烈动荡与危机。这些危机不仅会对金融市场造成巨大冲击,也会对全球经济产生深远影响。

20世纪70年代,第二次世界大战后经济增长的黄金期结束,随之而来的两次石油危机,日本、德国汽车工业蓬勃发展,对越战争失利,美国境内黑人运动和工人罢工,无一不对美国经济造成巨大的冲击。为了克服国内和国际层面所面临的困境,自20世纪80年代起,美国积极推动资本全球化战略。通过将劳动密集型产业和产业环节转移到第三世界国家,美国显著降低了其战后因工资增长和社会福利发展而急剧上升的劳动力成本。通过全球范围内的"劳动力套利",美国有效地提升了资本收益,部分恢复了资本的盈利水平。

在这一过程中,美国工人因就业机会减少和全球分工体系日益复杂而难以组织起有效的反抗,其议价能力被显著削弱,导致工人罢工活动迅速平息。

资本全球化不仅优化了美国海外资本积累的条件,也为其国内政治秩序带来了稳定性。此外,美国强化了美元在全球经济中的霸权地位。战后建立的布雷顿森林体系确立了美元与黄金挂钩、其他货币与美元挂钩的国际货币制度,这使得美元成为"世界第一货币",为美国在全球经济中的霸权地位奠定了坚实基础。

在全球化和美元霸权的推动下,美国经济经历了显著的金融化转变。资本全球化导致美国制造业的迅速外迁,制造业增加值在国内生产总值中的比例显著下滑。这种趋势加剧了美国贸易和财政的双赤字问题,使得拉动经济增长的三驾马车——"投资""出口"和"消费"中的"投资"与"出口"遭受严重打击。面对这样的挑战,美国开始依赖信用扩张来刺激经济消费,以弥补"投资"和"出口"的不足。从此,美国的经济增长周期往往以信用扩张为起点,通过金融市场的活跃和信贷的扩张来拉动消费,进而促进经济增长。但依赖信用扩张并不能一劳永逸,关键在于其信用扩张是否良性,即债务增速是否高于实际利率增速,或者说债务增速是否高于经济增速。如果高于,那么这种债务扩张就是不可持续的,信用消耗会通过举债利率提升体现出来,最终破坏美国基本面,进而使其面临崩溃。

二、美国经济产业空心化

美国通过资本全球化策略,将劳动密集型产业转移到国外,其直接后果是美国本土高质量就业岗位的显著减少。战后,美国产业工人的工资和福利一度与生产率的增长同步提升,这构成了美国中产阶级社会的基石。然而,在全球化的浪潮下,这些高质量的制造业岗位大幅缩减,许多工人被迫转向临时性、低报酬、低保障的服务业工作。服务业中劳工作为生产要素的占比权重较低,其更加依赖高新技术和其他生产要素,所以服务业劳工的议价能力相比制造业低,使得服务业占比高的经济体居民薪资增速较低。与此同时,美国巨富阶层的财富却一路飙升。据统计,美国最富有的1%的群体所拥有的资产几乎等同于剩余99％的群体的资产总和。这1％的富人群体主要集中在华尔街的金融垄断集团中。他们虽然不直接占有产业资本，但凭借在金融体系中的核心地位与职能，通过金融体系作为中介来分割和积累社会财富。这些金融巨头控制着产业垄断资本、金融资本、社会资产，以及社会信用和市场规则。尽管他们在美国人口中只占极小比例，却掌握着巨额财富，并在金融化的经济结构中不断扩大自己的财富版图。同时，美国将大量劳动密集型的低端产业转移到国外，在生产制造业岗位严重稀缺和技术密集型产业与资本密集型产业的高薪吸引下，越来越多的人涌入华尔街和硅谷，内外兼失的情况加剧了美国的产业空心化。

在20世纪90年代，美国还能凭借信息产业大发展的势头，以绝对力量主导信息产业的核心技术和发展方向等，通过知识产权向全世界收取"技术报酬"，在这三十年间单芯片领域就获取了全球利润的70％。但因为贸易全球化的不断发展，国家之间关于技术的交流与贸易增加，随之而来的是技术外溢，无论是对产品的模仿还是高精尖人才的流出，都对美国的高新技术业造成打击，一步步在削弱着美国的地位。从移动通信技术来看，美国从遥遥领先到齐头并进再到现在的5G时代已经落后于中国和北欧国家；从芯片行业来看，尽管美国在芯片技术研发领域持续保持全球领先地位，并采取策略对他国科技公司施加压力，但诸如中国华为这样的公司正在不断突破技术瓶颈，其持续且全面的技术进步对美国的芯片制造业构成了显著的压力。此外，美国经济金融化导致的后果是，最顶尖的人才被吸引至华尔街，这对美国的技术进步构成了深远的影响，仿佛是从根本上削弱了其创新力量。

在资本全球化的背景下，美国致力于通过保持技术领先来维系其产业竞争的优势。美国将劳动密集型的低端产业转移到国外，但保留了技术密集型和资本密集型的核心业务，如原材料开发、技术研发、金融、渠道拓展和高端服务等环节，以维持其在全球产业链中的核心地位。美国的经济增长主要依赖消费、金融、服务等行业，而这些行业的收入来源主要依赖美元的国际储备货币地位、美国的全球军事霸权与美国的全球盟友体系。然而，这些收入来源都在不断减少和动摇，美元的国际储备货币地位受到人民币、欧元等其他货币的挑战,美国的全球军事霸权受到俄罗斯、中国与伊朗等国家的抵制,美国的全球盟友体系受到欧洲、亚洲、非洲等地区的反感和背叛。虽然这些行业在初期确实为美国带来了巨大的收益,但在美国各种引以为傲的高端产业都被其他国家追赶上甚至反超,美国便在这些产业中失去了绝对的统治地位,收入自然也大打折扣,同时又没有低端制造业的财政收入保障,美国收入正在枯竭,产业空心化的弊端在此时显露无遗。

第二节 美联储货币政策对新兴经济体金融市场的溢出效应研究

随着经济全球化的快速发展以及金融科技的升级迭代,全球各国之间的经济联系变得更加紧密,每时每刻都在发生频繁的贸易以及源源不断的跨境资本流动,且规模还在逐渐增大。美元一直占据第一国际货币的地位,而美国作为全球经济的主导者,其经济政策以及金融环境的变化必然会给其他国家带来不同的影响。美国在世界经济中的超级影响力,使得其每一次货币政策或财政政策的变化都会引起其他国家的广泛关注。

一、研究背景

2008 年美国次贷危机引发了全球金融海啸,为了提振本国经济,美国采取了降息的货币宽松政策,在 2008 年 12 月 16 日最后一次降息之后,联邦基金利率一直保持在 0%～0.25%的极低水平。2015 年上半年,为了保证美联储的货币政策弹性以及美元的国际货币地位,美联储明确声明在年内可能采取加息政策的意图,此举引起其他国家的广泛关注,纷纷上调对美联储加息的预期。终于,在 2015 年 12 月美联储开始了近十年来第一次加息,将联邦基金利率提高 0.25 个百分点,达到 0.25%～0.5%的区间水平。此后,美联储加快加息步伐,在随后的三年时间里共加息 8 次,每次加息 0.25 个百分点,在 2018 年 12 月将联邦基金利率提高到 2.5%,如图 5-1 所示。

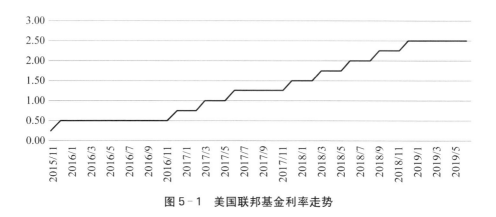

图 5‑1   美国联邦基金利率走势

由于美国在全球经济中的强大影响力以及美元在国际货币体系中的主导地位,美国的加息政策在造成美元升值的同时,也会给其他国家的金融市场带来冲击。新兴市场国家的金融发展较晚,金融体系不够完善,更容易受到发达国家经济政策的冲击,在美国采取宽松政策降息时,新兴市场国家会面临本币升值的压力而削弱其出口商品的海外竞争力。当美国采取加息政策造成美元升值时,投资者会增加对美元的需求,或者抛售外国资产购买美国的无风险债券,从而导致大量国际资本回流,使得新兴市场国家的货币和资产大幅贬值。

以土耳其和巴西为例,两国 2010—2020 年期间的汇率变动趋势如图 5‑2 所示,垂直线代表 2015 年第 4 季度,可以明显看出,在美联储采取加息政策后土耳其的汇率持续上升,而巴西的汇率先下降后上升,两国汇率的上升幅度都很大,说明两国货币均遭遇较大幅度的贬值。新兴市场国家货币贬值进一步导致本国以美元计价的外国债务融资成本提高,随着债务危机的迫近,新兴市场国家的决策者不得不收紧货币政策,提高国内利率以遏制资本外流。所以,初步判断美联储的货币紧缩政策会引起新兴市场的金融动荡,存在明显的溢出效应,使得新兴市场国家的货币遭遇贬值以及国内的利率水平上升。

为了验证这一观点,本书采用面板向量自回归(Panel Data Vector Autoregression,PVAR)模型研究美联储货币紧缩政策对新兴市场金融溢出

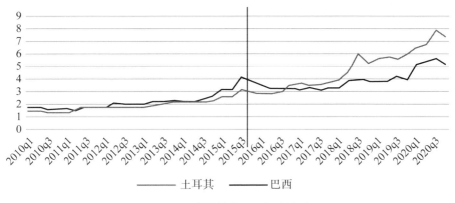

图5-2　土耳其和巴西汇率变动

效应,找出这些现象背后的联系。

二、模型设定

以下采用面板向量自回归(PVAR)模型研究美联储货币紧缩政策对新兴市场的溢出效应。面板向量自回归(PVAR)模型最早由 Holtz-Eakin, et al.(1988)提出,该模型沿袭了向量自回归(Vector Autoregression,VAR)模型的特点,即无需考虑变量之间的因果关系,而是将各个变量都视为内生变量,分析各个变量及其滞后变量对模型中其他变量的影响。PVAR 模型的优点是不仅考虑到每个个体的差异,也能很好地解决变量的内生性问题,建立的 PVAR 模型如下:

$$Y_{i,t} = a_0 + \sum_{j=1}^{k} a_j Y_{i,t-j} + \beta_i + \mu_i + \varepsilon_{i,t}$$
$$(i = 1, 2, \cdots, N; t = 1, 2, \cdots, N) \tag{5-1}$$

其中,Y 是包含美国联邦基金利率,各国汇率及各国基准利率的列变量;i 表示第 i 个经济体,t 表示第 t 期;a_0 表示截距项;j 为滞后阶数,a_j 表示滞后 j 阶的参数矩阵;β_i、μ_i 分别表示个体效应和时间效应;$\varepsilon_{i,t}$ 为随机扰动项。

三、变量选取及数据来源

根据相关数据的可得性,选取 5 个受美国货币政策影响较大的国家,代表新兴市场国家样本,具体包括印度、巴西、土耳其、南非、墨西哥,选取的数据为季度数据,样本区间为 2010 年第一季度到 2020 年第四季度,涵盖了美联储第六轮加息周期,其间美联储从 2015 年 12 月加息开始到 2018 年 12 月加息结束,前后共进行了 9 次加息。选取美国联邦基金利率(记为 AIR)的变动代表美联储的货币政策举措,若利率持续上升则说明美联储采取紧缩性货币政策。选取 5 个国家各自的本国汇率(记为 CR)和基准利率(记为 IR)的变动来衡量美联储货币紧缩政策对新兴市场金融溢出效应,其中各个国家的本国汇率均为直接标价法,即以 1 美元为基准,折合成若干单位的本国货币,若一国汇率上升,则说明 1 美元可以兑换更多的本国货币,本国货币遭遇贬值;对于有基准利率的国家,选取该国的基准利率作为代表性利率,没有基准利率的国家则选取该国的货币市场利率作为代表性利率。三个变量的数据均来自 wind 金融终端。同时,由于部分变量的数据较大,为了减小变量的绝对数值,缩小方差让数据更平稳,对三个变量的数据均作了对数处理,变量的名称及含义,如表 5-1 所示。

表 5-1　变量名称及含义

变量名称	变量含义
$\ln AIR$	美国联邦基金利率取对数
$\ln CR$	各国汇率取对数
$\ln IR$	各国基准利率取对数

四、实证结果与分析

(一) 平稳性检验

在进行 PVAR 模型分析之前,需对各个研究变量的数据进行平稳性检验:对于各国汇率的对数($\ln CR$)以及各国利率的对数($\ln IR$),采取 IPS 检验以及 LLC 检验的方法进行单位根检验;对于时间序列数据美国联邦基金利率的对数($\ln AIR$),采取 ADF 检验的方法进行单位根检验,检验过程均由

stata15.1 完成。相关检验结果如表 5 - 2 所示,可以看出部分变量取对数之后仍然不够显著,说明数据不平稳,因此,三个变量均进行一阶差分处理,差分后的变量(dln CR、dln IR、dln AIR)均在 1% 的显著性水平下显著,说明三个变量在经过差分后均通过平稳性检验,同时也表明各个变量均符合一阶单整序列 I(1) 的条件,因此,对三个变量进行协整检验。

表 5 - 2　各个经济变量单位根检验结果

变量	检验方法	统计量
$\ln CR$	LLC 检验	-1.7694^{**} (0.0384)
$\ln CR$	IPS 检验	-0.4138 (0.3395)
$\text{dln} CR$	LLC 检验	-14.7450^{***} (0.0000)
$\text{dln} CR$	IPS 检验	-15.3190^{***} (0.0000)
$\ln IR$	LLC 检验	-1.1490 (0.1253)
$\ln IR$	IPS 检验	-1.4951^{*} (0.0674)
$\text{dln} IR$	LLC 检验	-8.1056^{***} (0.0000)
$\text{dln} IR$	IPS 检验	-7.9966^{***} (0.0000)
$\ln AIR$	ADF 检验	-1.405 (0.5798)
$\text{dln} AIR$	ADF 检验	-3.892^{***} (0.0021)

注:* 表示在 10% 显著性水平下显著,** 表示在 5% 显著性水平下显著,*** 表示在 1% 显著性水平下显著

(二) 协整检验

为了防止回归方程所描述的因果关系出现伪回归的现象,需对变量序列进行协整检验。协整检验的目的是判断一组非平稳序列的线性组合是否具有稳定的均衡关系,协整检验的前提是各变量均需为同阶单整序列。在前文

的平稳性检验中得出三个变量均满足同阶单整的条件,故在此采用 Westerlund 检验对数据进行协整检验。Westerlund 检验使用一种特别的方差检验(Variance Ratio Test),其原假设为变量间不存在协整关系,若检验结果拒绝原假设,则说明变量间存在协整关系。以下给出了 Westerlund 检验的结果,表明 Westerlund 检验结果在 1% 的显著性水平下拒绝原假设,即变量间存在协整关系,表明各个变量之间存在长期均衡关系,能够建立 PVAR 模型对面板数据进行分析,如表 5-3 所示。

表 5-3　各个经济变量间协整检验结果

变量	Westerlund - VR
$\ln AIR$ $\ln IR$ $\ln CR$	3.520 6*** (0.000 2)

(三) PVAR 模型最优滞后阶数确定

在进行 PVAR 模型分析之前,需要确定模型的最优滞后阶数,在此采用连玉君的 PVAR2 程序包对数据进行 1 至 8 阶估计,根据 AIC、BIC、HQIC 准则,带 * 则为对应准则的最优滞后阶数,三个准则均确定模型的最优滞后阶数为 4 阶,如表 5-4 所示。

表 5-4　PVAR 模型最优滞后阶数选择

lag	AIC	BIC	HQIC
1	−1.931 01	−1.552 86	−1.778 85
2	−1.869 03	−1.356 06	−1.662 48
3	−1.892 58	−1.239 96	−1.629 62
4	−2.533 887*	−1.736 49*	−2.212 36*
5	−2.491 8	−1.544 22	−2.109 48
6	−2.299 01	−1.195 44	−1.853 45
7	−1.658 89	−0.393 16	−1.147 53
8	2.279 81	3.714 29	2.859 72

(四) 格兰杰因果检验

格兰杰因果关系检验为克莱夫·格兰杰(Clive W. J. Granger)开创,用于分析经济变量之间的格兰杰因果关系。两个经济变量 X、Y 之间的格兰杰因果关系定义为:若在包含了变量 X、Y 的过去信息条件下,对变量 Y 的预测效果要优于只单独由 Y 的过去信息对 Y 进行的预测效果,即变量 X 有助于解释变量 Y 的将来变化,则认为变量 X 是引致变量 Y 的格兰杰原因,说明变量 X 可引起变量 Y 的变动。以下对变量进行格兰杰因果检验,可以看出,第一行的原假设为美国联邦基金利率变动不是各国汇率的格兰杰原因,对应的统计量为 10.674,p 值为 0.030,说明可以在 5% 的显著性水平下拒绝原假设,认为美国联邦基金利率是新兴市场国家汇率的格兰杰原因;第二行原假设为美国联邦基金利率变动不是各国基准利率的格兰杰原因,对应的统计量为 10.256,p 值为 0.036,可以在 5% 的显著性水平下拒绝原假设,认为美国联邦基金利率是新兴市场国家基准利率的格兰杰原因。即根据格兰杰因果分析可以初步得出,美联储货币紧缩政策对新兴市场国家的利率和汇率均有明显影响,如表 5-5 所示。

表 5-5　各经济变量数据格兰杰因果检验结果

Equation	Excluded	chi2	Prob>chi2
$h\ln CR$	$h\_\ln AIR$	10.674	0.030**
$h\ln IR$	$h\_\ln AIR$	10.256	0.036**

注:＊表示在 10% 显著性水平下显著,＊＊表示在 5% 显著性水平下显著,＊＊＊表示在 1% 显著性水平下显著

(五) 对 PVAR 模型进行 GMM 系数估计以及脉冲响应分析

在完成面板数据的平稳性检验、变量间的协整检验、滞后阶数的确定、格兰杰因果关系检验之后,对 PVAR 模型进行 GMM 系数估计,整个估计过程由 stata15.1 软件实现,可以看出 GMM 估计得出的相关系数估计值以及具体统计量,其中 L、$L2$、$L3$、$L4$ 分别表示滞后一阶至四阶。由此可以得出美联储货币紧缩政策对新兴市场国家产生影响的一些证据,滞后三阶的美国联邦

基金利率对各国汇率的影响在 1% 的水平下显著为正;滞后一阶的美国联邦基金利率对各国基准利率在 1% 的水平下显著为正,滞后二阶的联邦基金利率影响在 10% 的水平下显著为负。在某种程度上,GMM 系数估计得出的结论与格兰杰因果检验结论一致,如表 5-6 所示。

表 5-6　PVAR 模型的 GMM 估计结果

冲击变量	响应变量	
	$h\_\ln CR$	$h\_\mathrm{Ln}IR$
$L.h\_\ln AIR$	-0.0007479 (-0.940)	0.0524203^{***} (0.010)
$L2.h\_\ln AIR$	-0.01228 (0.250)	-0.037652^{*} (-0.069)
$L3.h\_\ln AIR$	0.0254424^{***} (0.005)	-0.0180192 (0.352)
$L4.h\_\ln AIR$	-0.0043972 (0.507)	0.0031214 (0.813)

注:* 表示在 10% 显著性水平下显著,** 表示在 5% 显著性水平下显著,*** 表示在 1% 显著性水平下显著

　　为了研究美国联邦基金利率对新兴市场国家的金融影响程度,以下利用脉冲响应分析的结果进行分析和讨论。脉冲响应分析即通过脉冲响应函数来进行分析,研究在对随机扰动项给予 1 单位标准差的冲击时,模型系统变量之间发生的变化及其动态交互作用与影响。脉冲响应函数是用来衡量当受到外部冲击时模型系统内各个变量之间动态交互作用的一种数学模型,可以刻画对模型系统当期值的效应作用,也能够预测对模型系统未来值的影响。本节使用 stata15.1 以蒙特卡洛模拟仿真 200 次作出脉冲响应函数,如图 5-3 所示。左图表示 $\ln CR$ 对 $\ln AIR$ 冲击的响应,右图表示 $\ln IR$ 对 $\ln AIR$ 冲击的响应,中间曲线表示变量响应的曲线,上下两根曲线分别表示 5%～95% 的置信区间。

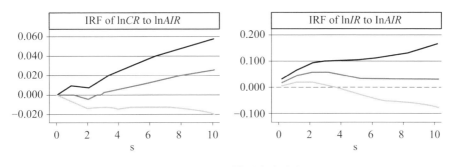

图 5 - 3　PVAR 模型脉冲响应

由左图可知,给予美国联邦基金利率 1 个标准差大小的冲击,新兴市场国家汇率的响应在第 2 期为负,随后 2 至 10 期内为正,说明美国联邦基金利率上调对新兴市场国家汇率在短期内影响为负,随后转为正向影响,即在较长期间内,美联储的加息政策会引起新兴市场国家货币汇率上升,导致该国货币贬值。由右图可知,给予美国联邦基金利率 1 个标准差大小的冲击,新兴市场国家利率的响应在 1 至 10 期内均为正,说明美国联邦基金利率的上调对新兴市场国家的利率有正向影响,即美联储采取紧缩性货币政策会使得其他新兴市场国家不得不提升自身的利率水平,以遏制本国的资本外流。

(六) 方差分解

方差分解是向量自回归模型中研究各变量的冲击对所有内生变量预测误差贡献的方法。在脉冲响应函数的基础上进行方差分解分析,方差分解结果可以反映模型中对内生变量产生冲击随机扰动的相对重要性,进一步分析模型中每个结构变量对其他变量变化的相对贡献。以下运用方差分解考察美联储紧缩性货币政策对新兴市场国家汇率变动及利率变动的贡献程度与解释能力。

以下给出了 $\ln AIR$ 对其余两个变量的方差分解结果,如表 5 - 7 所示,$\ln AIR$ 对 $\ln CR$ 的贡献度从第一期的 0.131 下降到第 15 期的 0.013,说明 $\ln AIR$ 对 $\ln CR$ 的贡献程度随着预测期后推而逐渐下降,即 $\ln AIR$ 对 $\ln CR$ 的解释力逐渐减弱,分析得出短期内美国联邦基金利率的上升对新兴市场国家货币汇率影响比较明显,随着时间的推移,影响逐渐减弱;$\ln AIR$ 对 $\ln IR$ 的

表 5-7　方差分解结果

期数	$\ln AIR - \ln CR$	$\ln AIR - \ln IR$
1	0.131	0.000
3	0.054	0.002
5	0.031	0.003
7	0.022	0.002
9	0.018	0.002
11	0.016	0.002
13	0.014	0.001
15	0.013	0.001

贡献程度随着预测期的后推先上升后下降,具体来看,在前 5 期 $\ln AIR$ 对 $\ln IR$ 的贡献度从 0.000 上升到 0.003,在第 5 期后数值开始下降直至第 15 期 的 0.001,说明在短期内,美国联邦基金利率的上升对新兴市场国家基准利率 的影响程度逐渐上升,在第 5 期后转为逐渐下降。从以上结果可得,美联储货 币紧缩政策对新兴市场国家金融市场存在溢出效应并持续影响,但随着时间 的推移,影响逐渐减弱。

五、研究结论

为了研究美联储紧缩性货币政策对新兴市场金融溢出效应,对六个新兴 市场经济体 2010—2020 年的面板数据进行 PVAR 模型估计。结合上述实证 分析可以得出,在 2015 年 11 月开始的第六轮加息周期期间,美联储的货币紧 缩政策对新兴市场金融市场存在溢出效应,美联储提升联邦基金利率,会引 起其他新兴市场国家本国货币的贬值以及基准利率的上升,且影响的持续时 间较长。这充分反映了美国经济与新兴市场国家经济之间具有紧密的关联 性,美联储紧缩性货币政策会使美元更加具有吸引力,引起其他市场资金向 本国金融市场聚集,使得美元升值,加速新兴市场国家货币贬值。新兴市场 国家面临资本外流以及国内较大的通胀压力,不得不紧跟美国的加息步伐,上调本国的基准利率,以遏制资本外流以及本国的通胀水平。

第三节　美国贸易保护主义抬头与中美博弈

一、美国贸易政策的外溢负效应

美国作为当今世界最发达的国家,依靠自身强大的经济实力,在世界贸易体系中一直都是处于领先地位,对世界贸易经济的发展发挥着无可代替的作用。美国长时间以来都致力于多边贸易发展,对世界贸易的推动作用是非常显著的,进而也带动了相关地区的经济发展。在当今全球化趋势快速发展的时代,美国作为世界贸易体系中的龙头,理应带头实行更加开放公平合作的贸易政策,然而为了维护自己的经济利益,美国企图依靠自己在世界经济贸易中的独特地位,对其他国家和地区实行贸易保护主义政策及关税壁垒的势头越来越盛。

尽管美国表面上对外宣扬自己一直采取保护主义和自由主义相结合的政策,但总体来看,这些政策具有严重的贸易保护主义的内在倾向。为了完全维护自己国家的利益,美国实行这些贸易保护政策有着长远的历史渊源。从 1776 年到 19 世纪 20 年代,美国作为一个新兴的发展中国家,采取全面的贸易保护主义政策来积累初始资本,加强资本主义经济体系。在成为世界强国后,美国仍利用贸易保护主义政策推动垄断资本主义的形成。从南北战争到第一次世界大战,美国在工业高速发展并在成为世界强国之后,仍继续采取贸易保护主义政策。

在 20 世纪 30 年代的经济危机中,美国率先采取邻国贸易保护主义来应对危机,严重减缓了世界经济复苏。受社会财富高度集中和投资机会减少的影响,美国股市于 1929 年 10 月暴跌,从 1929 年到 1933 年迎来了大萧条。美国国会于 1930 年通过的《斯穆特-霍利关税法》将美国平均关税大幅提高到 59% 的高位,引发了贸易保护主义,而其他最初相信自由贸易的国家只能被动地受到监控，以使用报复性关税。时任美国总统胡佛认为，关税法案是美国的国内问题，旨在通过保护其工业来降低失业率，从而去改善美国的经济。然而，从1929年到1934年底，全球贸易下降了三分之二。第二次世界大战后，为了自身的经济利益，美国开始推进多边贸易自由化，但仍以贸易保护主义为重要政策工具。美国的行为破坏了全球贸易规则，严重损害了其他贸易伙伴的利益，减缓了世界经济复苏。

冷战后，特别是全球金融危机之后，美国贸易保护主义重新登上舞台。特别是致力于贸易保护主义的特朗普总统在2016年上台后，公开宣扬贸易保护主义，掀起了一股反经济全球化的浪潮。第一，挑战全球多边贸易体制，随意修改或退出多边贸易协定。以世贸组织为代表的多边贸易体制是自由贸易发展的必然结果，是对自由贸易的重要系统性支撑。特朗普一再表示，WTO规则损害了美国的利益，美国将无视WTO等国际组织，采取单边行动。此外，特朗普政府于2017年1月23日正式宣布退出跨太平洋伙伴关系协定（TPP），并于8月重启北美自由贸易协定（NAFTA）谈判。第二，大幅提高进口商品关税，限制进口。美国作为贸易保护主义的主要参与者，设置关税壁垒一直是美国保护国内产业的惯用手段。2018年3月8日，特朗普政府决定分别对进口钢铁征收25％的关税，对铝产品征收10％的关税，从而达到控制威胁国家安全的进口钢铁和铝产品的目的。第三，降低个人和企业所得税，提高企业竞争力，刺激经济增长。截至2017年12月2日，美国参议院和众议院已通过《减税和就业法案》，作为自1986年以来最大规模的减税，此次法案使得美国企业所得税税率从以往的35％降至20％，个人所得税税率从7档降至4档，大多数家庭能够获得不同程度的税额减免。在提高本国消费需求的同时，美国大幅度减税造成本土产品价格降低，对他国进口产品造成巨大冲击，给贸易伙伴带来了切肤之痛。

出于所谓中国经济造成的威胁，中国亦难逃美国的"特别关注"，2017年8月，美国发起对华的"301条款"调查，至此也导致中美贸易摩擦爆发。虽然中美两国已经就经贸问题进行了多达13轮高层磋商，但仍远未达成协议。具体来说，2019年5月10日，美国威胁要对2000亿美元的中国商品征收关税，由

10%提高到25%,让很多人意识到美国的无赖态度。这种公然的贸易保护主义在美国新一任领导人拜登上任之后越演越烈,拜登延续了特朗普时期的贸易保护主义政策。2022年3月4日,拜登在白宫宣布,美国政府正式发布新规定,将美国生产的零部件比例从目前的55%提高到75%。根据白宫的声明,美国将逐步增加分阶段购买美国制造零件的份额,到2022年达到60%;到2024年和2029年,这一比例将分别提高到65%和75%。这一政策必然会损害其他国家的利益,特别是一些对美国有贸易顺差的国家和地区。

事出必有因,美国实施贸易保护主义和对外贸易战的原因有许多国际政治和战略考虑,但国内的经济状况无疑是最直接和最重要的因素。美国贸易保护主义兴起主要有以下三个经济原因。

(一)美国外贸长期出现逆差

2011—2020年,美国对贸易的依赖度长期居高不下,外贸对美国经济的贡献仍然很大,贸易总额一直保持在GDP的30%左右。然而,巨额贸易逆差已成为贸易保护主义的直接驱动因素,尤其是在对中国的贸易逆差一直占总逆差一半左右的情况下。美国贸易逆差对GDP的影响波动总体上一直徘徊在3%左右。以2017年为例,美国GDP为20.5万亿美元,而贸易逆差达到8405亿美元,占GDP的4.1%,位居世界首位,如表5-8所示。

表5-8　美国进出口额数据

年份 比重	2011年	2012年	2013年	2014年	2015年	2016年	2017年	2018年	2019年	2020年
进口额占GDP百分比(%)	17.3	17.1	16.6	16.6	15.4	14.7	12.0	12.4	11.9	11.5
出口额占GDP百分比(%)	13.6	13.6	13.6	13.7	12.5	11.9	7.9	8.1	7.8	6.8
贸易逆差占GDP百分比(%)	3.7	3.5	3.0	2.9	2.9	2.8	4.1	4.3	4.1	4.7
贸易总额占GDP百分比(%)	30.9	30.7	30.2	30.3	27.9	26.6	29.9	30.5	29.7	28.3

资料来源:世界银行官网、美国商务部

虽然贸易逆差在一定程度上不等于贸易利差，贸易逆差在一定时期内有利于国家减少短期贸易纠纷，稳定长期贸易增长，但过高的长期贸易逆差是一件非常危险的事情，这意味着国内经济增长相比其他国家更依赖外贸和外需，即对外贸、外需的弹性较为刚性，这会降低该国政府对本国经济的控制力。例如，当原材料价格上涨时，相比其他顺差国，该国更容易受到供给端的冲击而形成输入性通胀。此外，巨额的贸易逆差还会加剧国内资源的流动，可能导致外债累积，进一步影响国民经济的健康运行。鉴于这些负面影响，为了缓解长期以来高企的贸易逆差，美国选择了并不明智的策略，即强行与其他国家展开贸易战，试图通过施压和对抗的方式来解决贸易不平衡问题。然而，这种做法可能带来更加复杂和长远的经济后果。

（二）美国外贸优势地位日益丧失

随着世界新兴经济体的崛起，美国绝对经济主导地位正在下降，外贸优势日益丧失。2008 年经济危机的爆发严重影响了世界经济，加剧了美国经济衰退。在 2010—2020 年期间，美国 GDP 平均增长率为 2.274%，低于2.845% 的世界平均水平，远低于中国 7.695% 的年均增长率。长期的经济增速低下，致使美国在全球贸易体系中的地位逐渐下降，这意味着美国难以随意地影响世界贸易规则，不能轻易从外贸中获益。

此外，美国占主导地位的产业受到重创，外贸的比较优势丧失。长期以来，美国在国际分工中占据着重要地位，主要通过向发展中国家转移劳动密集型产业来发展资本和技术密集型产业。然而，以中国为代表的发展中国家逐渐建立了完整的产业体系，积累了强大的资本和投资，通过引进、模仿和创新，让高科技产业在世界上占有一席之地。2018 年 3 月，美国以知识产权保护的名义对来自中国的 1 333 件商品征收 25% 的关税，这折射出美国的优势产业正面临严峻挑战，不再处于绝对垄断的地位。

（三）美国经济失衡引发国内社会矛盾突出

国外工业体系的问题使美国的工业空心化问题日益突出，在社会上产生了连锁反应，大量工人被裁员，同时，华尔街和硅谷的商业精英集中了越来越多的财富,阶级之间、行业之间、种族之间的贫富差距越来越大。因此,美国的贸易保护主义不仅有着悠久的历史根源,而且更是对当前国内经济、政治和社会问题的深刻反思。其核心含义是通过提高关税和加强贸易壁垒来封锁市场,但在实践中,这种做法并没有让美国实现"生产流动"和增加就业。同时,美国贸易保护主义的复苏却实实在在地损害了与其贸易往来国家的利益,违背了经济全球化趋势,危害了区域与双边贸易体系,严重阻碍了全球多边贸易体系的形成。这种行为无疑会引起其贸易伙伴国的强烈不满和反对,势必进一步降低对美国全球经济领导地位的支持力。

二、特朗普时期美国的贸易政策及其经济影响

唐纳德·特朗普上台成为美国总统以来,所推行的一系列新政无不体现着美国在高举逆全球化的大旗,特朗普以"美国优先"的理念领导美国发展,以及弃盟友的利益于不顾,实施带着鲜明的孤立主义色彩的种种措施,发展单边主义、保护主义,无一不是在开历史的倒车,使世界出现混乱和动荡,对现有的国际秩序和国际体系造成毁灭性打击,以至于人们产生疑问:是否应该继续让美国带领世界发展? 美国是否还愿意继续带领世界发展?

2017 年 1 月 20 日,特朗普正式就职美国总统。在特朗普上任以来的短短数月时间里,他便快速地连续出台多项重要举措,调整美国的对外政策与策略,不仅颠覆了美国上百年来的外交传统,还给世界造成极大的影响和动荡,引发世界各国不满。自特朗普上台以后,奥巴马颁布的《跨太平洋伙伴关系协定》(TPP)就被其勒令宣布终止,特朗普认为该协定严重损害了美国的利益;之后特朗普宣布美国退出《巴黎协定》和《移民问题全球契约》的制定进程,退出"伊朗核协议""中导条约"以及"开放天空条约",同时还退出了联合国人权理事会、世界邮政联盟和世界卫生组织等组织;特朗普宣布要在美国和墨西哥的边境地区修建隔离墙,以防止拉美的非法移民进入美国境内,并且还要求墨西哥政府对此负责"买单";特朗普先后还发布了两个有关禁止部分中东国家居民进入美国境内的行政命令;特朗普还曾与澳大利亚总理就分摊难民问题进行讨论并发生了争吵;特朗普多次批评中国、日本和德国等国

家存在操纵汇率，希望以此来获得对美国贸易优势的行为。特朗普向WTO提交了一份指责日本在农产品等方面所作出的保护不公平政策的文件，还批评北约已经落伍，不适合这个时代，并且一再要求北约的同盟国增加各自的军费支出以表示承担各自的责任。特朗普还提交了新的财政预算计划，要求增加本国的军费支出，同时要大规模裁减美国在外交、环保、医疗、文化各个方面的支出，以及减少对联合国的资助、国际发展援助等方面的费用支出。

特朗普上台后声称的"让美国再次伟大"，高举"美国利益至上""美国优先"的鲜明旗帜进而实施的一系列举措，无不体现着特朗普在推卸美国自身在国际上的国际责任，大搞单边主义、保护主义。从往日寻求全球扩张的战略收缩转向至重视本土的战略，政策聚焦美国经济复苏和军事实力提升两个方面，降低维护国际自由秩序的成本。美国在外交中只看重利益，而忽视承诺，用所谓"交易外交"取代"价值观外交"，要求别国盟友服从美国的安全和发展利益诉求，打击盟友"搭便车"行为，要求盟友承担军费开支，重新矫正美国与盟友的伙伴合作关系。同时，还用"退群外交"取代"全球治理外交"，以求能够最大限度降低自身的国际责任，将美国从全球公共产品的"供给者"变成"搭便车的人"。

特朗普政府的政策冲击显著削弱了美国自第二次世界大战以来在国际秩序构建、冷战后国际体系主导以及全球金融危机后全球治理领导者的地位。这一趋势导致美国的盟友体系出现裂痕，显示出美国全球经济领导权正在逐渐削弱，同时也反映出美国在全球经济中发挥领导作用的意愿和能力正在下降。这一变化标志着美国在全球经济中的影响力正面临重大挑战。包括美国盟友在内的国际社会，都对特朗普领导下的美国外交产生愤怒与不满的情绪。受到美国对国际秩序态度转变的影响，西方国家纷纷调整自身的发展战略，使得大国间的竞争态势明显增强，国家间的对抗风险也日益凸显，同时大国提供全球公共产品的意愿不断降低，使得全球治理真空和全球治理赤字不断在加剧。

三、拜登时期美国的贸易政策及其经济影响

拜登上任以来,在强化美国在全球领导地位的各个方面做得比特朗普更加老道。在拜登执政时期,其政府曾召开"全球民主峰会",同时还进一步强化美国与全球的联系,特别是美国与所谓"印太地区"盟国的关系,并且在经济贸易领域的规则制定方面采取了一系列行动,展现出美国希望继续领导全球经济发展的强烈意愿。

在与国际社会长期打交道的过程中,美国已经建立起有利于自身推动国际事务议程的地区及全球机制。同时美国在北大西洋公约组织中扮演着重要的领导角色,而该组织仍一直在欧洲有效运作。曾经由美国建立的亚太地区联盟体系也得以维持,同时还正在不断得到更新和强化,以及美国在联合国、IMF、世界银行以及 WTO 等国际组织或机制中的主导能力以及意愿仍然是远超其他国家的。最后值得一提的是,美国一直在尝试希望领导各个领域的全球规则制定或重构。

对美国而言,维持自身在第二次世界大战以后所塑造出来、由美国主导的全球经济、政治与安全秩序,维护美国的全球经济领导权以及美国在全球范围内的领导地位是美国当前最大的利益。特朗普曾在 2017 年发布一份"美国国家安全战略",其中提到当今世界竞争激烈,美国必须保护四项重要的国家利益,而其中一项便是"提升美国的影响力"。与此同时,美国还显著加强了与"印太"地区条约盟国的关系,成功激活并强化了美日印澳"四国安全合作机制",在"印太"地区加强了军事部署和存在。此外,美国还积极努力推动经贸规则的制定和塑造。这些举措均反映出美国致力于恢复并巩固其全球领导地位,重掌全球经济领导权的坚定意愿。

四、中美博弈模型构建与结果分析

此前中美之间的贸易冲突,掩盖了中美之间更加根本和重要的一个问题:对全球经济领导权的竞争。从中美之间的关系来看,全球经济秩序可能会存在"修昔底德陷阱",中国自改革开放以来发展迅速,不断增强的经济实

力让美国感到了不安和威胁。虽然在特朗普总统领导时期美国在全球经济领导权意愿上有放松迹象,但美国没有出现绝对衰落,甚至没有出现相对衰落,美国在政治军事和经济板块仍然占据着主导地位,美国经济的增长速度仍处于一个比较快的阶段,美国的军事优势也依然是压倒性的,因此,美国全球经济领导潜力的任何恶化,很大一部分都来源于意愿的下降。但美国是否心甘情愿放弃全球经济领导权,退居二线,接受中国的崛起呢? 还是说美国会希望抑制中国发展,参与到与中国的全球经济领导权争夺中,进而维护自身在世界的领导地位呢? 而中国又是否愿意将日益增长的能力和明显的意愿转化为有效和可接受的领导态势,成为全球经济的领导者呢? 基于此,我们产生了第二种猜想:中美之间会陷入全球经济领导权的长期争夺,但其中有一方会从争夺中胜出,由此产生一个领导世界的领导者。以下我们将利用动态演化博弈模型,对中美之间全球经济领导权的竞争过程进行动态演化。

(一) 博弈模型设定与数据说明

中美之间发生的贸易冲突、"信息战"与"科技战"不过只是中美博弈的表面现象,其直接本质其实是世界当今霸权国美国与新兴崛起国中国之间的争斗,美国为了维护自身对世界经济体系的统治地位而遏制打压正在崛起的新兴大国,同时这也是中美两国综合国力发生变化而导致的全球经济领导权之争。从历史的长河中观察国际关系的发展脉络,我们不难发现一个显著的规律:世界霸权国与新兴崛起大国之间的关系往往呈现出难以相容的态势。崛起国自然成为霸权国领导地位的有力挑战者,因此,新兴崛起国往往面临来自世界霸权国无情的遏制和打压。这不仅是国际关系发展史上的常态,也是美国作为国家的核心发展战略之一。

美国在第二次世界大战后迅速崛起,确立了其在国际体系中的霸主地位,领导着全球秩序。自此之后,美国便通过一系列的手段和政策,不遗余力地遏制和打压那些崭露头角或具有潜在崛起威胁的国家。历史上,英国、日本和苏联都曾成为美国打压的对象。对于这些可能威胁到其全球霸主地位的国家,美国不仅试图遏制其成长与发展,更可能伺机将其彻底消除。值得注意的是,美国对英国和日本的打压主要缘于资本主义体系内部的矛盾,其手段主要集中在经济领域。然而,当美国面对中国这样的新兴崛起国时,其打压策略则具有双重性质。一方面,这是作为世界霸权国对新兴崛起国的打压;另一方面,这也反映了资本主义制度对社会主义制度的打压。因此,除了经济方面的遏制和打压,美国还可能在政治和军事领域对中国采取更加严厉的手段。

因此,如若"老大"和"老二"的全球经济领导权争端是在同一社会制度内发生的,"老大"最多只是把"老二"打伤罢了;而如果全球经济领导权争端是在不同的社会制度内发生的,那么资本主义国家必然会希望把社会主义国家消灭掉,然后进行吞并,为己所用。苏联解体就是一个最好的例证,而在苏联之后,美国对中国的打压自然是势在必行。同时,此前美国政府在特朗普上台后实施的一系列"保护主义""逆经济全球化"的单边主义政策,引发了各国政府的不满,使各国经济发展受阻。因此,倘若美国捍卫全球经济领导权,可能会给全球的国际秩序带来负面的溢出影响,使得大国间的竞争态势增强,国家间对抗风险日益凸显,同时使全球治理真空和全球治理赤字不断加剧。

而中国走的是一条和平发展的道路,完全通过市场交易来发展经济。中国如今已经发展起来,有能力给其他国家带来更多的好处。中国是世界第一大贸易国,而贸易总是双赢的,与中国开展贸易的国家都能获得不少经济利益,因此,假如中国能夺得全球经济领导权,那么中国与世界各国的经济往来就能给全球各国的经济发展带来正向的溢出效应。中国的发展就不仅是惠及中国人民,更是为全球人民的福祉作出贡献,中国发展越快、体量越大,对世界人民的福祉贡献就越大。

以下通过建立全球经济领导权主体博弈模型,开展中美两国对于全球经济领导权争夺的博弈研究。在全球经济领导权竞争的过程中,主要有两个参与者——中国和美国,中国和美国的策略空间都为"参与竞争、不参与竞争",故中国的策略空间为 $A = \{A11\,竞争, A12\,不竞争\}$,美国的策略空间为 $B = \{B21\,竞争, B22\,不竞争\}$。为方便进行研究,故作出以下假设条件。

假设 1　在不考虑其他约束条件的环境中,将中国和美国构造为一个完整的系统,该系统内的双方都是有限理性个体,且都具有学习能力,有自己的行为选择和能力,都追求自身效益的最大化。

假设 2 从中国的角度分析,以 x 表示中国参与竞争全球经济领导权的意愿,即中国参与竞争的概率,且 $x \in [0,1]$,为时间 t 的函数,x^* 表示演化稳定策略(ESS)下中国选择竞争的意愿。中国夺得全球经济领导权时从世界体系处获得的得益为 P,从竞争对手处获得的得益为 a,需要付出的成本为 C_1。由于国际秩序中存在"修昔底德陷阱",中国在与美国争夺全球经济领导权的过程中会遭受来自美国的打击,主要有经济、政治、科技三个方面,所造成的损失假设为 W。

假设 3 从美国的角度分析,以 y 表示美国参与竞争全球经济领导权的意愿,即美国参与竞争的概率,且 $y \in [0,1]$,为时间 t 的函数,y^* 表示 ESS 下美国选择竞争的概率或意愿。美国夺得全球经济领导权时从世界体系处获得的得益为 Q,从竞争对手处获得的得益为 a,为此需要付出的成本为 C_2,同时打压中国可获得额外的收益 S。

假设 4 由于美国的保护主义与逆经济全球化,假如由美国捍卫了全球经济领导权,继续担任全球经济领导者,给全球经济秩序带来溢出的外部负效用,而中国承受的部分设为 F。而中国一直以来秉持"共商、共建、共享"的全球治理观,如若由中国掌握全球经济领导权,给全球经济秩序带来溢出的外部正效用,美国获益部分设为 V。

基本符号说明如表 5-9 所示,为了符合一般性,假设以上各参数均大于零。

表 5-9　基本符号表

变量符号	变量名称	变量解释
x	中国参与意愿	中国参与全球经济领导权竞争的意愿,即参与的概率
C_1	中国参与领导权竞争的成本	中国参与全球经济领导权竞争所需要付出的总成本
W	打击损失	中国被美国打击所造成的损失

（续表）

变量符号	变量名称	变量解释
P	中国夺得全球经济领导权的得益	中国夺得全球经济领导权从国际体系中所能获得的得益
y	美国参与意愿	美国参与全球经济领导权竞争的意愿，即参与的概率
C_2	美国参与领导权竞争的成本	美国参与全球经济领导权竞争所需要付出的总成本
S	打击收益	美国打击中国所获得的收益
Q	美国捍卫全球经济领导权的收益	美国捍卫全球经济领导权从国际体系中所能获得的收益
a	从竞争对手处得到的收益	其中一国夺得全球经济领导权从竞争对手处所能获得的收益
F	中国承受的外部负效用	美国捍卫全球经济领导权对国际体系的负向效用中中国承受的部分
V	美国获得的外部正效用	中国夺得全球经济领导权对国际体系的正向效用中美国受益的部分

（二）模型构建

基于以上假设和基本符号表，从而得出中国在{竞争，不竞争}策略集下和美国在{竞争，不竞争}策略集下的得益矩阵，如表 5－10 所示。

表 5－10　中美全球经济领导权竞争的博弈矩阵

主体策略	美国竞争	美国不竞争
中国竞争	$P-C_1-W,Q-C_2+S$	$P+a-C_1,V-a$
中国不竞争	$-a-F,Q+a-C_2$	$0,0$

根据中国"竞争"和美国"竞争"策略集下的得益矩阵，可以得出中国参与全球经济领导权竞争的期望收益为 $E(A)_x$、不参与全球经济领导权竞争的期望收益为 $E(A)_{1-x}$，以及平均期望收益 $\overline{E(A)}$ 分别为：

$$E(A)_x = y(P - C_1 - W) + (1 - y)(P + a - C_1) \quad\quad (5 - 2)$$

$$E(A)_{1-x} = -y(a + F) \quad\quad (5 - 3)$$

$$E(\overline{A}) = xE(A)_x + (1 - x)E(A)_{1-x} \quad\quad (5 - 4)$$

由此可以构造出中国参与全球经济领导权竞争的复制动态方程为：

$$F(x) = U_{EA} = x[E(A)_x - E(\overline{A})] = x(1 - x)[P + a - C_1 + y(F - W)]$$
$$(5 - 5)$$

求解该方程的一阶导数可得：

$$\frac{\partial F(x)}{\partial x} = (1 - 2x)[P + a - C_1 + y(F - W)] \quad\quad (5 - 6)$$

美国参与全球经济领导权竞争的期望收益为 $E(B)_y$、不参与全球经济领导权竞争的期望收益为 $E(B)_{1-y}$，以及平均期望收益 $E(\overline{B})$ 分别为：

$$E(B)_y = x(Q - C_2 + S) + (1 - x)(Q + a - C_2) \quad\quad (5 - 7)$$

$$E(B)_{1-y} = x(V - a) \quad\quad (5 - 8)$$

$$E(\overline{B}) = yE(B)_y + (1 - y)E(B)_{1-y} \quad\quad (5 - 9)$$

由此可以构造出美国参与全球经济领导权竞争的复制动态方程：

$$F(y) = y[E(B)_y - E(\overline{B})] = y(1 - y)[Q + a - C_2 + x(S - V)]$$
$$(5 - 10)$$

求解上述方程的一阶导数可以得出：

$$\frac{\partial F(y)}{\partial y} = (1 - 2y)[Q + a - C_2 + x(S - V)] \quad\quad (5 - 11)$$

(三) 模型推导

为了准确描述中国和美国两大主体的动态演化规律，我们需要考虑该动态系统的稳定性。由式(5-5)和式(5-10)可得中国和美国"竞争"全球经济领导权演化博弈的复制动态方程组为：

$$\begin{cases} F(x) = x(1-x)[P + a - C_1 + y(F - W)] \\ F(y) = y(1-y)[Q + a - C_2 + x(S - V)] \end{cases} \quad (5-12)$$

由方程组(5-12),令 $F(x)=0$, $F(y)=0$,可以得出复制动态方程组的均衡点为$(0,0)$、$(0,1)$、$(1,0)$、$(1,1)$,当 $Q+a>C_2$ 且 $V>S$ 以及 $P+a>C_1$ 且 $W>F$ 时,(x^*,y^*) 为方程组的第五个均衡点,其中 $x^* = \dfrac{Q+a-C_2}{V-S}$, $y^* = \dfrac{P+a-C_1}{W-F}$。

根据动态演化博弈的思想,通过雅克比矩阵的局部稳定性分析,可以得出动态复制系统的平衡点稳定性。

雅克比矩阵为:

$$J = \begin{bmatrix} \dfrac{\partial F(x)}{\partial x} & \dfrac{\partial F(x)}{\partial y} \\ \dfrac{\partial F(y)}{\partial x} & \dfrac{\partial F(y)}{\partial y} \end{bmatrix}$$

$$= \begin{bmatrix} (1-2x)[P+a-C_1+y(F-W)] & x(1-x)(F-W) \\ y(1-y)(S-V) & (1-2y)[Q+a-C_2+x(S-V)] \end{bmatrix}$$

行列式为:

$$det\,J = \frac{\partial F(x)}{\partial x} \cdot \frac{\partial F(y)}{\partial y} - \frac{\partial F(x)}{\partial y} \cdot \frac{\partial F(y)}{\partial x} = (1-2x)(1-2y)[P+a-C_1+y(F-W)][Q+a-C_2+x(S-V)] - xy(1-x)(1-y)(F-W)(S-V)$$

迹为:

$$tr\,J = \frac{\partial F(x)}{\partial x} + \frac{\partial F(y)}{\partial y} = (1-2x)[P+a-C_1+y(F-W)] + (1-2y)[Q+a-C_2+x(S-V)]$$

由雅克比矩阵的稳定性判定准则可知,当且仅当同时满足 $det\,J>0$ 和 $tr\,J<0$ 的条件时,均衡点才是(ESS)。

将均衡点$(0, 0)$、$(0, 1)$、$(1, 0)$、$(1, 1)$、(x^*, y^*)代入$det J$和$tr J$,然后根据$det J > 0$和$tr J < 0$的判定系统演化点的条件,可得到各均衡点的情况,如表5-11所示。

表5-11   各均衡点的行列式和迹表达式

均衡点 (x, y)	行列式的表达式	迹的表达式
$(0, 0)$	$det J = (P+a-C_1)(Q+a-C_2)$	$tr J = P+Q+2a-C_1-C_2$
$(0, 1)$	$det J = -(P+a+F-C_1-W)(Q+a-C_2)$	$tr J = P+F-W+C_2-C_1-Q$
$(1, 0)$	$det J = -(P+a-C_1)(Q+a-C_2+S-V)$	$tr J = Q-P+S-V+C_1-C_2$
$(1, 1)$	$det J = (P+a-C_1+F-W)(Q+a-C_2+S-V)$	$tr J = W+V+C_1+C_2-P-Q-S-F-2a$
(x^*, y^*)	$det J = -(Q+a-C_2)(P+a-C_1)\left(1-\dfrac{Q+a-C_2}{V-S}\right)\left(1-\dfrac{P+a-C_1}{W-F}\right)$	$tr J = 0$

在(x^*, y^*)处存在$tr J = 0$,不满足$tr J < 0$的演化稳定点条件,故$\left(\dfrac{b-C_2}{S}, \dfrac{b-C_1}{a}\right)$该点肯定不是演化稳定点(ESS)。在情景(一)"$P+a < C_1$且$Q+a < C_2$"的条件下,有均衡点$(0, 0)$对应的$det J = (P+a-C_1)(Q+a-C_2) > 0$,$tr J = P+Q+2a-C_1-C_2 < 0$,故在$P+a < C_1$且$Q+a < C_2$的情景下,均衡点$(0, 0)$为演化稳定点。在情景(二)"$P+a-C_1 < W-F$且$Q+a > C_2$"的条件下,有均衡点$(0, 1)$对应的$det J = -(P+a+F-C_1-W)(Q+a-C_2) > 0$,以及对应的$tr J = P+F-W+C_2-C_1-Q < 0$,因此,在$P+a-C_1 < W-F$且$Q+a > C_2$的情景下,均衡点$(0, 1)$为演化稳定点。在情景(三)中"$P+a > C_1$且$Q+S-C_2 < V$"的条件下,有均衡点$(1, 0)$对应的$det J = -(P+a-C_1)(Q+a-C_2+S-V) > 0$,以及对应的$tr J = Q-P+S-V+C_1-C_2 < 0$,因此,

在"$P+a>C_1$ 且 $Q+S-C_2<V$ 的情境下,均衡点$(1,0)$为演化稳定点。在情景(四)中"$P-C_1-W>-a-F$ 且 $Q+S-C_2>V-a$"的条件下,存在均衡点$(1,1)$对应的 $det J=(P+a-C_1+F-W)(Q+a-C_2+S-V)>0$,以及对应的 $tr J=W+V+C_1+C_2-P-Q-S-F-2a<0$,因此,在 $P-C_1-W>-a-F$ 且 $Q+S-C_2>V-a$ 的情景下,均衡点$(1,1)$为演化均衡点。

综上,在各个参数均大于零的假设条件下,结合相关参数的不同取值来分析不同的情况下四个均衡点的稳定性,如表5-12所示。

表5-12　均衡点的稳定性分析

均衡点	结果	稳定条件
$(0,0)$	ESS	$P+a<C_1$ 且 $Q+a<C_2$
$(0,1)$	ESS	$P-C_1-W<-a-F$ 且 $Q+a>C_2$
$(1,0)$	ESS	$P+a>C_1$ 且 $Q+S-C_2<V$
$(1,1)$	ESS	$P-C_1-W>-a-F$ 且 $Q+S-C_2>V-a$

(四) 结果分析

结合各参数变量的变化情况来看,可以进行平衡点的稳定性分析。

分析 1　分析中国的复制动态方程。根据该方程,如果当 $y=\dfrac{P+a-C_1}{W-F}$ 时,$F(x)$始终为0,即当美国参与竞争全球经济领导权的意愿为 y^* 时,对于任意的中国参与全球经济领导权的概率水平都是稳定的,这意味着所有的 x 水平都是ESS。如果当 $y\neq\dfrac{P+a-C_1}{W-F}$ 时,则 $x^*=0$ 以及 $x^*=1$ 是两个ESS,其中,当 $y>\dfrac{P+a-C_1}{W-F}$ 时,$F'(0)<0$,$F'(1)>0$,所以 $x^*=0$ 是ESS,即当美国存在大于 y^* 的意愿争夺全球经济领导权时,中国的策略演化方向将从参与竞争全球经济领导权转向不参与竞争;而当 $y<\dfrac{P+a-C_1}{W-F}$,$F'(0)>0$,$F'(1)<0$,此时 $x^*=1$ 是ESS,即当美国参与竞争

全球经济领导权的意愿小于 y^* 时,中国的策略演化方向将从不参与竞争全球经济领导权转向参与竞争。

分析 2　分析美国的复制动态方程。根据该复制动态方程,假如当 $x = \dfrac{Q+a-C_2}{V-S}$ 时,$F(y)$ 始终为 0,即当中国参与竞争全球经济领导权的意愿为 x^* 时,对于任意的美国参与全球经济领导权的概率水平都是稳定的,这意味着所有的 y 水平都是 ESS。假如当 $x \neq \dfrac{Q+a-C_2}{V-S}$ 时,那么此时 $y^* = 0$ 以及 $y^* = 1$ 是两个 ESS,其中当 $x > \dfrac{Q+a-C_2}{V-S}$ 时,$F'(0) < 0$,$F'(1) > 0$,所以 $y^* = 0$ 是 ESS,即当中国争夺全球经济领导权的意愿大于 x^* 时,美国的策略演化方向将从参与竞争全球经济领导权转向不参与竞争;而当 $x < \dfrac{Q+a-C_2}{V-S}$ 时,$F'(0) > 0$,$F'(1) < 0$,此时 $y^* = 1$ 是 ESS,即当中国参与竞争全球经济领导权的意愿小于 x^* 时,美国的策略演化方向将从不参与竞争全球经济领导权转向参与竞争。

分析 3　当 $P+a < C_1$ 且 $Q+a < C_2$ 时,由表 5-12 可知,这种情形下 $(0, 0)$ 为 ESS。即当中美分别夺得全球经济领导权时从世界经济体系所获得的总收益,以及从竞争对手处获得的效益之和低于其为争夺全球经济领导权所付出的成本,由于取得全球经济领导权无利可图,中国和美国都无法实现超额收益,甚至有可能会侵蚀到本国的利益,不主动竞争、相互妥协就成为中国和美国在全球经济领导权竞争博弈上的主导策略选择。在这种情况下,世界经济体系格局就会演变成"无为而治"的情况,国际体系群龙无首。

分析 4　当 $P-C_1-W < -a-F$ 且 $Q+a > C_2$ 时,由表 5-12 可知,这种情形下 $(0, 1)$ 是 ESS。即当中国夺得全球经济领导权时从世界经济体系所获得的总收益与付出的成本、与美国争夺全球经济领导权时遭受美国打击而产生的损益之差小于自身不参与竞争时所遭受的损失与所承受的外部负效益之和,美国夺得全球经济领导权能够从世界体系以及对手身上所获得的效益之和大于自身付出的成本时,中国选择妥协、不竞争,而美国会选择争取夺得全球经济领导权。

此时,由于国际体系存在"修昔底德陷阱",崛起国中国会受到来自霸权国美国各方面强烈的打压,包括但不限于经济方面、政治方面、科技方面。当中国受到的打击所导致的损失过大时,中国为了保护自己,不会参与到与美国争夺全球经济领导权的竞争中,而对于美国而言夺得全球经济领导权有利可图,从而努力争取全球经济领导权,使得美国再次成为引导全球经济发展以及国际体系的主导者,"一超多极"的经济格局在短期内难以撼动。

分析 5　当 $P+a>C_1$ 且 $Q+S-C_2<V$ 时,由表 5-12 可以知道,此情形下 $(1,0)$ 为 ESS。即当中国夺得全球经济领导权时从国际体系以及从美国身上所得到的效益之和大于自身所付出的成本,美国夺得全球经济领导权时从全球经济体系所获取的效益与打击中国所获得的效益之和与付出的成本之差小于当中国成为全球经济领导者时自身可以获得的外部正效益时,中国竞争,美国放弃成为两国在全球经济领导权的博弈上的主导策略选择。

此时,虽然国际秩序上存在"修昔底德陷阱",但美国认识到若中国成为全球经济的领导者会给世界、本国带来巨大的经济利益,甚至超过自身夺得全球经济领导权时为本国带来的利益,美国的竞争意愿就会降低。而中国意识到夺得全球经济领导权有利于本国的发展,会倾向于接过引领全球经济发展的重任。

分析 6　当 $P-C_1-W>-a-F$ 且 $Q+S-C_2>V-a$ 时,从表 5-12 可以看到,在该情形下 $(1,1)$ 为 ESS。即当中国竞争全球经济领导权时所能获得效益与成本、遭受打击的损失之差大于放弃全球经济领导权时所遭受的损失,同样美国竞争全球经济领导权时从世界体系获得的效益以及打击中国所获得的效益之和与付出的成本之差大于放弃全球经济领导权时从中国处获得的利益以及自身流失的利益之差,双方都参与到全球经济领导权的争夺中是两国在该博弈中的最佳策略选择。

中国与美国都认为夺得全球经济领导权对自己的国家发展有利,且其效益能完全覆盖自身为竞争全球经济领导权所付出的成本以及所遭受的打击损失,即体现为有利可图。但由于双方的经济实力、军事实力以及国际影响力,两国对于全球经济领导权的争夺有可能陷入持久战当中,而持久战随着时间推移会对两国的经济发展消耗较大,至此双方博弈就会产生两种可能性——(1, 1)或者(0, 0)。若消耗过大,双方都认为不值得再为全球经济领导权投入资源,那么双方的博弈就会由(1, 1)演变成(0, 0);假如双方能找到利益趋同点,放下争执,双方或许能找到共治的可能性,沿着(1, 1)发展下去,彼时世界经济体系就会发展为"中美共治"的格局,世界上两个大国联手引导全球经济的发展。

(五) 结论

综上可知,中美两国是否进行全球经济领导权的竞争博弈,取决于两国在竞争过程中所付出的成本和收益,以及自身受到的外界效益影响。当某一国取得全球经济领导权时所得到的收益/效益大于自身为此所付出的成本,而另一方放弃全球经济领导权所得到的外部效益大于竞争全球经济领导权时,博弈过程才有可能演化为中国或美国其中一国夺得全球经济领导权的策略局面。当收益与成本之差大于放弃全球经济领导权时,双方才会有意去竞争全球经济领导权,而在这种情况下,博弈局面可能会随着双方投入的成本越来越多而发生改变,当所付出的成本超过夺得全球经济领导权的净效益时,中美双方对于全球经济领导权的策略局面可能会从双方竞争朝着双方放弃、都不竞争的方向演化。

中美博弈是一场"持久战",中国不会轻易地被击败。"美国优先"的野蛮行径,已经引起世界各国的强烈不满与抵制,所谓失道者寡助,美国想要延续霸权地位的美梦,可能不会那么容易就能实现。中国作为当今世界体系中的第二大经济体,拥有庞大的经济体量和完备的产业体系,其家领导层具备丰富的执政经验和高效的治理能力。此外,中国还是全球最大的制造国和外汇储备国,其市场更是规模庞大、增长潜力巨大的消费市场。因此,中国完全有能力抵御来自美国等外部势力的冲击。更重要的是,中国始终秉持和平发展的理念,以和为贵,不主动挑起争端。中国致力于构建人类命运共同体,站在世界道义的制高点,赢得了全世界人民的信任和外国对中国的支持。作为社会主义国家,中国坚持不惹事但也不怕事的原则。在面对美国等无理攻击时,中国绝不会退缩,将采取必要措施予以有效还击,坚决维护国家的尊严和利益。

第四节　美国肆意拱火挑起地区战乱

进入 21 世纪数十年以来,美国以所谓"支援盟友"的名义,故意激化热点地区的矛盾冲突,无论是中东冲突、巴以冲突还是俄乌冲突,背后都有美国的影子,美国不断寻衅滋事,大发战争财,甚至在 2024 年的美国大选时以以色列问题作为谈资,大造选势,以此拉票。

一、挑起俄乌冲突,美国居心叵测

从 2014 年的克里米亚危机开始,到 2015 年《第二阶段明斯克议定书》的发布,再到 2021 年的北约意图东扩,美国及北约国家对乌克兰提供军火援助,俄乌冲突不断加剧,最终在 2022 年的 2 月演变成为"特别军事行动"。

从表面上看,这仅仅是乌克兰和俄罗斯两国积怨已久,又因为北约东扩问题成为导火索,进而引发的冲突,但实际上却是美国在背后做推手。自苏联解体后,北约便失去了需要针对的目标,这就成了包括德国在内诸多北约成员国拖欠甚至拒缴分摊经费的根源,但这些分摊经费主要用于保障美国驻扎在欧洲的军队。诸多北约成员国拖欠经费,引发美国的强烈不满,特朗普曾以直接撤军相威胁,但效果并不明显,而拜登深知,北约是美国控制欧洲的基座平台,一旦北约长期失去对手,也就失去了存在的理由,成员国对北约的兴趣会逐渐丧失,北约就会失去凝聚力,慢慢走向解体,这也是诸多北约成员国欠费的原因,同时对美国来说是很危险的情况。因此,美国需要在欧洲发生一场战争,重新体现北约的存在价值,确保北约的长期存在,核心是保住美国控制欧洲的组织机制。此外,选择俄罗斯作为战争对象还有一个原因,一旦可以通过战争把俄罗斯拖垮甚至复现苏联解体的场面,对美国来说百利而无一害,于是在美国的推波助澜下,这场震惊全球的军事行动时至今日还在继续。

军事行动本就有悖于全球经济的发展之路,但美国作为世界大国、联合国常任理事国,非但没有出面调停双方的冲突加剧,反而一直在从中拱火,甚至从开始至今,仍在不间断地向乌克兰提供军事武器援助。在这场持续了两年的冲突中,美国通过向乌克兰出售军火武器、接收援助回流金赚得盆满钵满,此等大发战争财、反世界和平的做法,足以暴露美国的充分利己主义。

二、巴以冲突不断,美国火上浇油

巴以冲突由来已久,早已是世纪难题。在 20 世纪 90 年代,美国作为世界唯一的超级大国,主张和平解决巴以冲突,但自从 2001 年"9·11"事件之后,美国一改往日作风,大力打击恐怖分子,在中东问题上更是以强硬姿态支持以色列对巴勒斯坦动手,同时将巴勒斯坦的激进派定义为恐怖组织,要求巴方更换领导人。巴以问题虽然需要一个强大的中介方去进行调节①,但这种一再偏袒以色列甚至要自己出兵去镇压巴勒斯坦军队的做法,非但没有使巴以冲突和平解决,反而加剧了巴以之间的矛盾以及巴方对美国的仇视。

随着巴以冲突不断加剧,联合国多次就巴以相关人道主义停火的决议草案进行表决,这个原本可以极大缓解巴以冲突的方法,在 2024 年 2 月 21 日,被美国第四次行使一票否决权否决掉。美国此等做法,不仅让众多主张和平的国家震惊,更让巴勒斯坦寒心。美国自称是一个公平正义的国家,但在巴以问题上一度视巴方的受难群众于不顾,站在道义制高点上无条件偏袒另一方。美国作为一个世界大国,非但没有尽到维护世界和平、引领世界经济发展的责任,反而大肆拱火、大发战争财、为自身利益视他国平民生命于不顾,种种卑劣的行为,都不是大国该有的担当,这些"逆全球化"的行为,无疑会让美国在失去他国信任的道路上越走越远。

---

① 2024 年 7 月 23 日,中共中央政治局委员、外交部长王毅在北京出席巴勒斯坦各派内部和解对话闭幕式,见证巴勒斯坦 14 个派别共同签署《关于结束分裂加强巴勒斯坦民族团结的北京宣言》。

第六章　中国全球经济领导权国际支持与中国式现代化

国际社会对中国全球经济领导权的支持将形成良好的经济效应,进而促进中国式现代化的发展。以下聚焦中国国内经济高质量发展和高水平对外开放两个层面,研究中国全球经济领导权国际支持的经济效应。同时,金融安全助力中国式现代化,也是经济效应得以发挥的前提条件。

第一节　全球经济领导权国际支持对中国经济高质量发展的影响

一、区域性主导下的开放型经济转型升级

(一) 借力 RCEP 开放贸易

自美国总统特朗普上任以来采取"美国优先"战略,叠加新冠病毒感染疫情在全球范围内的冲击,世界再一次掀起了民族与民粹主义、新贸易保护主义热潮,提高了全球经济治理的难度。为应对当前百年未有之大变局,相当一部分国家纷纷转向,寻求小范围的区域合作。尽管无为而治场景中没有哪个国家有意愿或者有实力承担领导全球经济的重任,但是在当今多极世界,许多特定问题上已经有新的领导人:日本在跨太平洋伙伴关系协定(TPP)上,德国在维护欧元以及欧盟本身上,挪威在通过主权财富基金管理巨额货币储

备方面。这也表明无为而治场景下的经济合作，正在由"全球性"向"地区性"转变。

中国也顺势而为，自 2022 年 1 月 1 日起，与东盟等 15 个亚太经济体共同签署的《区域全面经济伙伴关系协定》(RCEP)陆续开始实施。在这之前，中欧于 2020 年 12 月 30 日正式完成了历时 7 年的关于《中欧全面投资协定》(CAI)的谈判。此外，中国也在积极申请参与《数字经济伙伴关系协定》(DEPA)和《全面与进步跨太平洋伙伴关系协定》(CPTPP)。通过寻求区域经济伙伴关系的确立，搭建完整的亚太自由贸易区甚至实现亚太经济一体化，打通中国与欧盟的双向投资渠道，抢占发展数字化经济先机，中国将借此持续推动开放型经济的转型升级。

2020 年世界银行数据显示，RCEP 15 个成员拥有 35 亿人口，约占世界人口的 33%；GDP 总额达 26 万亿美元，约占世界 GDP 总量的 30%；出口总额达 5.2 万亿美元，约占世界贸易总额的 28%。作为世界范围内最大的自由贸易区的成员之一，中国的优势得以发挥，积极与各成员展开贸易互动。根据海关统计数据，2021 年中国对 RCEP 其他成员的进出口总额达 12.07 万亿元，约占中国对外贸易总额的 30.9%。其中进口 6.43 万亿元，出口 5.64 万亿元，分别增长了 19.2% 和 16.8%。可以看出，RCEP 有别于过往的区域协定，它所规定的高标准投资贸易准则和精神与当前中国在百年未有之大变局背景下经济发展的需要相契合，将有力推动中国开放型经济转型升级。具体来讲，RCEP 在保留原有自贸协定在货物贸易和投资方面传统议题的基础上，创造性地提出包括服务贸易、数字贸易、金融等新时代议题，这一做法给予了中国进一步建设开放新高地的机遇。

在商品贸易方面，RCEP 要求在所有伙伴国间的货物贸易取消关税和非关税贸易壁垒，协定开始生效实施后将实现 90% 以上的货物贸易零关税。从总量上看，东盟在 2020 年成为中国的第一大贸易伙伴，中国对 RCEP 成员的出口额高达其出口总额的 27%，而关于取消关税的规定则有助于中国充分利用国内与国际(成员之间)两个市场，加速商品贸易领域的资源流动。从结构上看，中国对 RCEP 签署国净出口的自动化设备等制造业产品比重逐步上升,能源类资源产品正逐步下降,"轻能源重制造"贸易格局的形成一方面有助于保障中国的能源安全问题,另一方面则有助于在取消关税等规定的优惠加成之下激发中国制造业的创新创造活力,加快制造业转型升级,以更高水平的姿态走出国门。此外,RCEP 在贸易方面的创新之举还在于提出了较高水准的跨境电子商务合作条款,其内容包括无纸化贸易、线上消费者保护、电子认证和电子签名等 17 个条款。从交易的法律效力、消费者保护,到交易纠纷的避免,这些条款旨在为跨境电商营造良好的交易环境。RCEP 此举表明跨境电商是未来贸易模式发展的方向,而新冠病毒感染疫情的暴发加速了该方向的演化。中国一直走在跨境电商交易的前列,因此这些条款的设定在很大程度上有助于中国贸易模式的优化,通过线上线下相结合的方式提高市场占有率和商品流通速度。同时,商品贸易的便捷和快速化趋势也间接促使企业提高商品质量以减少货物退回风险及其成本,这有助于提高中国的产业链水平,促进经济的高质量发展。

在服务贸易方面,RCEP 开放了更多的服务贸易部门。例如,中国在保持原先承诺开放大约 100 个服务部门不变的前提下,增加了制造业相关服务、管理咨询等 22 个部门,并放松了其他部分部门的资金限制。同样,其他成员也相继作出开放承诺,特别是在中国重点关注的金融、运输、旅游、房地产等领域。服务贸易部门的开放意味着中国与其他成员之间的服务贸易渠道被进一步打通,中国企业"走出去"的空间得到扩展,产业链布局将进一步实现优化升级。除此之外,RCEP 纳入了国民待遇、最惠国待遇、市场准入条款以期实现服务贸易自由化,通过谈判和做出承诺的方式力图取消在该领域的限制和歧视性措施。需要特别指出的是,各成员均在当前或在协定生效的 6 年内采用负面清单承诺,这将在很大程度上释放各国的贸易潜力,为"引进来"优质的外资企业以提升服务贸易部门质量、强化服务贸易在中国产业结构链条中的核心作用营造了高标准的制度环境。

短期来看,RCEP 有助于亚太地区合力应对疫情的冲击,通过可持续和包容发展加快地区经济的复苏。长期来看,RCEP 是亚太地区迈向经济一体化的关键一步,其所搭建的商品、服务贸易平台和规则将推动全球价值链的进一步整合优化，而中国自然也将从中受益。具体表现在以下方面。第一，RCEP为中国的双循环格局提供了重要平台。一方面，中国有机会借此提升国内外市场的资源配置能力，打造更高水平的外贸布局。另一方面，RCEP为中国赢得了更广阔的中间产品出口市场，这将有助于巩固和提升中国在全球产业链和供应链中的价值，并加强亚太地区各国家之间的贸易和分工联动，提升经济效益。第二，RCEP提高了中国对亚太地区经济的领导带动作用。作为在疫情冲击下首个实现经济正增长的超大型经济体，中国对RCEP伙伴国的经济外溢作用重点表现在成员得以分享中国经济高质量的红利，这是一个双赢的局面。中国不仅借此改善了自身外部贸易环境，并且也提振了伙伴国对中国在未来领导全球经济发展的信心。第三，RCEP促进了中国自贸区战略的实施。中日、中韩首次在同个框架内实现贸易协定签订，构建起更为广泛的贸易伙伴关系，这也为中国进一步建设高水平高标准的自由贸易区网络提供了经验借鉴，有利于中国将开放视野扩大至全球范围，以提高参与全球经济贸易规则制定的能力。

（二）RCEP的局限性或将滞缓开放进程

然而，作为一个区域性而非全球性的合作组织，RCEP在运作过程中可能会因其局限性而阻碍中国开放型经济转型升级的进程。

第一，RCEP的成员构成中发展中国家占据绝大多数。为了协调各个成员的发展诉求，该协定在规则和制度制定方面不可能达到很高的标准，其"互惠""平衡"等原则难以同时兼顾。中国在该制度体系下固然能融入到较之以往更为完善和广泛的市场中，但如若只是满足于此，那么距离达到高水平国际经济贸易规则的标准仍有一定难度，而这正是中国开放型经济转型升级所必须具备的制度性环境。另外，世界上的主要发达国家均没有参与RCEP，这就使得中国失去了在RCEP塑造的开放平台下与主要发达经济体展开贸易投资的机会。如果缺少与主要发达国家之间的经贸沟通和合作，缺少引进高新技术的渠道和动力，那么中国的高水平对外开放之路也将变得崎岖。

第二，区域内高开放程度的市场将在短期内对中国的本土企业造成一定冲击。资本、高水平人才、技术等要素的自由流动从长期来看固然有益于中国经济,但短期内却可能带来不可逆转的破坏。主要原因在于,中国很多本土企业尚未具备超大规模和能力以吸纳这些高水平要素,即存在结构性矛盾。特别是在当前全球产业链正处于重构的阶段,没有抓住机遇或滥用机遇都可能导致中国失去争夺和巩固在全球价值链中核心地位的机会,届时,经济高水平对外开放将无从谈起。

第三,美国对华的战略政策具有不确定性。美国总统特朗普在任期间所作的一系列"脱钩"行动,是否会在拜登政府期间得到很好的修复?美国对华的多方面遏制策略会进行多大程度的调整?不可否认的是,当前的美国仍然是最具影响力的国家,经济全球化的推进无论是在军事安全还是在资本技术方面都不可避免地受到美国的影响。美国提出的"一体化威慑"战略不仅仅关注军事安全,更是把重点放在了信息世界、网络空间和太空这些当今竞争主焦点之上。美国提升对中国威慑能力的举措,包括但不限于:强化国防科技建设,巩固在原有领域领先地位的同时试图在其他领域追赶中国;提升在军事方面的拒止性威慑能力以应对中国的地缘政治优势;巩固和强化亚太同盟关系。尽管美国领导全球经济的意愿有所下降,但这并不妨碍其继续视中国为最大的竞争对手并持续施加约束。如果美国执意如此,那么意味着中国在核心技术、金融、产业链安全、进出口贸易等美国仍颇具影响力的领域的对外开放之路还有很长的路要走。

(三)中欧 CAI——打造投资新高地

中国和欧盟在 2019 年的 GDP 总额达到全球总量的 34%,理论上,这两个体量巨大的经济体本可以实现"1+1>2"的效果,但现有的数据表明当前双方投资的规模仍较小,中国对欧盟各国的投资只占中国对外投资总额的 4.3%。因此,先前中欧所达成的《中欧全面投资协定》(CAI)谈判对于加强双边投资以加快双方经济的复苏和发展具有深远意义。对中国来说,CAI 是中国逐步放开资本市场,应对价值链重构挑战,实现开放型经济转型升级的又一大抓手。

首先,在市场准入方面,CAI 引进了负面清单模式和准入前国民待遇。中国打破以往正面清单安排的局限,对包括制造业、农业、汽车业、医疗卫生行业、金融业等领域作出了史无前例的开放承诺,实现了与《中华人民共和国外商投资法》的全面对接。欧盟则加大了在能源、航空、大数据和人工智能等敏感领域的开放力度。至此,双方在对制造业的开放承诺水平上相当。市场的打开一方面将加速资本流入,而伴随趋利性资本进入的还有部分先进管理观念、高水平人才以及高端技术,这一正向的外溢效应有助于提高中国产业链的整体水平,进一步整合上下游资源以实现转型升级。同时,大规模的资金流入也可能有助于支持产业的扩张重组,并通过规模效应和竞争效应实现产品创新和结构优化。另一方面,欧盟对敏感领域的部分放开为中国通过投资的方式学习和引进高新技术、降低投资成本以促进资本快速增值提供了机遇。这一举措一方面填补了中国在高端技术领域的空白,另一方面则有助于缩小中国与发达经济体的差距。除此之外,CAI在减少双边市场准入壁垒方面也有所建树。中欧承诺在多个经济部门不设置数量、产量、业绩等方面的限制,这无疑降低了资本的投资门槛,对于提高中国对欧盟的投资占比,改善投资结构大有裨益。

其次,在竞争规则方面,CAI为中欧提供了一个法治化、透明化的营商竞争体系。欧盟要求中国为其提供一个公平竞争的商业环境,特别是针对中国关于国有企业、商业银行等公共机构出于商业考虑采取行动这一方面。事实上,这一规定与中国近年来对国有企业改革所作出的努力是一致的:通过鼓励带动具备较高市场属性的国有企业融入市场,使其与其他类型企业同台竞争的方式提高中国的市场化程度,在为外资企业与中国本土企业打造同台竞争机会的同时也将带动中国企业更高水平的发展。另外,CAI也对补贴的透明度作出了相关规定,要求任何一方的政府部门在为投资者提供补贴时需进行补贴材料的提交和经协商程序达成共识两个步骤。这使得各方投资者得以在一个相对公平、开放、透明的环境下充分运用资金,实现高效投资和资本的良性循环。

最后,在可持续性方面,CAI主要针对环保和劳工条款作出规定。关于环保条款,中欧双方步调一致,均在应对全球气候变化问题上承诺加大环保应对力度,保证履行各自的社会责任,以不牺牲环境要素为前提发展投资。

实际上,这也是中国提倡的绿色经济。在关于气候变化等全球性环境问题上,中国始终积极主动承担大国责任,"双碳"目标的确立和逐步实现就是最好的印证。毕竟,只有真正实现环境的可持续性,经济才有高质量发展的空间和前景。关于劳工问题,近年来,《中华人民共和国劳动法》等劳动法律在国内被引起前所未有的重视,中国在 CAI 中作出的加快履行国际劳工条约各项义务的承诺将有利于推动中国在劳工标准中尽快与国际接轨。作为世界第一人口大国,尽管人口红利在逐渐削弱,但充分保障劳工的权利不仅有助于维护劳动市场的稳定,更重要的是,一个健全的市场还将激发劳工的创新创造能力,为中国抢占科技创新制高点,争取在全球价值链中实现向上突破带来源源不断的"人才红利"。

CAI 谈判的完成将一改过去中欧之间体量与合作不对等的局面,为推动中国积极参与全球价值链和经济贸易规则体系的重构,提高制度型开放水平,提升国际地位带来深远影响。第一,中国的外部投资贸易环境得到改善。CAI 的签订强化了以中国为主要成员的区域合作,一方面有助于扩大中国在欧盟的投资深度和广度,另一方面能够打破被美国封锁遏制的僵局,提高日后在中美投资协定谈判中的信心和底气,并进一步推动加入 CPTPP 的进程。第二,中国的经贸制度进一步对齐国际标准。环保、劳工、国有企业、补贴政策、技术转让等条款是国际经贸制度制定中的重点谈判内容,因此,中国在对外制度体系构建中不可避免地也将涉及这些议题。CAI 的达成为中国提供了一个高标准的谈判蓝本,这对于推动中国接轨、参与国际经贸制度的建设,提高在国际经济社会中的代表性与话语权,提升制度型开放水平以实现开放型经济的转型升级具有很强的示范引领作用。第三,为大变局下的全球经贸合作提供新思路。中欧合作表明经济全球化的主基调不会改变,各国只有摒弃保护主义、逆全球化思维,积极推动经济开放合作,才能应对变局下的全球性挑战,进而开创共赢之新局。中国作为经济全球化的倡导者和受益者,CAI 的签订也表明了中国的立场,即在通过 CAI 推动中国开放型经济转型升级的同时,也希望通过中国经济的开放助力世界经济的开放。

（四）中欧 CAI 悬而未决

但是，需要特别指出的是，CAI 虽为经贸协议，但由于中欧意识形态的不同也避免不了具备政治色彩。2021 年 5 月 20 日，受以美国为代表的多个西方国家影响，欧洲议会在中欧双方的政治交锋中决定暂时冻结 CAI 议案。CAI 落地进程之曲折，反映出中欧双方在 CAI 内容的设定上仍存在诸多利益冲突和妥协。

首先，CAI 在一定程度上是以中国的利益换取欧盟的立场，这表明中国需要作出更多的利益出让。中国认为欧盟作为当前全球经济政治体系的参与者与倡导者，与中国在反对经济逆全球化和可持续发展等全球诉求方面拥有广泛共识，因此，为了应对中美贸易摩擦，维护中国在当前体系的利益，中国选择"借欧制美"。然而，中国实际上也为欧盟所利用，在协议谈判方面付出了较高的代价。具体而言，第一，关于市场准入、公平竞争和国有企业的要求更多是有利于欧盟的在华投资，目前对中国国内企业要求过高。一方面，较低的投资门槛将鼓励更多的外资涌入，面对更加多元和强劲的竞争，中国国内企业在合规经营、创新研发等方面也会面临更大的挑战。另一方面，将国有企业完全推向市场的做法可能会使其丧失本土优势，陷入"大而不能倒"的尴尬境地。况且，从当前的国际形势以及中国经济条件看，开放国企具有一定的冒险性质，速度过快或许反而不利于中国经济开放进程的推进。第二，对于劳工条款和人权方面的谈判，欧盟存在以此干涉中国内政的可能与倾向，这与中国一直倡导的"不干涉他国内政"的治理观念是背道而驰的。

其次，美国的阻挠使中欧合作进程滞缓，中国面临不利的外部舆论和营商环境。自拜登政府开始调整对外政策，修复欧美关系以来，美国就开始对 CAI 施以阻挠。经济上，拜登政府致力于与欧盟构建跨大西洋合作伙伴关系，出于经济利益上的考虑，欧盟可能会与美国站队，联合控制对中国核心资源的出口，这将对中国产业链的自主性和可控性造成一定冲击。关键物料受制于人所带来的不仅仅是生产效率低下，更重要的是这将导致中国无法充分利用国内国际两个市场、两种资源，进而阻碍"双循环"格局的构建。政治上，美国一直试图通过鼓励欧美媒体在香港、台湾等敏感性议题上制造不实舆论以围攻中国,加深欧盟内部对 CAI 的反对以及扰乱中国的开放秩序。这表明 CAI 的批准生效问题已严重政治化,倘若欧盟以此为借口要求进一步扩大在华利益,中国将面临退让与否的抉择和考量,这无疑会进一步拉长中国开放型经济转型升级的战线,其机会成本也是巨大的。

最后,在美元持续加息的强势周期下,欧洲可能爆发危机,CAI 的推进也有可能对中国经济造成短期波动。从 PMI 和各景气度数据看,欧元区(包括英国)的制造业需求全面走弱,叠加高通胀和能源压力,经济前景相当不乐观。德国作为欧洲地区的经济引擎和 CAI 欧盟国家中最大的参与国和受益国,其工业制造业生产面临很大的收缩压力。在当前,无论是加大对欧盟各国的投资力度,还是放宽市场门槛进一步引进外资,都可能招致风险,弱化人民币的强势地位。全球经济寒冬将至,中国当前的首要任务应当是立足国内市场,继续从需求端发力,通过稳楼市、新基建,提振市场信心。正如前文所述,至少在当下,中国不是 CAI 达成后的最大受益者,面对全球经济动荡不安的局面,过快推进 CAI 无异于将尚未做足准备的中国推向风险市场的洪流中,这并不是中国开放型经济转型升级的初衷。至此,CAI 推进与否也陷入两难境地。

RCEP 和 CAI 等多项区域性协定表明倡导者在无为而治(G0)情境下的全球经济治理不是"中心化"的,取而代之的是以"能力逻辑"为主导的伙伴型或协议型治理机制。面对这个全新且极具韧性的合作方式,中国凭借其广阔的市场和强大的经济潜力积极融入,在部分协议中展示中国力量。即便由于意识形态差异、美国阻挠、非全球性等局限,协定中部分内容可能会阻碍中国开放型经济转型升级进程,但从总体上看,协定通过畅通贸易途径、刺激投资需求、改善营商环境等,对中国扩大并利用好海外市场资源、抓住技术溢出红利、重构国内制造业服务业链条、维护在全球价值链中的核心地位等存在积极带动作用,而这些正是中国实现更高水平的制度型和经济型对外开放的机理所在。

二、中国全球经济领导权国际支持对高质量发展影响的实证分析

以下将依靠计量模型来分析全球经济领导权的国际支持对中国高质量

发展的影响,采用中国 1995—2020 年相关时间序列数据,通过单位根检验、协整检验、向量误差修正模型、脉冲响应分析和方差分解,对全球经济领导权、全球价值链参与度和中国开放型经济发展水平之间的关系进行实证分析。

(一) 计量经济模型理论基础

1. 熵权法

(1) 数据标准化

首先,对各个指标进行去量纲化处理。假设已知 m 个指标:X_1,X_2,$\cdots$,X_m,其中 $Xi = \{X_1, X_2, \cdots, X_m\}$。假设每一项指标的归一化处理后的数值是 Y_1,Y_2,$\cdots$,Y_m,然后将该数据再移动 0.000 1 个单位,以防在对数化中出现极端值的情形,这样就可以得到一个新的标准化数据。

正向指标:

$$Y_{ij} = \frac{X_{ij} - \min(X_i)}{\max(X_i) - \min(X_i)} + 0.000\,1 \qquad (6-1)$$

负向指标:

$$Y_{ij} = \frac{\max(X_i) - X_i}{\max(X_i) - \min(X_i)} + 0.000\,1 \qquad (6-2)$$

(2) 计算各指标在各方案下的比值

$$p_{ij} = \frac{Y_{ij}}{\sum_{i=1}^{n} Y_{ij}}, \; i = 1, 2, \cdots, n, \; j = 1, 2, \cdots, m \qquad (6-3)$$

(3) 求各指标的信息熵

根据信息论中信息熵的定义,一组数据的信息熵为:

$$E_j = -\ln(n)^{-1} \sum_{i=1}^{n} p_{ij} \ln p_{ij} \qquad (6-4)$$

其中,$E_j \geqslant 0$。若 $p_{ij} = 0$,定义 $E_j = 0$。

(4) 确定各指标的权重

通过计算信息冗余度来计算权重:

$$D_j = 1 - E_j \tag{6-5}$$

然后计算指标权重：

$$w_j = \frac{D_j}{\sum_{j=1}^{m} D_j} \tag{6-6}$$

（5）计算每个方案的综合评分

$$S_i = \sum_{j=1}^{m} w_j \cdot Y_{ij} \tag{6-7}$$

2. 协整分析

协整分析理论及其方法由罗伯特·恩格尔（Robert Engle）和克利夫·格兰杰提出，该理论的诞生使得非平稳序列能够通过建立模型，寻找其可能存在的长期均衡关系。在两个或更多变量序列都是不稳定的情况下，其存在一种线性组合是稳定的，那么这种稳定的线性组合就是一个协整方程。其中，只有当各变量的单整阶数相等才存在协整的可能。通过协整分析能够检验非平稳序列之间具有长期均衡关系与否。而通常来说，大部分宏观经济变量，如 GDP、居民消费等均存在时间趋势，即非平稳序列。对于非平稳序列来说，须使用与平稳序列不同的回归方法，否则会产生伪回归现象。通常是对原序列进行差分处理，但不宜超过二阶差分，因为差分后的数据会丢失一部分信息，不利于后续的检验与分析。该模型既考虑了短期和长期的均衡，又考虑了两个或多个不稳定序列的问题。协整分析一般由三个方面组成：平稳性检验、协整检验和误差修正模型。

（1）平稳性检验

① 时间序列的平稳过程

时间序列的平稳性是指其不会随着时间推移而改变其统计规律。如果时间序列 $y_t (t=1, 2, \cdots)$ 的均值、方差和自协方差并不随着时间 $t (t=1, 2, \cdots)$ 变化而变化，则称时间序列 y_t 为协方差平稳，也就是满足以下三种特性：在任一时刻 t，y_t 的期望为一常数，$E(y_t) = u < \infty$；在任一时刻 t，$var(y_t) = \sigma^2$；$y_t = (t=1, 2, \cdots)$ 的协方差 $cov(y_i, y_j)$，只与随机变量 y_i 和

y_j 在过程中的间隔 $i \sim j$ 有关,而与它们的具体位置无关,即:

$$cov(y_i, y_j) = E\{(y_i - u)(y_j - u)\} = u_{i-j} < \infty \qquad (6-8)$$

② 时间序列的单位根过程

对于时间序列 $y_t(t=1, 2, \cdots)$,若

$$y_t = \rho y_{t-1} + \varepsilon_t \qquad (6-9)$$

其中 ρ 是自回归系数,且满足 $E(\varepsilon_t) = 0$, $var(\varepsilon_t) = \sigma^2$, $cov(\varepsilon_t, \varepsilon_{t-s}) = u_t < \infty$, $s = 0, 1, 2, \cdots$。当 $\rho = 1$ 时,ε_t 是一个稳定的过程,那么这一变量序列则具有单位根,这意味着序列是非平稳的。而如果对该序列进行一阶差分处理后达到平稳状态后,也即

$$y_t - y_{t-1} = (1-B)y_t = \varepsilon_t \qquad (6-10)$$

则将该时间序列记为 $I(1)$,其中"1"代表单整阶数,是序列包含的单位根个数,即一阶单整序列。若变量系统中各序列均存在单位根,须符合同阶单整才可进行后续协整分析。

③ 单位根检验方法

在建立很多时间序列模型之前,往往都要求序列平稳。而除了直观观察时序图来判断之外,另外常见的有三种检测方法:Dickey-Fuller 检验法,扩展的 Dickey-Fuller 检验法和 Philips-Person 检验方法。本书针对扩展的 Dickey-Fuller 检验法进行介绍。这一方法也称 ADF 检验法,是 Dickey-Fuller 检验的一种扩展形式,也是一种应用非常广泛的方法。当序列存在高阶的滞后相关时,则无法使用 DF 检验,而对 DF 检验进行扩展的 ADF 检验则可以使用。

④ 单位根检验步骤

首先,依据其序列的性质,即是否具有趋势项或常数项,选择合适的检验方程。ADF 检验对于变量序列是假设其是 d 阶单整的。

$$\Delta y_t = \delta y_{t-1} + \delta_1 y_{t-1} + \cdots + \delta_{d-1} y_{t-d+1} + \varepsilon_t$$

(变量序列没有趋势) $\qquad (6-11)$

$$\Delta y_t = a + \delta y_{t-1} + \delta_1 y_{t-1} + \cdots + \delta_{d-1} y_{t-d+1} + \varepsilon_t$$

（变量序列有趋势）　　　　　　（6 - 12）

$$\Delta y_t = a + \beta_t + \delta y_{t-1} + \delta_1 y_{t-1} + \cdots + \delta_{d-1} y_{t-1} + \varepsilon_t$$

（变量序列有常数项和时间趋势）　　　　（6 - 13）

其次,建立 T 统计量,并给出"$H_0:\delta=0$"和"$H_1:\delta\neq 0$"的假设。由于在前述方程中 $\delta=\rho-1$,而 $\rho=1$ 时,该变量序列是非平稳的,存在单位根;$\rho<1$ 表示不存在单位根,也就是一个平稳序列。通过提出这一假设,把检验 ρ 是否为 1 转变成为检验 δ 是否为 0 的问题。

$$T = \frac{\hat{\delta}}{Se(\hat{\delta})} \qquad (6 - 14)$$

其中,$Se(\hat{\delta})$ 表示对应的标准差估计。

最后,通过比较 T 统计量与 ADF 临界值的大小来判断变量序列是否存在单位根。通常在 5% 的显著性水平下进行比较,若 T 值大于临界值则为非平稳序列,而 T 值小于临界值即为平稳序列。

（2）协整检验

① 协整关系

协整关系的基本思想在于,对于两个或多个非平稳序列而言,尽管它们自身不具有稳定性,但它们可能存在某种线性组合呈稳定性,那么这些变量间便存在长期稳定关系,这一线性组合也被称为协整方程。

假设变量 y_{1t},y_{2t},$\cdots$,y_{kt} 均为 $I(1)$,即一阶单整序列。而 x_t 为趋势项、常数项等,代表外生向量

$$y_t = A_1 y_{t-1} + A_2 y_{t-2} + \cdots + A_p y_{t-p} + Bx_t + \mu_t \qquad (6 - 15)$$

变量 y_{1t},y_{2t},$\cdots$,y_{kt} 的一阶单整过程 $I(1)$ 经过差分后变为零阶单整过程 $I(0)$,则称 x_t 与 y_t 之间是协整的,即二者存在协整关系。

② 协整检验方法及步骤

对于非平稳的数据,采用传统的估计方法可能会导致错误的判断,即伪

回归,所以有必要对已有的被解释变量进行协整检验,然后再进行回归分析。当前常用的检验方法有两种:一种是利用协整回归 ADF 检验的 Engle-Granger 两步检验法,另一种是以 VAR 模型为基础的 Johansen 协整似然比检验。本节将主要介绍后者,也就是 Johansen 协整检验。

Johansen 协整检验主要通过似然比(LR)检验迹统计量确定协整关系:

H_0:有 0 个协整关系;

H_1:有 M 个协整关系。

检验迹统计量:

$$\sum_{i=M-1}^{N} \log(1-\lambda i) \qquad (6-16)$$

其中,M 为协整向量的个数;λ_i 是按大小排序的第 i 个特征值;n 为样本容量。

Johansen 检验并非一次就能完成的独立检验,它是一个使用不同取值的连续检验过程。首先从没有协整关系开始,再到最多存在一个协整关系,直至 $N-1$ 个协整关系为止,共需进行 N 次检验。

(3)误差修正模型

误差修正模型的主要形式由 Davidson,Hendry,Srba & Yeo(1978)提出,称为 DHSY 模型。在进行前文所述的协整分析,找到各变量之间存在的协整关系后,得到误差修正项。除了各种影响短期波动的变量之外,加入该误差修正项的滞后一期并视之为解释变量,建立起误差修正模型。在传统的经济模型中,通常只描述变量间的长期均衡关系,但由于现实经济中解释变量与被解释变量大多不处于均衡状态,所以通过加入自变量和因变量的滞后项,建立自回归分布滞后模型(ADL)来估计最接近传统经济理论中的长期均衡过程。

误差修正模型是通过自回归分布滞后模型(ADL)转变形成的。以下利用 ADL(1,1)模型对该误差修正模型进行建模。一般形式为:

$$y_t = \alpha_0 + \alpha_1 y_{t-1} + \beta_0 x_t + \beta_1 x_{t-1} + u_t \tag{6-17}$$
$$|\alpha_1| < 1, u_t \sim i.i.d(0, \sigma^2)$$

其中,u_t 应不存在自相关和异方差。

通过引入被解释变量和解释变量差分项的几个周期滞后值,可以消除误差修正方程中随机干扰项的自相关。该误差修正方程的一般形式是:

$$\Delta y_t = \alpha_0 + \beta_0 \Delta x_t + (\alpha_1 - 1)(y_{t-1} - k_1 x_{t-1}) + u_t \tag{6-18}$$

其中,$k_1 = \dfrac{(\beta_0 + \beta_1)}{(1 - \alpha_1)}$,$(y_{t-1} - k_1 x_{t-1})$ 表示前一期的非均衡误差,$(\alpha_1 - 1)(y_{t-1} - k_1 x_{t-1})$ 为误差修正项。式(6-18)也可写成:

$$\Delta y_t = \alpha_0 + \beta_0 \Delta x_t + \gamma * ecm + u_t \tag{6-19}$$

其中,ecm 表示误差修正项,γ 为非均衡误差项的系数,表示 ecm 对 Δy_t 的调节速度。由式(6-17)可知 $|\alpha_1| < 1$,因此 $\gamma = \alpha_1 - 1 < 0$,表明 ecm 具有对 Δy_t 的反向修正效应。当上一期被解释变量 y_{t-1} 大于其均衡点 $k_1 x_{t-1}$ 时,误差修正项 ecm 为正,$\gamma * ecm$ 为负,因此,当期 Δy_t 减小;当 y_{t-1} 小于其均衡点 $k_1 x_{t-1}$ 时,ecm 为负,$\gamma * ecm$ 为正,使得当期 Δy_t 增大。

(二) 全球经济领导权指标体系构建

1. 全球经济领导权指标选取构建的主要原则

(1)全面性原则

全球经济领导权的测算涉及非常广泛的内容,要兼顾贸易、资本、外汇、科技、企业等方方面面。因而评价指标体系要尽可能全面,能够综合反映全球经济领导权的各个侧面,包括对外控制力、危机应变力、贸易竞争力和企业竞争力等。

(2)系统性与层次性原则

前文提到全球经济领导权包含的内容非常广泛,但是选取的指标并非孤立的,各个指标相互联系,构成一个有机整体,能够代表一国经济在全球的领导地位。同时,评价指标体系应当是有层次的,各个层次之间代表了指标体系构建的逻辑顺序。通常构建指标体系包括目标层、准则层和指标层三个层次。以下即采用这种方法,将全球经济领导权作为目标层,将对外控制力、危机应变力、贸易竞争力和企业竞争力作为准则层,另选取 9 个指标作为具体指标层。

(3) 科学性原则

科学性是指所选取的指标以及最终得出的结果要尽可能与实际情况符合,使用的方法要有依据、有逻辑,力求真实、客观地对全球经济领导权进行测算。

(4) 可得性原则

由于客观条件的限制,有些数据可能无法获得,有些方法可能在操作上存在困难,因而还要保证在操作上的可行性。

2. 全球经济领导权指标体系构建

(1) 指标选择说明

全球经济领导权是一国在全球范围内经济实力的综合体现,是国家的核心能力,不仅衡量国家经济实力的总水平,更能显现发展经济的恒定力。以下根据前述全球经济领导权指标选取的主要原则,构建四类指标体系,从不同角度对全球经济领导权进行测度。

① 对外控制力

对外控制力主要从对外贸易依存度、对外资本依存度和对外技术依存度三个维度来衡量各种经济活动的依存度,均为负向指标,通过衡量对外贸易、使用外资和技术引进费用三个方面来体现各类经济活动对国际市场的依赖程度。20 世纪 80 年代以来,随着世界经济全球化的深入发展,各国进行的对外经济活动不仅体现在传统的对外贸易和对外投资上,还反映在对外金融活动、技术进出口等领域。因此,综合这三个指标来看,对外控制力能在很大程度上反映一国经济发展的对外依赖程度。

② 危机应变力

危机应变力主要通过外汇储备占国内生产总值的比重来衡量。外汇储备是一个国家对外收支平衡的重要内容,是反映一国国际清偿力的重要体现,而一定数量的外汇储备则是调节经济、实现内外平衡的重要途径。在百年未有之大变局的大背景下,一国经济更容易受到其他国家的经济影响,因而这一指标可以很好地体现一国面对危机的应变能力,也从侧面反映出一国经济在全球的领导地位。

③ 贸易竞争力

所谓贸易竞争力是指一国某一商品的净出口值与该产品进出口总额的比值,即一国在国际贸易中所展现出的参加国际竞争、进行国际分工、扩大其市场份额并从中获取利润的能力。本节从初级产品、工业制成品和高技术产品三个方面来评价中国具有代表性的产品贸易在全球市场上的竞争力。

④ 企业竞争力

最后,从企业竞争力层面衡量中国企业在全球范围内的地位,包括全球500强企业中中资企业数和外商投资工业企业资产所占比重两大指标。考虑到数据的可得性原则,在此使用外商投资工业企业资产所占工业资产总额比重来侧面体现内资工业企业的资产变化,从而得出内资企业的竞争力水平。此外,作为全球第二大经济体,中国进入全球500强的企业数从二十余年前的个位数不断增加到现今的100多家,无疑体现了中国头部企业的发展速度之快。在全球竞争如此激烈的当下,拥有多少国际领先地位的世界头部企业,在某种程度上来说是一国全球经济领导地位的重要保证。

(2) 数据来源及权重确定

以下数据均来源于 1995—2020 年《中国统计年鉴》并经过整理。鉴于各指标对体系的影响效应不同,将以数据之间的相关性与指标间的变化情况为基础,分别对各指标进行客观赋权,具体将采用前文所述的熵权法对全球经济领导权进行综合评价。以下将分别对正、负向指标采取极值标准化的方法进行标准化处理,并对数据进行微小的平移,以防极端值对后续计量造成影响。通过熵权法消除权重计算过程中的主观干扰,最终得出的各指标权重与标准化数据的乘积之和将较为客观地反映中国在全球经济的领导地位(GEL)。全球经济领导权评价指标体系、指标属性及各指标权重如表 6-1 所示。

表6-1　全球经济领导权评价指标体系

准则层	指标层	指标内容	单位	权重	属性
对外控制力	对外贸易依存度 对外资本依存度 对外技术依存度	进出口总额÷GDP 实际使用外资额÷全社会固定资产投资总额 规模以上工业企业引进国外技术经费支出÷（技术引进费用＋R&D经费支出）	％ ％ ％	0.113 078 0.074 217 0.039 532	－ － －
危机应变力	外汇储备占GDP比重	外汇储备÷GDP	％	0.118 797	＋
贸易竞争力	初级产品贸易竞争力 工业制成品贸易竞争力 高技术产品贸易竞争力	初级产品（出口额－进口额）÷（出口额＋进口额） 工业制成品（出口额－进口额）÷（出口额＋进口额） 高技术产品（出口额－进口额）÷（出口额＋进口额）	％ ％ ％	0.217 535 0.089 838 0.044 814	＋ ＋ ＋
企业竞争力	世界500强中中资企业比重 外商投资工业企业资产份额	中资企业数÷世界500强企业数 外商投资工业企业资产÷工业企业总资产	％ ％	0.207 014 0.095 175	＋ －

（三）全球价值链参与指数测算

随着世界百年未有之大变局的加速演进，中美贸易摩擦以及某些国家单边主义等因素的不断加剧，中国供应链和产业链的地位安全问题正面临重大挑战，同时全球价值链的调整与重组也将加速。在全球经济一体化的大背景下，世界各国都会以各自的优势参与国际分工。发达国家往往依靠自身的技术和研发强项，将产品交给具有廉价劳动力的发展中国家进行生产制造，从而专注于科技创新与研发设计领域。而发展中国家则利用其低廉成本和劳动力优势，通过实现规模量产来完成生产制造环节，强调生产效率。世界各国在不同生产环节相互合作，全球价值链也应运而生。从某种程度来说，全球价值链参与程度体现了一个国家参与价值链的角色和从事生产活动的获利能力,也代表了一国在全球经济的领导地位。

1. 全球价值链的定义

联合国工业发展组织将全球价值链界定为一个全球性的跨国企业网络,其目的是在全球范围内将制造、销售、回收等过程连接起来,包括从采集原材料到运输、从半成品和成品的生产到分销,以实现产品或服务的价值。全球价值链包含所有的参与者以及生产销售等活动的组织、价值收益的分配,以及由供应商和客户之间的自动联系,从而支撑企业的能力和效率。在经过全球价值链的各生产环节后,各国创造出不同程度的附加值,并随着产品在全球范围内的流动不断累加,从而形成各产业的全球价值链。虽然世界各地嵌入全球价值链的跨国企业都在进行这一循环工作,但是由于国家的资源以及发达程度的不同,其参与国际组织的数量规模也不尽相同,各个国家在某一产业全球价值链中所具备的优势及生产环节都不一样。当然,它们从中所获的利润以及所处的全球价值链地位都有所区别。

2. 全球价值链参与指数的测度

关于全球价值链的测算,目前有多位国内外学者提出了众多方法。从整体出口附加值的角度来分析某国家在全球价值链中的地位是一个重要视角,运用全球价值链参与指数来分析中国在全球价值链中的作用及其演变过程。以下运用被广泛认可的 Koopman, et al. (2010)以增加值分解为基础的测算方法进行测度,选取中国 1995—2018 年全行业的相关数据,数据均来源于经合组织-世贸组织增加值贸易(OECD - TIVA)数据库。基于对总出口附加值的分解,Koopman, et al. (2010) 等提出了 "GVC 参与指数(GVC _ Participation Index)",GVC 参与指数被定义为出口中间接附加值和包含的国外附加值二者所占比重之和,即:

$$GVC\_Participation = \frac{IV_{ir}}{E_{ir}} + \frac{FV_{ir}}{E_{ir}} \qquad (6-20)$$

其中,下标 r 代表国家,i 代表产业。而 IV 表示出口到其他国家的中间品贸易额,FV 为从国外进口中间品再加工成最终产品出口的贸易额,E 代表以附加值计算的出口额,$\dfrac{IV}{E}$ 表示总出口中的间接附加值所占比重,$\dfrac{FV}{E}$ 表示总出口中的国外附加值所占比重。

(四) 开放型经济发展水平指标体系

随着全球经济一体化进程的深化,各国在经济领域的开放和融合日趋显著,经济相互依存的程度日益增加,开放型经济已经成为中国紧跟世界经济发展脚步,适应全球经济贸易格局变革,促进国内经济转型升级的重要途径。以下将根据前文介绍的熵权法等相关理论,构建开放型经济发展水平的指标体系,为后文全球经济领导权转移对开放型经济转型升级影响的实证分析做准备。

1. 开放型经济发展水平指标选取说明

根据经济金融发展相关理论,在遵循全面性、可比性和各指标可获得性原则的基础上,以下从对外开放度、对内开放度、开放基础以及开放潜力的视角出发,建立开放型经济发展评价指标体系,包括 14 个指标。

(1) 对外开放度

随着全球经济一体化的加速演进,一个国家的国际经济活动不仅体现在对外经贸和对外投资活动上,而且越来越多地体现在国际金融活动、国际服务贸易等方面。因此对外开放度方面选取关于贸易、资本和企业三个方面的指标,分别是外贸依存度、对外服务出口、实际经济合作营业额和对外承包合同完成营业额 4 个指标。

(2) 对内开放度

国内和周边地区市场的培育是建设开放型经济的基础。因此,在对内开放度方面选取内贸依存度、国内旅游人数、第三产业从业人员比重 3 个指标。其中,内贸依存度是用该年社会消费品零售总额与国内生产总值的比值来衡量。

(3) 开放基础

开放型经济的建设需要具备相对良好的经济基本面作为基础,因此,在开放基础方面选择人均 GDP、第三产业对 GDP 的贡献率以及货物周转量 3

个指标。其中第三产业对 GDP 的贡献率由当年第三产业增加值与 GDP 的比值来衡量。

（4）开放潜力

在衡量开放型经济发展的各个层面时,必须对开放型经济的可持续发展能力进行评估,即开放潜力,由教育支出占比、R&D 经费支出占比、上市公司数量和金融机构存款余额 4 个指标来衡量。

2. 数据来源及权重确定

以下数据均来源于 1995—2020 年《中国统计年鉴》并经过整理。同样,通过前文介绍的熵权法对各项指标进行处理,由于开放型经济发展水平指标体系中各指标均为正向指标,均采用正向指标极值标准化法进行标准化处理,其余步骤与第二节中相关内容一致,最终将得到的各指标权重与标准化数据的乘积之和作为开放型经济发展水平（OPEN）的衡量指标。开放型经济发展评价指标体系及各指标权重如表 6-2 所示。

表 6-2　开放型经济发展评价指标体系

准则层	指标层	指标内容	单位	权重
对外开放度	外贸依存度 实际利用外资额 对外经济合作营业额 对外服务出口	进出口总额÷GDP 实际利用外资额 对外承保合同完成营业额 对外服务出口	% 万美元 万美元 万美元	0.058 949 0.072 879 0.112 568 0.083 990
对内开放度	内贸依存度 国内旅游人数 第三产业从业人员比重	社会消费品零售总额÷GDP 国内旅游人数 第三产业就业人数÷劳动力	% 百万人次 %	0.028 382 0.114 324 0.061 547
开放基础	人均 GDP 第三产业对 GDP 的贡献率 货物周转量	人均 GDP 第三产业增加值÷GDP 货物总运输量	亿元 % 亿吨公里	0.096 969 0.040 478 0.086 089
开放潜力	教育支出占比 R&D 经费支出占比 金融机构存款余额 上市公司数量	教育经费÷GDP R&D 经费支出÷GDP 金融机构存款余额 上市公司数量	% % 亿元 个数	0.033 853 0.054 815 0.107 276 0.047 881

(五) 实证分析

1. 变量选择与数据来源

为了探究全球经济领导权与中国开放型经济转型升级的关系,本书选择对开放型经济发展水平的测度结果作为被解释变量 $OPEN$,分别将全球经济领导权的衡量水平 GEL 和全球价值链参与度 $GVCPA$ 作为解释变量,建立时间序列模型。上述指标均来源于《中国统计年鉴》和 OECD - TIVA 数据库中的 1995—2020 年原始基础数据。

2. 单位根检验

由于这里使用的是时间序列数据,且无论是宏观还是微观数据,大部分经济领域的时序数据都存在不平稳的情况,所以必须先保证各变量是平稳的,即没有时间趋势变化,否则会产生伪回归现象。在非平稳时间序列变量的回归过程中,各变量序列须皆为同阶单整是存在协整关系的前提,因此必须先对各变量进行平稳性检验才能进行下一步分析。本书采用前文介绍的 ADF 检验法分别对取过对数的全球经济领导权 GEL、全球价值链参与度 $GVCPA$、开放型经济发展水平 $OPEN$ 进行平稳性检验,结果如表 6-3 所示。

表 6-3　ADF 单位根检验结果

变量	ADF 统计量	1%临界值	5%临界值	10%临界值	P 值	检验结果
$OPEN$	0.116	−3.750	−3.000	−2.630	0.9672	非平稳
$D.OPEN$	−2.165	−3.750	−3.000	−2.630	0.2192	非平稳
$D.D.OPEN$	−4.380	−3.750	−3.000	−2.630	0.0003	平稳
GEL	−0.144	−3.750	−3.000	−2.630	0.9449	非平稳
$D.GEL$	−3.765	−3.750	−3.000	−2.630	0.0033	平稳
$D.D.GEL$	−6.628	−3.750	−3.000	−2.630	0.0000	平稳
$GVCPA$	−1.468	−3.750	−3.000	−2.630	0.5492	非平稳
$D.GVCPA$	−4.186	−3.750	−3.000	−2.630	0.0007	平稳
$D.D.GVCPA$	−7.443	−3.750	−3.000	−2.630	0.0000	平稳

从表 6-3 结果可知,三个变量的原序列都是非平稳的,对其一阶差分后

GEL 与 *GVCPA* 是平稳的,*OPEN* 是非平稳的,因此进行二阶差分,二阶差分后得到的三个变量均是平稳的。由此,三个变量在进行二次差分后均平稳,即三个变量均为二阶单整序列,满足同阶单整条件,可以进行协整分析。

3. 协整检验

由于上述分析得出解释变量和被解释变量均为同阶单整,因此可以进行协整检验。在两个或更多变量序列都是不稳定的情况下,其存在一种稳定的线性组合,那么就说明这些变量存在长期均衡关系,仅在短期存在一定程度上的偏差,即存在协整关系。

协整检验主要有两个方法,分别为基于回归残差的 EG 两步法和 Johansen 检验。前者只能对因变量和一个自变量二者之间进行检验,且最多只能得出一个协整关系,适用于小样本数据;而 Johansen 检验是在 VAR 模型的基础上,通过最大似然比估计的迹统计量进行假设检验,受限更小,可针对多变量进行协整检验,因此采用 Johansen 检验法。

(1)最佳滞后阶数

Johansen 检验通过建立无约束 VAR 模型来进行多变量协整检验,因此,首先确定 VAR 模型的最优滞后阶数。以下基于无约束 VAR 模型的 AIC、SC、FPE 和 HQ 准则,以多数原则确定最优滞后阶数。如表 6-4 所示,滞后 4 期为最优滞后阶数。

表 6-4 最优滞后阶数

Lag	LogL	LR	DF	P	FPE	AIC	HQIC	SBIC
0	131.896				5.1e−10	−12.8896	−12.8605	−12.7403
1	146.258	28.723	9	0.001	3.0e−10*	−13.4258	−13.3092	−12.8284*
2	155.428	18.34	9	0.031	3.2e−10	−13.4428	−13.2387	−12.3973
3	156.851	2.8457	9	0.970	8.4e−10	−12.6851	−12.3935	−11.1915
4	177.282	40.862*	9	0.001	4.2e−10	−13.8282*	−13.4492*	−11.8865

注:* 表示在该准则下,应该选择的最优滞后阶数

（2）Johansen 协整检验

在确定最优滞后阶数之后,选择滞后 4 期进行 Johansen 协整检验,判断 GEL、$GVCPA$ 与 $OPEN$ 之间是否存在长期均衡关系。如表 6-5 所示,当协整秩为 0 时,Trace 统计量为 47.1194,高于临界值 29.68,表明至少存在一个协整关系;当协整秩为 1 时,Trace 统计量未能超过临界值,这意味着没有足够证据表明存在超过一个的协整关系。特征值衡量了各协整等级中添加的每个新协整向量对模型解释能力的增加,可以发现特征值从 0.84455 逐渐减少到 0.37480,然后到 0.02455,这表明每增加一个协整向量,对模型的贡献度逐渐降低。由此,协整检验的结果表明这三个变量之间存在一个协整关系。

表 6-5   Johansen 协整检验结果

RANK	对数似然值	特征值	迹检验统计量	临界值5%
0	153.72247		47.1194	29.68
1	172.33669	0.84455	9.8909	15.41
2	177.03357	0.37480	0.4972	3.76
3	177.28217	0.02455		

4. 向量误差修正模型(VECM)

由协整检验确定各变量间存在长期均衡的协整关系,而在短期内,变量间可能会偏离其长期均衡状态,但会逐步向长期均衡正态调整。于是可以通过建立 VECM 模型来进一步分析变量之间的短期动态关系,以下采用如下形式的向量误差修正模型:

$$\Delta y_t = a_0 + \sum_{i=1}^{m} a_i \Delta y_{t-i} + \sum_{j=1}^{n} \beta_j \Delta x_{t-j} + \theta VECM_{t-1} + \varepsilon_i$$

$$(6-21)$$

得到的协整方程为:

$$VECM_{t-1} = OPEN_{t-1} - 0.6578594\,GEL_{t-1} - 0.6386181\,GVCPA_{t-1} -$$
$$0.001499 \qquad\qquad (6-22)$$

　　从方程中的系数来看:GEL 变量的系数为 0.657 859 4,这意味着全球经济领导权评价指标每增加 1 个单位,开放型经济发展水平就会增加约 0.657 859 4 个单位;全球价值链参与指数每增加 1 个单位,开放型经济发展水平就会增加约 0.638 618 1 个单位。这表明,全球经济领导权以及全球价值链参与指数的提升可能会促进中国的开放型经济发展。

　　在进行后续分析之前,应对 VECM 模型进行稳定性检验,如图 6 - 1 所示,除 VECM 模型自身所假设的特征根的倒数值落在单位圆上,其余特征根倒数值均在单位圆内。因此,本节所建立的 VECM 模型是稳定的。

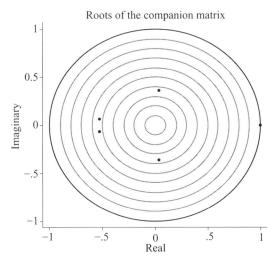

图 6 - 1　VECM 模型稳定性检验

5. 脉冲响应分析

　　既然 VECM 模型经检验得到的是一个稳定的系统,那么就可以对其经济变量的动态关系进行进一步的脉冲响应函数方法(impulse response function, IRF)分析。脉冲响应分析是对随机干扰项给定一个标准差的冲击,从而观测当前以及将来内生变量的动态变化。根据脉冲响应分析原理,得到脉冲响应图,如图 6 - 2 所示。

　　由图 6 - 2 可知,横坐标轴代表滞后的期数,并且由于以下所考察的变量均具有长期趋势,所以对该经济体系进行了 30 个周期的动态分析;纵坐标轴

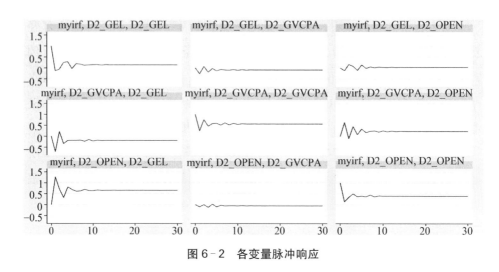

图 6-2   各变量脉冲响应

代表变量的变化率,它表示受到其他变量随机误差项一个标准差的冲击影响后,该变量当前以及未来的反应程度和持续时间。下面以 *OPEN*、*GVCPA*、*GEL* 分别对自身和其他两个变量的冲击来分析各自的响应程度。

如图 6-2 所示,第一行的 3 个脉冲响应图是 *GEL* 的冲击对各变量的影响程度及趋势,从中可知,给全球经济领导权 *GEL* 一个标准差的冲击后,*GEL* 对自身的冲击反应显著,受到响应值为 1 的正向影响,之后逐步减小并趋于零,这表明 *GEL* 的冲击对自身有正向的影响;*GEL* 对 *GVCPA* 的冲击在第 1 期冲击产生的影响为 0,之后给 *GVCPA* 带来长期的负向影响;*GEL* 对 *OPEN* 的冲击在第 1 期冲击产生的影响也为 0,在 10 年内带来的冲击有正向的也有负向的,后续带来长期的正向影响。由此说明:从长远角度来看,全球经济领导权具有较强的自我积累和自我促进作用;*GEL* 对 *GVCPA* 从长期来看产生一定的负面影响,原因可能在于随着一个国家或地区的全球经济领导地位的提升,它可能会倾向于在全球价值链(GVC)中进行产业升级,从而减少在低端制造或加工环节的参与,这种产业升级可能导致替代效应,即国内生产开始替代进口,减少对外部供应链的依赖,同时在加强其全球经济领导地位的过程中,国家可能会采取更加策略性的贸易和投资政策,包括提高关税壁垒、实行进口替代策略,以及推动国内产业的发展,这样的政策可能对全球价值链参与度产生负面影响,因为它们限制了市场的开放程度和贸易的自由流通;GEL 对 OPEN 的促进作用存在滞后性,滞后 10 期之后开始体现在开放型经济水平上,而且从长期来看,该促进效果为稳定且正向的。

第二行的三个脉冲响应图是 GVCPA 的冲击对各变量的影响程度及趋势,我们可以发现给 GVCPA 一个标准差的冲击之后,GVCPA 对 GEL 第 1 期的响应值为 0,随后达到峰值 0.25,最后趋近于−0.2,说明 GVCPA 给 GEL 带来一个滞后、长期的负向影响。原因可能是当参与全球价值链的程度增加时,国内企业可能面临来自其他国家或地区更激烈的竞争,这种竞争可能会限制本国企业的市场份额和利润,从而削弱其在全球经济中的地位。GEL 对自身的冲击反应显著,当期就受到响应值为 1 的正向影响,之后趋近于 0.6,这表明 GVCPA 的冲击在长期内对自身有较大的正向影响;GVCPA 对 OPEN 的冲击在当期的响应值为 0,在随后的滞后期中逐渐趋近于 0.25,说明 GVCPA 对 OPEN 带来一个滞后且正向的影响。

第三行的三个脉冲响应图为 OPEN 的冲击对各变量的影响程度及趋势,OPEN 对自身的冲击在最初有一个显著的正向反应,之后快速回落并趋于平稳。这反映了开放型经济有弹性并且能够适应外部冲击;OPEN 对 GVCPA 的影响在初始冲击后波动并趋于稳定,这可能表明开放型经济的变化对全球价值链的参与度有持续的影响。OPEN 对 GEL 的反应在一开始有一个较大的正向冲击,然后迅速平稳,这表明开放型经济的发展可能对全球经济领导权有即刻的正面影响。

6. 方差分解

一般情况下,脉冲响应函数捕捉的是一个变量的冲击对另一个变量影响的动态路径,而为了分析影响内生变量的结构冲击的贡献度,在此对模型进行方差分解。即把 VECM 模型系统内一个变量的方差分解到各随机扰动项上,并提供每个扰动因素影响模型内各变量的相对程度,从长期角度来分析全球经济领导权对中国开放型经济转型升级的影响程度。

如图 6-3 所示,GVCPA、OPEN 在对自身的冲击过程中其自身的解释占据较多的部分,尤其是 OPEN 对自身变动影响的贡献度在前几期内呈现快

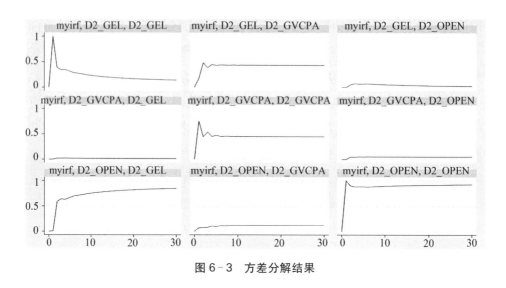

图6-3　方差分解结果

速增长的态势,5 期之后增长趋势逐渐缓解并维持在接近 1 的较高水平。
GEL 以及 GVCPA 在分别对 OPEN 的冲击中的前几期有一定的贡献率且在
后续保持长期且正向的解释力度,方差分解的结果符合前文得出的结论。

　　7. 结论

　　本节采用中国 1995—2020 年相关时间序列数据,通过单位根检验、协整
检验、向量误差修正模型、脉冲响应分析和方差分解,对全球经济领导权、全
球价值链参与度和中国开放型经济发展水平之间的关系进行实证分析,得出
如下结论。

　　第一,全球经济领导权、全球价值链参与度和开放型经济发展水平的二
阶差分均通过 ADF 单位根检验,为同阶单整序列,满足协整检验的前提条
件;基于 AIC、SC、FPE 和 HQ 准则,确定最佳滞后阶数为 4 阶。

　　第二,全球经济领导权、全球价值链参与度和开放型经济发展水平之间
存在 1 个长期均衡关系,即存在协整关系,满足建立向量误差修正模型的前提
条件。此外,根据协整方程可以得出 GEL 与 OPEN 呈正相关关系。

　　第三,根据脉冲响应分析结果可以得知,全球经济领导权转移与全球价
值链参与度均对开放型经济转型升级存在滞后效应,当期的全球经济领导权
转移和全球价值链参与度提升对于开放型经济不起到推进作用,而从滞后一

期开始对开放型经济产生正向影响,因此二者对开放型经济转型升级的影响过程存在时滞。

第四,根据方差分解结果可以看出,全球经济领导权以及全球价值链参与度对于中国开放型经济转型升级都有着一定的贡献率。

第二节　中国全球经济领导权国际支持与高水平对外开放

一、技术引进与创新

(一) 中国科技进步

中国在过去几十年中通过引进国外先进技术,结合国内实际情况进行消化吸收,逐步提升了自身的技术水平,同时在引进技术的基础上,中国积极推动自主创新,加大研发投入,培育技术人才,建设创新平台。通过国家重大科技专项、国家重点实验室、创新型企业等措施,中国取得了一系列重大科技成果,涵盖人工智能、生物技术、新能源等前沿领域。中国不断推动科技成果向市场转化,促进了技术与产业的深度融合,在电子商务、移动支付、共享经济等领域,中国也已经涌现出多个全球领先的科技企业,成为世界范围内的标杆和引领者。随着中国技术实力的提升,中国在国际技术合作中发挥着越来越重要的作用。中国积极参与国际技术标准的制定和推广,推动了一系列中国提出的技术标准在全球范围内的应用,为全球技术发展贡献了中国智慧。

1. 科技期刊

如图 6 - 4 所示,在过去二十多年里,中国和美国在科技领域的发展呈现出了截然不同的轨迹。从 1996 年到 2020 年,中国科技期刊的发表数量从33 621 篇飙升至 669 744 篇,几乎增长了 20 倍,展现出了令人瞩目的增长速度。相比之下,美国科技期刊的发表数量虽然也在增长,但速度相对平稳,从313 391 篇增加到 455 855 篇,增长幅度大约为 45%。这一对比鲜明地描绘了中国在科技发展上的迅猛进步,以及相对于美国,中国如何在短短几十年间

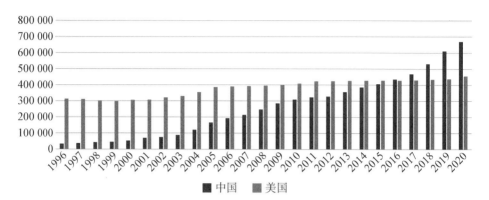

图 6 - 4　中美科技期刊发表数对比

显著缩小了两国之间的差距。

　　中国科技发展的这一壮观景象不仅仅是数量上的增加,它还象征着中国在全球科技舞台上日益增长的影响力和竞争力。科技期刊发表数量的激增,反映了中国科研人员的研究成果得到更广泛的认可,同时也暗示中国科研实力和创新能力的提升。这种发展势头不仅为中国带来了更大的国际话语权,也促进了国内科技创新环境的繁荣。

　　然而,与美国相比,中国虽然在科技期刊发表数量上取得了巨大进步,但美国依旧在科技研究的深度和广度以及创新生态系统的成熟度方面保持领先。美国长期以来一直是全球科技创新中心,拥有众多世界级的研究机构和科研人才。这提醒我们,虽然中国在追赶过程中取得了显著成绩,但要在科技创新的质量、深度和原创性上与美国展开更为激烈的竞争,还需要不懈努力。

　　展望未来,中国科技的快速发展既是机遇也是挑战。一方面,这代表着中国科技实力的显著提升和国际竞争力的增强;另一方面,也需要中国在追求科研数量增长的同时,更加注重科研质量的提升、科研诚信的维护以及创新能力的培养。中美两国在科技领域的竞争和合作将在未来塑造新的国际科技合作和竞争格局,对两国乃至全球科技发展产生深远影响。

　　2. 专利数量

　　如图 6 - 5 所示,在过去几十年的时间里,中国居民专利申请数量从 1985

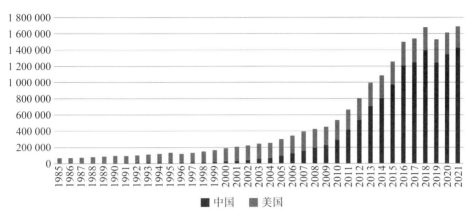

图 6-5　中美居民专利申请数量对比

年的 4 065 件增长至 2021 年的 1 426 644 件。这一跨度中,中国的年均增长率
呈现出显著的上升趋势,尤其是进入 21 世纪后,增长速度进一步加快。例如,
从 2000 年到 2021 年,中国的专利申请数几乎每隔几年就翻一番,显示了中国
科技创新活动的爆炸式增长。这一增长在全球范围内是非常罕见的,尤其是
在这样的大基数之上。

　　与此同时,美国作为一个长期以来在科技创新方面占据领导地位的国
家,其居民专利申请数量也呈现出增长的趋势,但增速远不如中国。美国从
1985 年的 63 673 件增长至 2021 年的 262 244 件。虽然美国在全球专利申请
数量中仍占有重要位置,但其增长速度明显放缓,尤其是进入 21 世纪以来。

　　对比中美两国,显然中国的专利申请数增长速度更为迅猛,这一方面反
映了中国政府在推动科技创新和知识产权保护方面的高度重视,另一方面也
体现了中国科研人员和企业在科技创新活动中的活跃度与创造力。中国在
专利申请数量上的显著增长,尤其是在某些关键技术领域如信息技术、生物
技术和清洁能源技术,不仅缩小了与发达国家的差距,还在某些领域实现了
超越。然而,专利数量的增加同时也带来了质量和效率的挑战。中国需要进
一步优化专利申请和审批流程,提高专利质量,确保专利保护制度更加健全
和高效,从而更好地促进科技创新和知识产权的国际合作与交流。

　　总体而言,通过专利申请数的对比分析,我们可以清晰地看到中国在科

技创新方面取得了显著进步,这不仅改变了全球科技创新的版图,也预示着中国未来在全球科技竞争中将发挥更加重要的作用。

3. 高科技出口

高科技出口是衡量一个国家科技实力和全球竞争力的重要指标之一。如图 6-6 所示,从 2007 年到 2022 年,中国的高科技出口额从约 3 425 亿美元增长到约 7 697 亿美元,尽管在这段时间内有波动,但整体呈现出显著的增长趋势。特别是从 2015 年到 2021 年,中国的高科技出口额经历了一次显著的飙升,从 6 522 亿美元增长到 9 423 亿美元,这一跃升反映了中国高科技产品在全球市场上的增强竞争力和需求的快速增长。

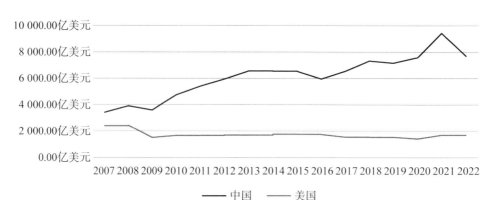

图 6-6   中美高科技出口对比

相比之下,美国的高科技出口在这段时间内表现出相对平稳的态势,从 2007 年的约 2 405 亿美元到 2022 年的约 1 664 亿美元,尤其是在 2020 年至 2021 年期间,美国的高科技出口额有所下降,而中国在同一时期则显示出了强劲的增长势头。

这一对比明显显示,中国在高科技出口方面取得了巨大进步,不仅在总量上迅速增长,而且在全球市场份额上也在不断扩大。这一进步不仅是中国科技实力提升的体现,也反映了中国在全球科技产业链中日益重要的地位。

中国高科技出口的增长,一方面得益于其在电子、通信、计算机硬件等关键高科技领域的持续投资和研发成功,另一方面也得益于中国政府对高科技产业发展的大力支持和国际贸易环境的有利变化。此外,随着全球经济一体化程度的加深,中国高科技企业能够更加有效地进入国际市场,参与全球竞争。

综上所述,中国在高科技出口方面的显著进步,不仅标志着其科技实力的大幅提升,也为全球高科技产业格局的变化贡献了重要力量。在未来,中国和美国在高科技领域的竞争与合作将继续影响全球科技进步的方向和速度。

(二) 中国科技产业发展与全球产业链重组

中国科技产业发展与全球产业链重组是一个相互影响、相互促进的过程。随着中国经济转型升级,科技产业已成为推动经济发展的重要力量,同时全球产业链的重组也为中国科技产业的发展提供了新的机遇和挑战。

1. 中国科技产业发展

在全球经济一体化的背景下,科技创新能力是国家竞争力的重要体现。通过加强科技创新,中国可以在全球市场中占据更有利的竞争地位,提升国家的国际影响力。科技创新是推动经济转型升级的关键力量。通过科技创新,可以提高产业的附加值,促进传统产业的技术改造和新兴产业的发展,从而实现经济结构的优化。同时科技创新还有助于解决资源环境约束问题,推动绿色发展和循环经济,实现经济社会发展的可持续性。中国政府提出了创新驱动发展战略,加大了对科技研发的投入,鼓励企业和科研机构进行科技创新活动。中国科技创新驱动发展战略是中国政府为了应对经济发展新常态、转变经济增长方式而提出的重要战略,其核心是通过增强科技创新能力,推动经济结构优化升级,实现由要素驱动向创新驱动的转变,从而促进经济的持续健康发展。

在传统产业结构优化方面,中国传统产业结构优化是中国经济发展中的重要议题,特别是在当前全球经济形势和国内经济转型的背景下,这一议题显得尤为关键。传统产业作为中国经济的基础和支柱,在推动经济增长、解决就业、维护社会稳定等方面发挥着重要作用。然而,随着经济发展进入新常态,传统产业面临转型升级的压力和挑战。为了促进供给侧改革的实现,中国科技产业的发展促进了产业结构的优化升级，传统制造业正在向智能化、绿色化转型，而新兴的科技产业如大数据、云计算、生物技术等正在迅速崛起。

随着全球市场竞争的加剧和新兴经济体的崛起，中国传统产业必须通过优化升级来提高自身的竞争力，以维持和扩大市场份额。长期以来，中国传统产业的发展模式较为粗放，资源消耗大、环境污染严重。优化产业结构，推动绿色发展，是实现可持续发展的必然选择。随着居民收入水平的提高和消费结构的变化，市场对高质量、个性化、高附加值产品的需求日益增长。传统产业需要优化产品结构和服务模式，以满足新的市场需求。在创新方面，中国正在实现从"中国制造"到"中国智造"的转变，积极参与国际分工与合作，引进国外先进技术和管理经验，拓展国际市场，提升产业的国际竞争力。通过淘汰落后产能、兼并重组等方式，优化产业布局，减少无效和过剩供给，提升产业链水平。同时推动制造业与互联网、大数据、人工智能等新一代信息技术的深度融合，发展智能制造，提高产业的智能化水平。

在 2024 年第十四届全国人民代表大会第二次会议期间，习近平总书记提出了"因地制宜发展新质生产力"的重大要求。新质生产力具有高科技、高效能、高质量的特征。按照"十四五"规划相关要求和国家层面部署未来产业的政策安排，新一代信息技术、生物技术、新能源、新材料、高端装备、新能源汽车、绿色环保以及航空航天、海洋装备等战略性新兴产业，以及类脑智能、量子信息、基因技术、未来网络、深海空天开发、机器人、人工智能、元宇宙、增材制造、柔性电子、氢能储能、细胞治疗产业，都是各地积极部署、竞相角逐的重要产业领域，是培育新质生产力的重要引擎。

新质生产力的发展与中国科技进步的关系是相辅相成的。在现代经济中，新质生产力代表基于高科技、高效能和高质量的生产方法与产业模式，这些正是推动经济和社会发展的关键动力。新一代信息技术、生物技术、新能源、新材料等领域的快速发展，不仅促进了科技创新，也成为推动中国经济转型和升级的核心力量。通过引入和培育这些高科技产业，中国能够在全球经济中占据更有利的竞争位置。随着经济发展进入新的阶段，传统产业面临升级换代的需求。新质生产力如智能制造、绿色环保技术和高端装备制造的培育和推广,为中国传统产业提供了升级路径,帮助其实现从低附加值向高附加值转变。

在全球化背景下,新质生产力的培育还意味着加强国际合作和技术交流。通过与其他国家和地区的合作,中国可以在人工智能、元宇宙、量子信息等前沿技术领域获取新的知识和技能,增强其在国际舞台上的科技竞争力。由此看来,新质生产力的发展是中国科技进步和经济发展战略的核心组成部分,它不仅关系到中国的长期经济健康,也影响到本国的国际地位和影响力。

2. 全球产业链重组

随着全球经济一体化的深入发展,产业链的全球布局成为常态。但由于近年来在新冠病毒感染疫情、地缘关系紧张、战争等诸多因素的影响下,全球经济环境不确定性加大,全球产业链发生了重组。面对全球经济的不确定性,为了维持自身的正常经营,许多跨国公司开始寻求供应链的多元化,以降低风险。同时出于对技术与知识产权的保护,很多高科技产品供给国现在都减少甚至停止了对外出口,很多跨国公司因此出现了生产问题。恰逢此时中国科技产业飞速发展,使得中国成为全球产业链中的重要一环,尤其是在电子产品、机械设备等领域,为全球企业提供了新的合作机会和替代选择。

在全球产业链重组的过程中,新一轮科技革命和产业变革也在推动国际生产和贸易体系的重构。数字化、绿色化、融合化成为全球产业链发展的新趋势。大数据、人工智能、物联网等新兴技术的应用,正在改变生产方式和效率,促使产业链向更高效、更环保的方向发展。但美国主导的逆经济全球化趋势和贸易保护主义的兴起,对全球产业链造成了影响。一些国家开始考虑供应链的安全和稳定,倾向于将生产活动迁回国内或转移到地缘政治风险较低的地区,导致产业链出现本土化、区域化的趋势。而中国有着良好的地缘关系和高效的生产力,同时由于在全球产业链重组的过程中,技术标准和规则的制定变得越来越重要,"中国标准"正在被越来越多的国家认可,"中国标准"正在朝着成为"世界标准"的方向去努力。中国作为世界工厂,在全球产业链中占据重要地位。尽管面临逆经济全球化和疫情的挑战,中国凭借其完整的产业链、成本优势和庞大的消费市场,短期内在全球产业链中的地位不会受到本质性影响。中国正在通过创新驱动和产业升级,提升产业链的附加值和竞争力。

全球产业链重组已成定局,在这个过程中,中国不断适应变化,优化供应链管理,提高产业链的韧性和效率,同时加强与国际社会的合作,共同应对全球产业链重组带来的挑战,促进全球经济的稳定与繁荣,尽显大国担当。

3.“中国制造 2025”与全球制造业竞争格局

“中国制造 2025”是中国政府为推动制造业升级和转型而制定的一项重要战略规划,旨在通过技术创新、智能制造、绿色发展等手段,提升中国制造业的整体竞争力。在全球制造业竞争格局中,“中国制造 2025”的实施对促进中国制造业的高质量发展具有重要意义。通过这一战略,中国致力于从制造大国向制造强国转变,不断提高制造业的技术水平和产品附加值。

技术创新是推动制造业发展的关键因素。在当今全球化和信息化时代,制造业作为国民经济的重要支柱,正面临前所未有的发展机遇与挑战。在这种背景下,技术创新成为推动制造业发展的关键因素,它不仅能够提升企业的核心竞争力,还能够促进整个行业的转型升级和可持续发展。技术创新能够为制造业带来新的产品、新的生产方式和新的市场机会。通过不断的技术革新,企业可以开发出更加符合市场需求的产品,提高产品的质量和性能,从而增强市场竞争力。同时,技术创新还可以优化生产流程,提高生产效率,降低成本,使企业在激烈的市场竞争中保持优势。随着全球经济一体化的深入发展,制造业的国际竞争日趋激烈。技术创新可以帮助企业把握市场动态,及时调整产品结构和产业结构,从而更好地适应市场变化。通过技术创新,企业可以向高技术含量、高附加值的领域转型,推动制造业向中高端迈进。“中国制造 2025”强调通过技术创新来提升制造业的核心竞争力,通过加强研发投入、鼓励创新创业、培养高水平的技术人才等措施,中国正在逐步缩小与发达国家在高端制造领域的差距。

智能制造是提升制造业效率和质量的重要途径。在全球化和信息化的大背景下,制造业正经历前所未有的变革。智能制造作为工业 4.0 核心的体现,已经成为推动制造业转型升级、提升效率和质量的重要途径。通过引入先进的信息技术和制造技术,智能制造正在重新定义制造业的未来。"中国制造 2025"倡导利用信息技术和互联网技术,推动制造业向智能化、网络化、柔性化方向发展,有助于提高生产效率,降低生产成本,提升产品质量。中国企业不断进行技术升级,加强人才培养,并建立企业的创新文化,推动"制造"向"智造"转型,不仅提升企业的核心竞争力,还能够推动整个制造业的可持续发展,从而增强中国制造业在全球市场的竞争力。

绿色发展是实现可持续发展的必要条件。环境保护和可持续发展已成为全球共识,技术创新在推动制造业发展的同时,也有助于实现绿色生产和清洁生产。通过研发和应用节能环保的技术、材料和工艺,制造业可以减少对环境的不利影响,提高资源利用效率,实现经济发展与环境保护的双赢。"中国制造 2025"注重环境保护和资源节约,推动制造业向绿色、低碳、循环发展转型。这不仅有助于改善生态环境,提高人民生活质量,也有利于提升中国制造业的国际形象和竞争力。

在全球制造业竞争格局中,"中国制造 2025"的实施有助于提升中国制造业的整体水平,增强其在全球市场的竞争力。同时,中国也积极参与国际合作和交流,推动全球制造业的共同发展和繁荣。"中国制造 2025"是中国制造业发展的重要战略,对于提升中国在全球制造业竞争格局中的地位具有积极意义。通过技术创新、智能制造和绿色发展,中国正努力实现从制造大国向制造强国的转变,为全球制造业的繁荣和发展作出贡献。全球经济领导权转移为中国产业升级和技术革新提供了重要机遇。通过加大在高端产业和前沿技术上的投入,中国正努力提升其在全球经济中的地位,这不仅有利于其自身经济发展,也对全球经济格局产生重要影响。随着技术革新推进和产业升级实现,中国有望在未来全球经济竞争中发挥更加重要的角色。

二、资本流动与国际合作

(一)加速对外开放

在中国高质量发展战略中,"引进来"的方针主要聚焦于通过吸引外国直接投资、先进技术、高端人才以及先进的管理经验等方面的资源,以加速国内经济结构的优化升级和创新能力的提升。为了实现这一目标,中国政府采取了一系列积极措施,旨在创造一个更加开放、透明且具有国际竞争力的营商环境。中国大幅度放宽了对外资的市场准入限制,特别是在服务业、高端制造业和高新技术产业等关键领域,外资企业现在能够在更加公平的条件下参与到中国市场的竞争中,这不仅为中国带来了必要的资金和技术输入,也促进了产业结构的升级和优化。

为了吸引外资和技术,加大知识产权保护力度成为中国政府的又一重要举措。通过建立和完善知识产权法律法规,加强知识产权的执法和司法保护,中国正努力营造一个安全、可靠的投资环境,提高外商的信心,从而吸引更多的技术和知识密集型投资。中国政府还注重改善营商环境,通过简政放权、减税降费等一系列政策措施,降低企业运营成本,提高市场的活力和效率。通过这些措施,中国正在更加积极地融入全球市场,为外国投资者提供更广阔的市场机会和更公平的竞争环境。在国际合作方面,中国积极参与和推动多边贸易体系,如加入世界贸易组织(WTO)并积极参与区域全面经济伙伴关系协定(RCEP)等。此外,中国推出的"一带一路"倡议是加强与沿线国家在基础设施建设、贸易、投资等领域合作的重要举措。这些努力使得中国成为全球企业投资的热土,增强了中国经济的内在活力和动力。

(二)促进国际合作

中国积极参与国际合作,通过签署自由贸易协议和加入国际经济合作组织等方式进一步融入全球经济体系,这一策略不仅促进了与世界各国的经济技术交流和合作,而且显著加速了国内产业的国际化进程和技术水平的全面提升。这种深度的国际合作跨越了经济领域,扩展到科技、教育、文化和环境保护等多个重要领域,通过学术交流、联合研究项目以及丰富的文化交流活动,中国不仅成功分享了自身的发展经验,同时也吸收了国际上的先进知识和技术,这种交流和合作大大促进了国内创新能力的增强,也为中国的可持续发展注入了新的活力。

在全球治理方面,中国正通过积极参与国际事务和多边机构,如联合国、

G20、亚太经济合作组织（APEC）等，推动构建一个更加公平和合理的国际政治经济秩序。中国的这一角色不限于经济领域，还包括在解决全球性挑战，如气候变化、减少贫困、公共卫生和可持续发展等方面的贡献。中国致力于推动全球治理体系的改革和完善，主张建立一个多边主义的国际秩序，强调合作和共赢，以应对全球性问题和挑战。

这种对外开放和国际合作的深化，不仅促进了中国经济的持续健康发展，也为世界经济的稳定和繁荣作出了显著贡献。在当前全球经济结构不断调整和国际力量对比发生变化的背景下，中国的这些行动有助于推动建立一个更加开放、公正、平衡、包容的国际经济环境。随着中国在全球舞台上的影响力持续增强，其在推动全球经济治理改革和完善中的角色与贡献也越发显著，中国已经成为全球治理体系中不可或缺的重要力量，其主张和行动在很大程度上影响着国际社会的发展方向和全球治理的未来格局。

三、经济金融不确定性增加

全球经济领导权转移给中国带来了更多的外部挑战和不确定性，这对中国经济高质量发展策略产生了重要影响。一方面，全球贸易环境变化给中国出口导向型经济模式带来了挑战。贸易保护主义抬头、国际贸易政策不确定性以及主要贸易伙伴国经济政策的变动，都对中国外贸产生了直接影响。这迫使中国加快经济结构调整，从依赖出口转向更加注重内需驱动的增长模式。另一方面，国际金融市场波动性增加也给中国经济带来了不确定性。全球金融危机后，主要经济体货币政策调整，特别是美国退出量化宽松政策，导致全球资本流动和汇率波动加剧。中国作为全球第二大经济体，需要在保持金融市场稳定和防范金融风险之间寻找平衡。

在能源和资源市场方面，全球能源价格波动对中国经济稳定也构成挑战。作为世界最大的能源消费国和进口国，国际油价和其他大宗商品价格波动对中国经济增长和通货膨胀有显著影响。此外，国际地缘政治的复杂性也给中国带来外部调整的压力。地区冲突、国际关系的紧张和全球治理结构的变化都可能影响中国的国际贸易和投资环境。因此，中国需要在维护自身利益的同时，积极参与国际事务，推动构建稳定和平的国际环境。

　　科技竞争和标准制定方面的不确定性也是中国面临的一个重要外部挑战。随着科技的快速发展，特别是在人工智能、5G 通信和生物技术等领域，国际上对技术标准和知识产权的争夺日益激烈。中国需要在保护自身技术成果的同时，积极参与国际标准的制定，以提升其在全球科技竞争中的影响力。加剧的外部调整和不确定性要求中国在深化供给侧结构性改革的同时，增强对外部风险的应对能力，保持经济的稳定和持续增长。这需要中国在国内经济政策和国际战略布局上进行灵活调整，以适应不断变化的全球经济环境。

第三节　金融安全与中国式现代化

一、金融安全与中国式现代化的内在逻辑

　　在全面建成小康社会的基础上，习近平总书记在新时代提出了中国式现代化的重要论断，这是中国人民依据自己独特的历史、文化、人口和自然资源禀赋作出的必然选择，既有各国现代化的共同特征，更有基于国情的中国特色。然而，伴随着国内外各种风险纷至沓来，实现中国式现代化要比以往任何一个时期更需要良好的金融环境来维护经济社会发展。金融是实体经济的血脉，金融发展能够降低金融交易成本，优化资源配置，促进经济增长已经成为学术界的共识。在全球化加快和信息技术加速变革的时代背景下，金融交易突破了区域屏障和时空限制，在降低交易成本，实现金融市场效率的同时，随着经济金融化趋势的增强，日益暴露出金融市场与社会脱节的弊端，对经济社会产生了一定的负面影响。特别是在经济萧条时期，金融摩擦会严重加剧经济衰退的负面波动和消极冲击，如果不对金融发展加以有效监管，任由资本无序扩张，放任资本逐利，必将严重破坏经济生态环境，侵蚀高质量发展的经济根基。因此，有效防范金融风险、维护金融安全是实体经济健康发展的重要前提，也是实现经济高质量发展的重要基础。

金融与风险始终相伴,金融融入经济社会越广越深,可能带来的风险影响就越复杂。一些国家的经验教训表明,严重的系统性金融风险和金融危机不仅会导致经济长期衰退,使多年的经济发展成果和社会财富毁于一旦,还会外溢为全球金融风险,波及其他国家。20世纪以来发生的次贷危机、欧债危机引发全球金融海啸,把很多国家拖入经济失速、金融失信、社会失衡、民众失业的境地,负面影响至今尚未完全释放。从全球范围来看,金融实力更是国际竞争与地缘政治博弈的核心实力,"武器化金融"也成为特定国家冲击其他国家经济稳定,制裁别国金融市场运行的重要手段,国际竞争胜败之间的须臾转换、利益得失取决于金融的正确定位和控制程度。

从国内来看,金融的影响力已经辐射到社会、经济、文化、军事、国防等各个方面,金融安全与国家安全联系紧密,二者存在静态与动态两种层次的联系。从静态关系来看,金融安全是国家安全的重要组成部分。1929年美国爆发的金融危机,最终导致全球经济的紊乱,使得全球地缘政治发生重大变故,进而产生了一系列的保护主义,最终导致全球政治格局的崩溃和第二次世界大战的爆发,给世界各国的国家安全带来了重大威胁。从动态关系来看,金融安全是实现国家安全的重要手段,所谓金融就是资金融通,就是在市场经济中调动整个资源的有效配置,它对国家建设起到非常关键的作用,是实现国家安全的重要路径。纵观世界各国经济金融发展史,任何一个国家的现代化建设都离不开强大金融安全监管体制下的金融体系支持。反之,缺乏金融安全监管的金融体系运行可能会对该国现代化进程造成阻滞甚至中断。这要求我们必须要增强忧患意识、以史为鉴,充分借鉴世界经济金融发展史上的经验与教训,依靠金融安全为中国式现代化实现保驾护航。

二、实现中国式现代化必须走好金融安全之路

中国要把主动防范化解系统性金融风险放在更加重要的位置,科学防范,早识别、早预警、早处置。实现中国式现代化是当前主要任务目标和工作方向,充分考虑金融安全在此过程中的重要性,我们必须要争取主动,从以下五个方面部署科学的金融风险防控战略。

(一) 建立全方位房地产金融风险防控机制

一方面,构建完备的房地产金融风险分层监管体系。在房地产金融风险监测体系构建过程中,要分别从政府部门、行业组织和社会群体三方着手,将监管主体划分为三个层级:一是银保监会对房地产金融风险的违规操作和高杠杆等行为进行监管;二是由行业组织对高风险房地产企业进行监督;三是其他社会群体组织对房地产行业金融风险进行监测与举报。与此同时,完善房地产金融风险监测指标也是健全房地产金融风险监管体系的重要一环。在风险监测体系中,信用风险和市场风险是最为常见的风险类型。为了充分识别这两类风险,我们需要先明确具体的指标体系,例如借款人信用记录、财务状况、还款能力等。通过这些指标来量化风险的大小和可能性,以便对风险进行有效的评估和控制。一旦指标体系确定,便可以将其与贷款违约率进行对比,以测度相应的风险,采取相应的措施进行风险管理。此外,抵押品的价值和变现能力也是评估风险的重要因素。如果抵押品的价值相对较高且易变现,即使借款人违约,银行也不会遭受太大损失。另一方面,防止房地产泡沫破灭的核心要义在于稳定房价,房价大幅下跌往往伴随着房贷风险。从宏观调控政策的视角来分析,不仅需要避免"大水漫灌"问题,而且还需要避免"硬着陆"的紧缩问题,尽可能维持政策的稳定性,避免大幅度调整引发房地产泡沫被刺破的风险。

(二) 重视金融数据安全与防范技术建设升级

金融数据产业作为重点领域和新兴领域,是新时代推进金融高质量发展的重要组成部分。针对频繁发生的金融数据安全事件,首先,政府部门和金融机构需要更加重视内部数据安全体系和制度建设。政府监管部门要充分认识到数据安全的复杂性、广泛性、共生性,监管视野要涉及数据收集、存储记忆、加工处理、数据搬运等各个方面,避免出现安全漏洞和死角,同时加强彼此之间的统筹协调,形成数据安全监管机制闭环。金融机构应梳理业务数据应用生命周期过程的收集、存储、使用、加工、传输、提供等环节中的数据资产、应用场景和操作过程;对数据资产进行分类分级,形成数据保护目录,并持续地对数据资产及资产应用场景开展风险评估。其次,重视金融数据安全防护技术建设。摒弃发展滞后的安全防护技术,利用新技术建立完善的数据存储和处理机制,防范数据泄露和丢失的风险,对风险较大的数据资产建立数据安全保护系统。转变数据安全治理观念,化被动防御为主动,借助大数据分析和人工智能,探索金融数据治理前沿科技,综合采用身份认证、访问控制、数据加密、数据防泄露、数据脱敏、数据备份、安全存储、数据销毁、安全审计等数据安全技术,对不同安全等级的数据资产实施差异化管控。最后,重视"人才强国"与"人才强企"战略,吸收和培养金融科技安全领域的复合型人才,充分依靠人才使金融数据安全防范技术实现质的提升。加强对从业人员的数据安全技能培训,强化从业人员的数据风险防范意识。

(三) 推进外汇储备的多元化与多样化投资

中国的外汇储备数量巨大,面对美国可能采取的冻结中国外汇资产等制裁措施,为确保资产安全性、流动性和收益性,中国需要调整资产结构。美国国债面临金融制裁的威胁,无风险资产的特性不再存在。因此,中国应从战略和安全角度出发,选择适当的投资方向,实现外汇储备的多元化和多样化投资以分散资产集中风险。可以通过以下三方面实现这一目标。第一,合理降低美元外汇资产比例并调整储备资产结构。可以购买以英镑、欧元、新兴经济体国家货币为计价的外汇储备来降低美元的占比,也可以增加黄金储备量以降低汇率风险。第二,充分利用外汇储备支持中国企业国际化发展。可以利用外汇储备为国内企业提供资金支持,并借助金融机构的跨境投融资和委托贷款等业务为中国跨国公司拓宽外币融资渠道。第三,提高资源性资产的投资比例。可以购买具有战略性资源的资产,如证券化资源生产或开采企业的资产,以保障国家能源储备安全,并在能源价格上涨时获得收益。

(四) 加快人民币跨境支付系统与央行数字货币推广

构建极具中国特色的金融跨境支付系统,既是深化落实党的二十大报告中提出的关于维护金融安全的新的实践要求,也是推进中国金融安全治理体系和治理能力现代化水平的历史使命与担当。因此,要加快人民币跨境支付系统(Cross-border Interbank Payment System，CIPS)建设与完善。CIPS作为人民币跨境支付结算的核心渠道，其覆盖率遍及各国的金融市场，契合各国对跨境贸易结算、金融支付、跨境投融资等人民币业务需求。此外，CIPS建设对标PFMI①等国际标准，致力于缩减清算流程，长期保障清算安全。这些条件都为人民币跨境支付系统的完善与推广提供了重要支持。中国应在此基础上，制定相关战略进一步加快人民币国际化和CIPS推广。例如，在"一带一路"沿线国家和地区增设相关的人民币清算银行和代理银行，提升人民币在全球范围中的使用广度。除此之外，加大对央行数字货币(CBDC)发展的支持力度。作为削弱西方发达国家统治下的国际支付体系地缘政治影响力的一把"利器"，央行数字货币通过重塑跨境支付网络，对国际支付体系变革产生持续推动力。其优势在于能够打破传统跨境支付系统的货币中心化壁垒，实现货币支付多元化，在很大程度上提高支付效率，满足各国(地区)对新型国际支付系统的相关需求，有效地保障国家金融安全。在愈演愈烈的地缘政治竞争中，中国在加快数字人民币研发和试点的同时，应依托"一带一路"建设等区域合作机制有序推进人民币国际化，积极参与多边央行数字货币桥合作，建立起高效安全的数字人民币跨境支付体系。

（五）建立资本流动预警机制及减少对外币的过度依赖

银行作为对汇率波动最敏感的金融机构之一，为了有效化解资产受到汇率波动产生的不利影响，需要从"防"和"控"两方面着手。"防"是指银行需要构建相关的风险预警体系，包括建立多个数据预警指标，如短期资金流入流出、资金流动增长率、外币资产负债比、汇率波动率等，重点关注资本异动，并应用合理的计量方法确认相关风险。通过对相关评估结果进行综合分析，银行可以合理地放松或收紧资金流动政策，以及合理地调控相关审慎工具，这些措施都可以帮助银行有效地缓解金融不稳定问题。同时，银行还需要制定相关的预备方案，以便在风险恶化的情况下，能够按照预先拟定的应急方案加强相关资本管制工作。而在"控"的方面，则是指银行需要减少对外币的依

---

①　"PFMI"即《金融市场基础设施原则》的简称，是当前各国金融基础设施的纲领性文件。

赖。这是因为对外币过度依赖会使资产遭受汇率波动的影响变大,从而增加银行风险。银行可以通过逐步提高人民币使用率、降低外汇交易规模等方式来减少对外币的依赖度。相较于外币资产,人民币在本国银行间的资本流动不受汇率波动的影响,并且在对外偿付时具有更高的流动性和较低的风险。因此,银行可以采用差别性定价工具,如提高汇率风险折算因子等,以实现降低对外币依赖的目标。此外,银行还应积极推动人民币国际化,当银行间资金流入和流出均以人民币结算时,相关风险将大大降低。

第七章　中国全球经济领导权国际支持与人类命运共同体构建

人类命运共同体是习近平总书记提出的一个宏伟命题,中国在构建人类命运共同体过程中既是倡导者也是行动派,获得国际支持有助于人类命运共同体的构建。以下着眼于全球经济领导权对世界经济格局和对世界贸易需求侧的影响,研究中国全球经济领导权国际支持对世界经济和人类命运共同体构建的影响效应。

第一节　全球经济领导权转移对世界经济格局的影响

一、以"一带一路"建设打造开放新平台

由前文实证检验可知,由于美国在货币政策、贸易与投资上的离心离德,导致中国获得全球经济领导权转移的国际支持。从经济实力的对比来看,中国在 GDP 增速、制造业比重、基础设施方面早已超越美国,在科技等高新技术领域方面也在奋起直追。长远来讲,坚持推动全球化是促使中美贸易争端跳出"修昔底德陷阱"的不二道路。中美两国博弈的结果,中国胜出并担当领导全球经济的责任的可能性是存在的。原因在于,以"一带一路"倡议为例,中国秉持共商、共建、共享的原则,通过协调"一带一路"沿线国家的竞争和合作以探索构建新型全球经济治理模式。这一倡议的提出不仅表明经济全球化

的总趋势没有改变,也意味着中国开始从"韬光养晦"的无为思维向"自主布局,合作共赢"的方向转变。截至 2021 年 6 月,中国已与 140 个国家和 32 个国际组织签署了 206 份"一带一路"合作文件,以全球化发展为导向的合作治理体系正在加速形成。中国作为倡议的倡导者,也为自身提供了加快开放型经济转型升级的绝佳平台。

首先,"一带一路"倡议的实施使中国与沿线国家通过贸易合作实现共同成长。面对疫情冲击,"一带一路"沿线国家之间的贸易合作仍表现出强大的韧性。截至 2020 年,中国与"一带一路"沿线国家的货物贸易占中国货物贸易总量的 29.1%。在出口方面,中国以纺织服装、农产品、食品、机电和音像设备、钢铁及制品为主;在进口方面,以矿物燃料、有机化学品、机电设备为主。这一贸易结构的形成与中国和沿线国家之间的资源优势密不可分,即沿线大部分国家作为资源密集型国家和中国作为劳动力、资本密集型国家的互补性。当然,在近些年人口红利消失和城镇化进程加快、制造强国的潜力不断被激发的变局中,中国的比较优势开始由劳动密集型向资本、技术密集型转变,具体表现在对沿线国家的出口产品中机械和电信设备等精密仪器比重呈现上扬趋势。这一出口结构的升级调整有助于发挥贸易结构先导效应,并成为推动产业结构高度化的一支重要力量。不仅如此,中国从沿线国家进口大宗商品更是一个双赢的举措。原因在于,一方面,由于中国的开放战略具有包容、共享、共赢的特点,因此中国在对外贸易中更注重发挥沿线国家的比较优势,通过技术帮助等手段促进资源禀赋型国家的产品优势演化升级,带动沿线国家经济的繁荣发展。另一方面,中国进口大宗商品也为国内的大宗商品行业参与全球市场的竞争创造平台,并借此机会提高国内大宗商品供给水平,积极参与到国际大宗商品的定价中,提高国际话语权。这对中国来说是加快开放型经济转型升级的重要推动力。至于最终消费品,中国目前为"一带一路"沿线国家提供的最终消费品市场还有很大的提升空间,这意味着中国未来可以通过充分挖掘国内消费潜力,扩大对参与国的进口,实现"一带一路"倡议的可持续发展和中国更高水平的对外经济开放。

其次,作为"一带一路"倡议的重点之一,自由贸易区的建设以及未来自由贸易区网络的形成是中国深度参与全球经济治理的战略要求。迄今为止,中国已与"一带一路"沿线 13 个国家签署了 8 个自由贸易协定,且随着新冠病毒感染疫情的好转以及中国在国际上影响力和领导力的逐步上升,中国与沿线国家间更多的自贸协定也将被提上日程。不同于传统的自贸协定,在"一带一路"倡议下,中国与其他国家签署的自贸协定内容不仅包括进出口贸易、对外投资等常规条款,还将竞争政策、原产地规则、政府补贴、透明度要求等囊括其中。自贸区成立之后,中国与协议国通过完善基础设施、降低交通运输成本和关税成本以提高贸易效益、打造公平竞争环境、运用大数据和云计算创新合作模式等实现了更大程度的经济一体化。基于此,各国出于对未来经济治理局势的判断和对自身利益的追求,往往更倾向于与中国签署自贸协定,甚至存在寻求在自贸区网络中的节点位置的强烈动机。"一带一路"区域国家合作广度和深度的不断扩大,能够加深其与世界其他区域的融合,中国作为该倡议的倡导者和引领者,将得以参与甚至引领全球经贸结构的重构,贡献中国特色治理方案,提高中国在国际经贸格局中的话语权和影响力,为推动开放型经济全方位的转型升级赢得有利环境。此外,关于自由贸易区网络的构想,还将进一步提高人民币在沿线国家的使用率和影响力,提升国际地位从而扩大中国在参与国际货币体系规则制定中的话语权。实际上,自美元开启加息周期以来,人民币虽有所贬值,但相比其他国家货币价值的断崖式下降,人民币表现出了相对强势,长期来看人民币还将受到更广泛的青睐。由此看来,人民币持续增长的吸引力和自贸区网络构建之间存在一定程度的相互促进效应,在二者的协同作用下,中国将能够推进更深层次的开放型经济转型升级。

再次,"一带一路"倡议的基础设施投资领域是贸易畅通的保障,能够助力中国构建区域价值链。最新数据显示,中欧班列累计开行数量已突破 5 万列,铺划了 78 条运行线,连接起欧洲 23 个国家 180 个城市;与中国签署航空运输协定的沿线国家增至 100 个;中国已在沿线国家建设超 40 个包括油气电在内的重大能源项目。这一系列标志性项目的建成落地构建起了一个较为完整的基础设施网络,为节点国家间的贸易往来、资源互补、人员和资本流动、技术交流等提供了极大的便利。鉴于沿线大部分国家基础设施建设相对落后,且存在资源丰富和资金紧缺的结构性矛盾,中国加大对该领域的投资有更强的溢出效应。具体表现在:第一,基础设施的建设过程本就是资源要素再分配的过程,资金、人才、技术能够通过建设项目在国家间自由流动,实现资源的高效合理配置;第二,海陆空三线运输网络的形成加快了商品流转率,有效降低了商品的存储、流通和管理成本,激发比较优势企业的生产创造活力,从而带来了更高的经济利润;第三,由运输线连接带动起来的贸易区域将发挥产业集聚效应,以其丰富的资源、完善的基础设施和低成本优势吸引高新技术代工企业的入驻,通过技术的借鉴学习与创新,搭上科技的快车,提高产品附加值,推动产业升级。相较于沿线经济落后国家,中国在这一过程中或许不是获益最多的一方,但"一带一路"合作共赢的理念却发挥得淋漓尽致,这一价值认同能够促使更多新兴经济体加入支持中国的行列,中国借助"一带一路"倡议实现构建以自身为核心的区域价值链的战略构想指日可待。中国希望构建的区域价值链,是通过向区域国家输出技术、资金和理念,促进沿线国家经济的发展,进而为中国扩大对外贸易和投资规模、加快产业结构转型升级、推动技术创新向中高端领域迈进、实现区域经济发展再平衡创造广阔的市场和良好的外部环境。而在这一构想下,对沿线国家的基础设施投资是基础,更是关键。

面对百年未有之大变局,各国通过数字模式促进经济复苏、产业转型升级的紧迫性凸显。中国的数字"一带一路"倡议主要包括数字基础设施、数字技术、数字外交和数字经济四大方面,其中,数字基础设施建设是不可或缺的关键要素,相较于传统的基础设施投资建设,它为数字"一带一路"提高中国对外贸易产品附加值,推动产业结构升级,实现更宽领域的经济对外开放提供了广阔的数字平台。截至 2019 年,中国已与 19 个国家签署双边电子商务合作谅解备忘录,与 16 个国家签署涉及强化数字合作的谅解备忘录。同时,中国还在沿线国家积极建设国际海缆和跨境光缆系统,不断提升宽带网络基础设施和移动互联网建设速度,加快形成信息高速公路网络。在"一带一路"大部分沿线国家经济发展水平较低,数字基础设施不够完善的情况下,中国大量资金和技术的注入能够最大限度地提升沿线国家的数字化水平,挖掘数字红利,通过在通信设施、物流、电子商务、支付方式等基础领域融入数字要素来提高信息和商品流动性,实现降本增效。中国得益于此,在全球范围的贸易地位也将进一步提升。

具体而言:首先,大数据中心等信息类新基建的建设有助于缓解对外贸易信息不对称问题。一方面,信息的加速传播和获取能使贸易国及时了解商品的各项信息,以更高效的沟通来推进合作,提高成交率。另一方面,信息的及时性提高了供给和需求的匹配效率,有助于降低谈判成本。同时,商品价格也在信息洪流中逐渐透明化,降低了产品定价不合理所引致的成本,提升产品竞争中的价格优势。其次,跨境电商在数字物流的助力下尽显成本和效率优势。通过在物流运输体系中嵌入智能化仓储调控、数字化订单处理以及货物分拣,提高商品流通效率,减少运输成本。最后,数字基建的建设有利于完善沿线国家的贸易网络,双方贸易难度由此降低。这将吸引更多的小型经济体或企业加入该网络中,通过区域协同发展实现资源的优化配置,打开中国和沿线国家的消费市场,发挥数字对消费的带动作用。同时,畅通的贸易环境还将加速优胜劣汰,在国家或企业的良性竞争中,拥有中高端技术和研发创新力的一方能够抢占更大的市场份额,这对于中国这样的制造大国来说,是数字赋能带来的机遇。换言之,在数字“一带一路”倡议下,中国以对外进行数字基础设施投资建设的方式,充分运用新基建对数字经济的基础促进作用,通过降低进出口成本和价格、优化资源配置、提升科技含量占比,提高中国在全球价值链中的贸易地位,推动构建“双循环”格局。

最后,亚投行的成立为“一带一路”倡议注入活力,加强沿线国家,特别是亚洲地区国家的互联互通,推动地区经济共同繁荣。作为一个由政府主导的多边金融机构,亚投行的融资总额已达 357 亿美元,主要涉及交通、能源和电信等基础设施部门,且其辐射惠及的地区与国家正日益增多。与“一带一路”倡议坚持的理念一致,亚投行追求双赢、共赢,正如中国主导成立亚投行的首要目的是推动亚洲地区经济的发展,实现区域经济一体化。但与此同时,亚投行通过基础设施投资撬动的经济和创造的环境,也为中国开放型经济转型升级提供广阔平台。

　　具体来看,第一,亚投行以基础设施投资服务为核心业务,弥补了其他区域性或国际性金融机构的投资空白,有助于缓解沿线国家在资金和资源禀赋上的矛盾,激发亚洲地区国家的经济潜力,强化中国与成员之间的经贸合作,为中国进一步打开世界市场创造机遇。同时,中国出于劳动力成本上升和国际竞争等多方面考量,急需寻求产业转移,而基础设施的完善提高了经济相对落后国家承接中国低端产业的能力,这对中外双方来说是一个共赢的合作。一方面,相对落后国家在劳动力和资源方面的比较优势得以充分发挥,这能够形成促进经济快速发展的合力,同时也有利于这些国家参与区域价值链,进一步融入全球市场;另一方面,低端落后产业的转移有利于中国产业结构转型升级,力争中国制造业进入全球价值链上游,实现由制造大国向制造强国的跨越。

　　第二,亚投行为中国基础设施的相关产业"走出去"提供平台。中国作为亚投行的主导国,凭借技术和资金优势在基础设施投资领域大有作为。在技术方面,中国的网络通信建设、铁路和公路建设、机场建设和航空航天等一直走在世界前沿,借助亚投行这个平台,中国得以更加顺畅地推动相关技术和人才"走出去",在转移过剩产能的同时彰显中国实力;在资金方面,利用丰富的外汇储备和居民储蓄,中国得以充分参与亚投行的基础设施投资项目和跨国跨地区的项目工程建设,实现资本"走出去",优化对外投资格局。

　　第三,中国以亚投行最大的资金注入国的优势极大提高了人民币的国际影响力,推动人民币国际化。综合来看,人民币借助亚投行平台走向国际化的途径主要包括三种:债权货币、计价和结算货币、储备货币。一是债权货币。自熊猫债新规发布以后,亚投行先后在中国银行间市场发行了共计45亿元熊猫债,这一方面代表了国际社会对中国资本市场和人民币的认可,带动扩大中国对外投资规模水平以进一步提高人民币的影响力,另一方面,境外投资者认购需储备和持有人民币,这会提高人民币的国际需求,进而提升人民币国际化水平。二是计价和结算货币。亚投行的成立推动"一带一路"沿线国家使用人民币作为区域结算货币,币值相对稳定的人民币在区域内自由流通有利于降低经贸成本和汇率波动风险，这一便利性和安全性能够促使更多国家认可和接受人民币的计价结算地位，由此形成的良性循环将加快人民币在贸易国之间的流通，提升人民币在区域乃至全球货币贸易体系中的话语权和影响力。三是储备货币。在亚投行和自由贸易区的协同作用下，中国已与21个国家货币当局建立起双边本币互换安排。人民币的区域储备货币特征开始显现，意味着人民币的国际认可度在上升，这是人民币成为世界货币过程中不可或缺的一环。总而言之，无论是哪一种途径，更广泛的使用范围及其所引致的投资需求能够倒逼中国人民币金融市场改革深化，以更具实力的姿态面对国际化进程中的机遇与挑战。

第四，亚投行作为对当前国际金融体系进行改革的尝试，所取得的成就体现了"中国智慧"，有助于提高中国在国际金融制度规则制定中的话语权和影响力。包括新兴经济体在内的发展中国家的经济不断崛起与当前国际金融治理体系无法反映其广泛诉求的矛盾日益尖锐，原有国际金融机构在业务处理、组织架构、运行效率等多方面停滞不前，而亚投行作为新型开发性金融机构，既能够弥补原有机构的不足，通过改革创新充分发挥其优势，不断满足沿线发展中国家的利益诉求，也可以促进中国融入国际金融治理，领导破解原有旧秩序的缺陷，疏通堵点，以"增量改革"的形式重新构建起充分反映全员诉求、平等互利、共赢的国际金融新秩序。届时，不仅中国在国际金融治理体系中的影响力和话语权将有所提升，而且在新秩序下开放型经济转型升级也将赢得更多的国际支持，进而获得更高水平和深层次的升级进展。另外，以中国为主要成员的亚投行在全球经济中发挥的作用越大，将越能够减少中国对国际货币基金组织和世界银行等传统国际机构的依赖，这在一定程度上有益于弱化美国金融霸权地位，在中美博弈中为开放型经济转型升级争取更为有利的国际环境。

二、破除倡议局限性，实现开放型经济转型升级新高度

尽管"一带一路"倡议下包括基础设施、自由贸易区和资金等的互联互通为中国开放型经济转型升级创造了十分有利的内外部环境，但也必须立足于

现实,综合考虑当下复杂的国际形势,认识到该倡议的一些局限所在,进而推动从根本上破解难题,加快实现更高水平的开放型经济转型升级。首先,"一带一路"倡议的经济性质易被外部政治化。中国提出"一带一路"倡议的初衷是顺应世界格局的变化,通过对外基础设施投资建设等方式加强与沿线国家的互联互通,助力区域经济一体化的形成,进而实现中国与其他发展中国家经济的共同繁荣。自倡议提出至今,中国不仅不忘初心,还力图抓住数字经济时代下的发展机遇以提升"一带一路"整体的发展质量和水平。然而,以美国为首的霸权国家歪曲中国意图,认为"一带一路"倡议是中国为转移过剩产能、消化过多的美元外汇储备等经济问题而提出的,并以中国企图争夺其霸主地位为由对"一带一路"倡议加以阻挠。尽管不实的舆论终将被中国对国际社会作出的贡献所证伪,但"一带一路"倡议仍不可避免地需要在以美国等发达经济体为主导的国际秩序下运行,在高新技术和经营管理等方面均需要与美国这样的发达国家合作以对标国际标准,换言之,这些国家的反对和阻挠将有碍"一带一路"的推进,中国的对外经济升级也面临较为复杂的外部环境。另外,受政治舆论影响,世界范围内对中国关于人类命运共同体的构想认同度偏低,中国在运用"一带一路"倡议讲好中国故事,传播中国共赢之理念的过程中效果不佳,高质量对外开放之路道阻且长。

其次,在区域经济一体化形成的同时,也将加速风险传播。由于"一带一路"沿线国家多为发展中国家,受经济水平过低、金融体系不健全和抗风险能力弱、货币价值波动大等现实因素制约,这些国家在信息不对称的情况下可能产生较大的信用风险和金融风险,并且通过经济的互联互通渠道将风险传至中国。即便这是区域或全球经济一体化后所不可避免的,但由于"一带一路"沿线国家经济发展的特殊性,无法有效分散的风险可能会集中对中国经济造成冲击,进而导致短期的剧烈波动。在这种情况下存在两种可能。第一,如若没有良好的机制规避或转移这些冲击,长此以往,短期波动可能演化为长期影响,"一带一路"倡议的实施效益可能下降,进而滞缓中国开放型经济转型升级的进程。第二,出于保障金融稳定性和可持续性的初衷,中国为应对外部风险所采取的措施也可能倒逼中国国内经济金融体制改革创新,以适应不断变化着的外部环境。换言之,短期波动带来的挑战也可以是促进中国开放型经济转型升级的机遇。

再次,人民币国际化进程过快反而可能导致中国陷入货币和经济的治理困境。其一,当人民币在"一带一路"沿线经济落后国家被广泛认可和使用时,前文提及的风险传播也可能通过货币途径导致人民币币值剧烈波动,增大中国金融和货币体系的治理难度,甚至存在对当前体系造成巨大冲击的可能性。另外,当出现更加强势的货币时,人民币存在被替代的风险,届时由大量抛售人民币所带来的国内通货膨胀、国外营商环境恶化等问题也会增加治理成本。其二,中国通过货币政策调节国内宏观经济的难度将随着人民币流通范围的扩大而提升。原因在于,当人民币国际化后,中国货币政策的变动不仅会影响国内宏观经济指标,而且会通过外汇渠道影响其他国家的人民币储备价值,进而影响这些国家的政策选择。即中国在实施货币手段时不得不考虑政策可能对其他国家造成的影响,这无疑增大了利用货币政策进行宏观调控的难度。其三,任何货币国际化都将面临"特里芬难题",人民币也不例外。为了满足沿线国家经济发展过程中不断增长的人民币需求,中国必须加大货币发行力度,但过量的货币又将导致人民币贬值,进而动摇人民币的国际地位。

最后,"一带一路"在建设过程中部分项目表现出缺乏顶层设计、建设质量低、资金缺口巨大、经营不合规等问题和不足,中国作为项目参与方也可能遭受损失。例如,由于沿线国家的比较优势多集中于能源、劳动力、批发等低端领域,竞争优势单一,随着境外经贸区的数量与日俱增,诸如产业链附加值低、功能重合、布局失衡的问题开始显现,这使得不仅规模集聚效应得不到有效发挥,而且徒增了建设和机会成本。同时,一些出于政治立场而谈拢的项目在前期审查、中期监督和后期管理等流程中可能出现力度不足的情况,若项目运转良好自然能实现双赢,而一旦风险暴露则可能发生经济损失,甚至以项目的失败告终。中国是"一带一路"建设的最主要投资方,其资金面临的风险敞口亦是最大的。除此之外,中国部分企业在"一带一路"框架内进行对外活动时,或缺乏相应的知识产权保护意识,或不注重国内外在制度、法律、技术甚至文化宗教习惯等多方面的差异,往往在包括信息披露、技术和标准认可、专利保护等合规经营方面遭人诟病,在经营成本增加的同时声誉也可能受损。"走出去"的企业作为中国之名片,其声誉的好坏也会对中国在国际社会中的地位和声望产生一定影响。如果"一带一路"建设持续受制于此,叠加近年来全球经济复苏乏力,那么其对中国开放型经济转型升级在推动资金和企业"走出去"方面的作用将存在被削弱的风险。

三、变美国封锁为开放型经济转型升级的机遇

基于美国作为霸权主义的典型代表以及当前其实力犹存的事实,美国维护其全球经济霸主地位的野心在对中国进行多方面封锁的行为中体现得淋漓尽致。尽管"一带一路"建设的快速发展提高了中国全球经济领导权国际支持的实力和底气,但不可否认的是,世界范围内全球价值链的形成以及经贸体系的分工合作绕不开美国这个经济和制造强国,中国开放型经济转型升级之路在一定程度上也避免不了受美国战略举措的影响。也就是说,当前仍需在中美博弈框架之下讨论中国的开放型经济转型升级。

首先,关税作为影响贸易成本的最直接因素,中美双方"关税战"的交火导致中国对美国贸易出现暂时性收缩,但长期来看其效力在减弱。中美自2018年开始相互加征关税和扩大课税范围的不利影响,即刻体现在2019年第一季度的贸易数据中,双边进出口额均呈同比下降趋势。在持续多轮的关税博弈后,双方的惩罚性关税征收顶峰均覆盖了超过一半的双边出口商品,平均税率超过20%。尽管拜登政府上台之后政策有所回调,缩减了对中国惩罚性关税的征收范围,但有限的豁免幅度表明美国方面不会轻易放弃利用关税工具与中国进行贸易周旋。然而实际上,中国庞大的消费市场和日益完善的供应链体系给予了美国关税政策有力反击,美国对华加征的关税最终大部分由其国内企业和消费者所承担,对中国影响有限。更何况,疫情还提高了美国对中国生产加工的依赖程度,中美经贸格局的互补性在短时间内不会被替代,因此关税之争对中国经济的不利影响在逐渐减弱。从更长远的角度思考,如果美国执意使用关税工具限制中国,则可能倒逼中国另辟蹊径,或积极

设立自由贸易区以构建除美国之外的自由贸易区网络，或不断提高自身技术以降低生产成本，甚至二者同时为之，这反倒能够助力中国构建以国内大循环为主体的双循环格局。

其次，拜登政府调转特朗普时期的"退群"举动，致力于强化同盟关系，拉拢日本、韩国、欧盟、澳大利亚等具有比较优势的国家达成伙伴关系以遏制中国。例如，美国为抗衡"一带一路"倡议，防止中国联合其他新兴经济体挑战美国霸主地位，与英国和欧盟建立了基础设施合作伙伴关系；强化"印太"关系概念，企图推行以美国为主导的数字贸易规则，以此打压中国在数字贸易领域的发展；利用在意识形态和文化方面的共通试图拉拢欧盟在数字市场压制中国的发展空间和进程，构建起以美国为核心的数字生态系统。与"一带一路"倡议合作共赢的理念不同，美国一心联合除中国外其他国家的比较优势多方面遏制中国，维护自身的霸主地位。但在以利益为导向的21世纪，特别是在此次新冠病毒感染疫情暴发之后，中国负责任大国的形象在国际社会上更加立体，各国不可能放弃在华利益而完全依附于美国。因此，美国依靠同盟关系对中国实行全面封锁的企图不会也不可能持久。美国如此大动干戈地对抗中国，很大程度是出于对中国超越美国成为全球经济领导者的担忧，这也从侧面反映出中国的实力越发不容小觑以及美国对自身信心的衰减，这一"东升西落"的力量对比有助于提振中国加快开放型经济转型升级的决心和信心。另外，美国在国际经济社会上固化的霸权思维并不符合未来的发展趋势，取而代之的应该是中国关于人类命运共同体的伟大构想，这一契机将为中国的开放型经济新体制营造公平、包容、共赢的国际环境。

最后，科技创新是当前及未来中美博弈的主战场，美国对中国的科技遏制于中国而言是一把双刃剑。拜登政府延续了特朗普时期对华科技的围追堵截，采取包括立法、"清洁网络"、技术和人员交流限制等垄断性措施，意图将中国的高科技企业和产品排除在以美国为主导的科技创新体系之外，以便维护美国的科技霸主地位。短期来看，一方面，美国发展高新技术的核心优势犹存，如一流大学与高端人才、创新和研发能力、高端产业链、宽松且完善的科研制度体系以及美元作为世界货币所提供的资金后盾等，这一系列竞争优势造就了美国在科技创新领域的领先地位；另一方面，美国对中国在关键零部件、核心技术、专业生产设备等环节实行禁售，对中国在美资金和企业歧视性限制，高喊"制造业回流"以防止中国"偷师"等举措确实使得中国在芯片、集成电路等对外依赖性高的方面遭受短期打击，数字产业链供应链面临暂时性中断的危机。

美国这种"强我弱他"的做法正是抓住了中国前期基础研发创新投入不足和关键核心技术对美依存度高的相对弱势，试图垒起"数字铁幕"以压制中国。但从长期来看，美国的科技打压会倒逼中国制定符合自身特征和优势的科技创新发展战略，加大对创新研发的投入和激励以实现"卡脖子"核心技术的突破。中美持续竞争的结果可能在全球范围内形成以中国和美国各自为主导的"隔离式"科技创新体系，而中国不断赶超的经济和科技实力以及庞大的内需市场也表明中国有能力构建以国家创新战略为主导，企业自主研发创新能力为主体，产业链创新技术为内核的"三位一体"创新体系，并以此抗衡以美国为主导的另一科创体系。然而，该局面的形成恐怕于中美双方都不是最好的结果。

对中国而言，应该清楚认识到，核心自主创新能力是当今大国竞争的主焦点，也是中国经济实现高水平高质量发展所必不可少的关键要素。以中国为主导的科技创新体系所包含的成员国可能更多为发展中国家，缺乏拥有高端技术的发达国家，加之美国对中国的科技阻断，这导致中国无法通过现有的合作网络引进学习西方国家的创新技能，较长时间内可能陷于缺乏自主创新能力的困境之中，加大向制造强国转型的难度和成本。进一步地，科技创新能力的滞后发展会阻碍中国利用当前全球价值链供应链向高端制造领域发展的步伐，持续低附加值的生产经营模式不仅可能令中国陷入"中等收入国家陷阱"，也不利于中国带动以自身为主导的科创体系的转型升级。

此外，科技的隔离封锁与贸易的相对开放可能导致中国的境内外消费市场被侵蚀，加大研发成本，消磨企业创新的动力。原因在于，发达国家通过创新协同发展实现"1+1＞2"的效力大于中国等发展中国家，在发达国家成本和技术优势的交互影响下，中国前期的科技研发成本可能无法通过后期的销售经营迅速获得补偿。当付出与收获不对等时,中国企业科研投入的动力也就因此被削弱。退一步讲,在未来一段时间内,即便中国在核心领域得以突破,摆脱了美国的技术封锁,西方国家仍可能凭借成熟的技术以更低的销售价格与中国竞争市场,中国通过需求引致创新的良性循环模式一旦被切断,"隔离式"科技创新体系的竞争优势也将被削弱。总而言之,只有不断鼓励加大科技研发投入,提高自主创新能力以实现在全球产业链、价值链中核心地位的不可替代性,才能不为美国战略所左右,赢得经济发展和转型的主动权。

长远来看,中美博弈更无益于美国。美国对华实施的经济、科技、外交封锁不会对中国造成长远的致命打击,反而其"守成国"的形象会给自己套上发展的枷锁。近年来,美国内有经济面临衰退,社会问题突出,外有霸权地位式微,叠加其行径导致"失道寡助"。反观中国,随着"一带一路"倡议和各项合作协定的稳步推进,以及在抗击疫情时所展现的负责任大国形象,"得道多助"的中国正以一种更积极的姿态参与全球价值链和产业链、经贸格局体系的重构。全球经济领导权的转移不是无迹可寻,从结果来看,美国发起的各类"战争"只是加快了其转移的速度。随着中国对全球经济贡献比重的增加,其溢出效应反过来也不断推动着中国开放型经济与世界全面接轨,进而实现真正意义上的转型升级。

第二节   全球经济领导权转移对世界贸易需求侧的影响

一、国际金融体系调整

(一)人民币国际化与外汇储备管理

随着中国经济的持续发展和对外开放的不断深化,人民币国际化已经成为中国金融改革的重要目标之一。人民币国际化不仅有助于提升中国在全球经济中的影响力,还能够促进中国金融市场的成熟和外汇储备管理的优化。

1. 人民币国际化现状

自 2009 年中国启动人民币国际化进程以来,人民币在国际贸易、投资、融资等领域的使用逐渐增加。根据国际清算银行的统计,人民币已成为全球第五大支付货币,市场份额稳步提升。同时,人民币在国际债券、股票发行等领域的应用也在不断扩大,越来越多的国家和地区开始使用人民币进行跨境交易与投资。在国际贸易和投资中,人民币的使用频率不断增加。中国社会科学院世界经济与政治研究所研究发现,人民币的跨境支付、投融资、储备和计价等国际货币功能全面增强。中国作为世界主要经济体的重要贸易伙伴,使用人民币进行双边贸易结算有助于降低成本并提高交易的便捷性。此外,随着中国金融市场的开放和创新,人民币资产的属性得到大幅度提升,吸引了更多的外资进入中国市场。环球银行金融电信协会(SWIFT)的数据显示,截至 2024 年 5 月,在支付货币方面,人民币国际支付份额占比 4.52%,仅次于美元、欧元和英镑,连续 6 个月位列全球第四。这表明人民币在国际支付系统中的使用正在逐渐增加,其作为支付工具的功能得到国际市场的认可。

同时,人民币作为储备货币的功能也在增强。国际货币基金组织(IMF)特别提款权(SDR)货币篮子中,人民币的权重由 10.92% 上调至 12.28%,保持第三的位置。这反映国际社会对人民币进一步融入国际货币体系和承担更大责任的期盼。同时,根据 IMF 的官方外汇储备货币构成(COFER)数据,截至 2024 年 3 月,人民币在全球外汇储备中的占比约为 2.79%,位列全球外汇储备第五。

新兴市场和地缘政治的变化也为人民币国际化提供了新的机遇。中国政府一直在积极推动人民币国际化的政策和措施,通过加强与"金砖国家"之间的经贸合作、牵头成立亚投行、加强"一带一路"沿线国家合作、推动发展中国家基础设施建设和融资等行为,使人民币的使用频率进一步提高,人民币的地位也日渐上升。同时全球范围内的"去美元化"趋势也为人民币国际化提供了新的发展空间。一些国家和地区开始寻求使用人民币进行跨境交易,以减少对美元的依赖。例如,人民币在巴西的地位上升,成为该国第二大国际储备货币。同时,俄罗斯也将人民币作为最受欢迎的外币之一,人民币在莫斯科交易所的交易量超过美元。这些变化表明,在全球经济和政治格局调整的背景下,人民币的国际地位正在逐步提升,这种趋势有助于人民币在国际货币体系中的角色逐渐增强。

2. 人民币国际化的意义

随着人民币国际化的推进,中国在全球经济中的影响力得到增强。人民币在国际贸易和金融活动中的使用增加,有助于中国企业更好地参与国际竞争,降低汇率风险,同时也为中国的产品和服务打开了更广阔的市场。此外,人民币国际化还有助于中国在国际金融体系中发挥更大的作用,参与全球经济治理,推动国际金融体系的改革和完善。

人民币国际化对内推动了中国金融市场的进一步开放和发展。随着人民币在国际交易中的使用增加,国际投资者对中国金融市场的兴趣也随之增长。这促使中国加快金融市场的改革步伐,提高市场的透明度和效率,吸引更多的外资进入。同时,金融市场的开放也有助于中国企业和投资者更好地利用国际资源,提高资源配置效率,还有助于增强中国经济和金融安全,通过推动人民币在国际贸易和投资中的使用,可以减少对外部经济波动的敏感性,降低因汇率波动带来的风险。同时,人民币国际化也有助于分散国际金融市场的风险,提高全球金融体系的稳定性。

人民币国际化对外促进了多边贸易和投资合作的发展。通过使用人民币进行跨境交易,可以降低交易成本,提高交易效率,促进中国与其他国家之间的贸易和投资合作。此外,人民币国际化还有助于推动区域经济一体化,加强与周边国家和地区的经济联系,更有助于推动国际货币体系向多元化发展。长期以来,国际货币体系主要由美元主导,这导致了全球经济对美元的高度依赖。人民币国际化可以为国际货币体系提供更多的选择,有助于减少全球经济对单一货币的依赖,从而提高整个体系的稳定性和抗风险能力。

同时,人民币国际化有助于优化中国的外汇储备管理。随着人民币在国际储备货币中地位的提升,中国可以减少对美元等外币的依赖,降低外汇储备的规模和风险。这有助于提高外汇储备的使用效率,更好地服务于国家经济发展和金融安全的需要,对全球经济治理和国际金融体系的稳定与多元化也起到积极作用。通过持续推进人民币国际化,可以促进全球经济的均衡发展,增强各国之间的经济合作,共同应对全球性经济挑战。

3. 人民币国际化面临挑战

尽管中国推动人民币国际化已经取得一定的成果,但仍面临涉及经济、政策、市场以及国际环境等多个层面的挑战和问题。

首先,美元作为国际货币体系中的主导货币,其地位长期以来一直非常稳固。尽管人民币国际化取得了一定进展,但要在全球范围内挑战美元的地位仍然非常困难。根据国际货币基金组织(IMF)的数据,截至 2024 年 5 月,美元在全球外汇储备中的占比高达 58.81%,而人民币的占比仅为 2.79%,这宛如鸿沟一般的差距表明,尽管人民币的国际地位有所提升,但美元依旧是当之无愧的世界第一国际货币,人民币与美元相比仍存在较大差距。

其次,中国金融市场的开放程度是人民币国际化进程中的一个重要因素。虽然近年来中国金融市场的开放不断推进,但与发达国家相比,中国金融市场的深度和广度仍有一定差距。市场流动性、透明度以及金融产品的多样性等方面仍有待提高,这些因素都可能影响国际投资者对人民币资产的信心和兴趣。而且人民币资本项目下尚未完全实现可自由兑换,这限制了人民币在国际金融市场上的流通和使用。虽然中国已经在一些领域放宽了资本流动的限制,但完全开放资本项目仍然是一个渐进的过程,需要在确保国家金融安全的前提下稳步推进。

再次,宏观经济和政策环境的稳定性对人民币国际化至关重要。中国需要保持经济增长的稳定性和连续性,同时保持货币政策和汇率政策的透明度与可预测性。此外,中国还需要继续推进金融监管体系的改革,提高金融系统的稳健性,以增强国际社会对人民币的信心。地缘政治风险也是人民币国际化面临的一个挑战。随着全球政治经济格局的变化,地缘政治紧张局势可能对人民币的国际使用产生影响。例如,中美贸易摩擦、地区冲突等因素都可能影响人民币国际化的进程。

最后,尽管人民币的国际地位有所提升,但与美元、欧元等传统主要国际储备货币相比,人民币的国际信任度和认可度仍需加强。这需要中国通过提高金融市场的透明度、完善法律和监管框架、加强国际沟通和合作等措施，逐步提升人民币的国际形象。中国需要在保持经济稳定增长的同时，继续推进金融市场的开放和改革，提高人民币的国际信任度和使用便利性，同时妥善应对地缘政治风险，加强国际合作，以实现人民币国际化的长期目标。

人民币当前虽然还没有取代美元、欧元等作为国际货币的作用，但由于中国对外贸易的增加、对外援助的叠加，许多与中国有贸易往来的国家都在将人民币作为交易货币，这都昭示着越来越多的国家接受并且支持中国去领导世界经济发展，当人民币国际化真正完成时，对中国取得全球经济领导权的国际支持是一大助力。

（二）中国金融市场开放与全球金融稳定

1. 中国金融市场开放程度

中国金融市场的开放程度是衡量中国经济全球化水平的重要指标之一。近年来，中国政府采取了一系列措施，稳步推进金融市场的双向开放，不断提升资本项目的开放程度，促进跨境证券投资便利化。

中国通过引入合格机构投资者制度（QFII/RQFII/QDII 等），允许境外机构投资者进入中国金融市场进行投资。近年来，中国取消了 QFII/RQFII 的资金汇出比例限制和本金锁定期要求，简化了资金流动的管理流程，此举极大地提升了境外机构对投资中国境内金融市场的兴趣和热情。通过建立互联互通机制（沪港通、深港通、债券通、沪伦通、理财通），为境外投资者提供了更加便捷的渠道参与中国的股票和债券市场，增强了市场的流动性和深度。同时，中国允许境外投资者直接参与境内的银行间债券市场和特定品种的期货市场，进一步拓宽了市场的开放范围。

随着金融市场开放措施的实施，外资流入中国金融市场的规模逐年增加。截至 2023 年 11 月末，已有 1 115 家境外机构进入中国债券市场，持债规模达到 3.54 万亿元人民币。人民币在全球贸易融资中的占比不断提升，根据 SWIFT 数据，截至 2023 年 9 月，人民币在全球贸易融资中占比为 5.8%，同比提升了 1.6%，排名上升至全球第二。

2. 中国金融市场开放对全球金融稳定的影响

中国金融市场开放对全球金融稳定具有重要影响。随着中国经济的快速增长和金融市场的不断成熟,中国在全球金融体系中扮演着越来越重要的角色。

首先,中国金融市场开放为全球投资者提供了新的投资机会,增加了全球金融市场的多样性。这种多样性有助于分散风险,提高全球金融市场的韧性。当其他市场或经济体面临动荡时,投资者可以转向中国市场,从而减轻全球金融体系的压力。随着中国金融市场的开放,国际资本可以更自由地流入和流出中国,这有助于全球资本的更有效配置。资本可以流向那些能够提供最佳回报的地方,同时,这也促进了全球经济的增长和发展。

其次,中国金融市场开放要求中国与其他国家的金融监管机构加强合作,共同应对跨境金融风险。这种合作有助于提高全球金融监管的效率和有效性,从而增强全球金融稳定。人民币国际化是中国金融市场开放的重要组成部分。随着人民币在全球贸易和投资中的使用增加,国际货币体系逐渐向多元化发展。这种多元化有助于减少全球金融体系对单一货币的依赖,从而提高金融系统的稳定性。中国金融市场的开放和人民币汇率形成机制的改革,有助于提高全球市场对中国政策走向的可预测性。这种预期稳定性对于全球金融市场的稳定至关重要,减少了全球金融市场的不确定性和潜在的波动性。

最后,中国金融市场开放鼓励了金融产品和服务的创新。中国独特的市场环境和需求促进了新金融工具和服务的开发,这些创新可以被全球市场采纳和应用,从而提高全球金融市场的效率和活力。中国通过与其他国家建立互联互通机制,如沪港通、深港通等,加强了与全球金融市场的联系。这些机制不仅为中国投资者提供了国际投资渠道,也为国际投资者提供了进入中国市场的途径,增加了全球金融市场的互联互通。

综上所述,中国金融市场开放对全球金融稳定产生了积极影响。通过增加市场多样性、促进资本有效配置、加强国际监管合作、推动货币体系多元化、促进金融创新和提高预期稳定性,中国金融市场的开放有助于构建一个更加稳健和高效的全球金融体系,对吸引境外投资者具有极大的助力。然而,这一过程也伴随着风险和挑战,需要全球金融监管机构和市场参与者共同努力,以确保开放带来的利益最大化,同时有效管理相关风险。

(三)中国货币政策对全球经济的外溢效应

按照国际货币基金组织(IMF)的界定,货币政策的外溢效应是指一国经济政策在外部产生的连锁反应或影响。追溯其历史脉络,詹姆斯·米德(James Meade)在 1951 年提出的"米德冲突"理论可被视为最早探讨政策溢出效应的理论文献,尽管该理论主要聚焦于政策在国内层面上的冲突与协调。然而,库珀(Cooper)在 1985 年进一步拓宽了研究的视野,将这一理论推广至国家间层面,他的研究表明,一个国家的政策不仅对其内部经济产生影响,同时也会对其他国家产生外部溢出效应,这一发现为国际政策合作提供了重要的理论依据。随着经济全球化、贸易全球化的不断发展,中国也在积极承担大国担当,主动引领世界经济发展,中国的国际影响力与日俱增。同时,由于新冠病毒感染疫情以及中东战乱等诸多外界条件的影响,世界局面动荡不安,就连"世界经济霸主"美国也在通过不断加息以抑制美元的通货膨胀,但即使是在这种时期,中国依旧像一根坚实的顶梁柱在支撑着世界经济稳步发展,世界各国也逐步发现与中国交好能有"甜头"吃,可以加快其自身发展。中国主导的"一带一路"项目,带动了"一带一路"沿线 60 多个国家的经济贸易发展,在促进世界贸易方面取得了较大的成功。在"金砖五国"中,中国积极帮助印度、巴西等相对落后国家进行基础设施建设,与俄罗斯、南非也进行了密切的交易往来,而美国由于通货膨胀、战争、贸易保护主义等因素,却在逐渐失去世界各国的信任,此消彼长之下,中国极大地获得了全球经济领导权的国际支持。

1. 模型设定

由于中国对外贸易频繁,很多国家与中国贸易相关性较大,在一定程度上中国货币政策的变动可能会影响部分国家,即中国货币政策可能存在外溢效应。为探究中国货币政策对其他国家是否存在外溢效应,以下将通过建立 VAR 模型进行研究。

在此选取的数据为时间序列,即同一统计指标按时间顺序排列的数据列,这类数据具有时间趋势,随着时间的变化而变化,是非平稳序列,如果同以往研究一样直接采用 OLS 法回归,会产生"伪回归"现象,因此,基于 1987 年恩格尔与格兰杰提出的协整理论,对非平稳时间序列进行分析,采用 E-G 两步法进行协整检验,研究变量之间是否存在长期均衡关系,同时建立 VAR 模型来预测存在相关性的时间序列可能造成的影响,从而分析动态冲击对变量的影响。

第一步:单位根检验。当时间序列含有单位根时,该序列即为非平稳序列。非平稳的时间序列具有齐次非平稳特征,即通过足够次数的差分可以转换为平稳时间序列,若一个非平稳时间序列 x_t 经过 d 次差分后变为平稳序列,则称 x_t 具有 d 阶单整性,记为 $x_t \sim I(d)$。

对于 $I(d)$ 序列 X_t,可以表示为:

$$\emptyset(L)(1-L)^d x_t = \theta(L)u_t \tag{7-1}$$

其中 L 为一阶滞后算子,$\theta(L)$ 为自回归算子,$\emptyset(L)$ 为移动平均算子,u_t 为白噪声过程。

常用的单位根检验方法是 ADF 检验(Augment Dickey-Fuller test),通过以下方法检验非平稳时间序列 y_t 的单位根:

$$\Delta y_t = \hat{\rho} y_{t-1} + \sum_{i+1}^{k} \hat{y}_t \Delta Y_{t-i} + \hat{v}_t \tag{7-2}$$

第二步:协整检验。协整关系即非平稳经济变量之间存在的长期稳定的均衡关系,若 2 个 $I(1)$ 变量 x_t,y_t 存在如下关系:

$$\text{Ln} AVEX_t = \beta \text{Ln} M2_t + e_t \tag{7-3}$$

且若 $e_t \sim I(0)$,则两变量之间存在协整关系,其中 $\text{Ln} AVEX_t = \beta \text{Ln} M2_t$ 是长期均衡关系,β 为长期弹性系数,称为非均衡误差。

因此,两变量协整检验的步骤为:首先采用 OLS 法进行协整回归,然后对 e_t 项进行单位根检验,若 $e_t \sim I(0)$,则变量之间存在协整关系,若 $e_t \sim I(1)$,则变量间不存在协整关系。

第三步:建立 VAR 模型。向量自回归(VAR)模型把系统中每个内生变量作为系统中所有内生变量的滞后值的函数来构造模型,从而将单变量自回归模型推广到有多元时间序列变量组成的向量自回归模型,常用于预测相互联系的时间序列系统及分析随机扰动对变量系统的动态冲击。

VAR(p)模型的数学表达式是:

$$\mathrm{Ln}\,AVEX_t = \emptyset_1\mathrm{Ln}\,AVEX_{t-1} + \cdots + \emptyset\mathrm{Ln}\,AVEX_{t-p} + H\beta\mathrm{Ln}\,M2_t + \varepsilon_t$$
$$t = 1, 2, \cdots, T \tag{7-4}$$

式中:$\mathrm{Ln}\,AVEX_t$ 是 k 维内生变量列向量,$\mathrm{Ln}\,M2_t$ 是 d 维外生变量列向量,p 是滞后阶数,T 是样本个数。$k \times k$ 维矩阵 $\emptyset_1 \cdots \emptyset_1$ 和 $k \times d$ 维矩阵 H 是待估计的系数矩阵。ε_t 是 k 维扰动列向量,它们之间可以同期相关,但不与自己的滞后值相关,且不与等式右边的变量相关。

第四步:格兰杰(Granger)因果关系检验。在时间序列情形下,考察 $\mathrm{Ln}\,M2$ 是否对 $\mathrm{Ln}\,AVEX$ 存在因果关系,主要看当期的 $\mathrm{Ln}\,AVEX$ 能够在多大程度上被过去的 $\mathrm{Ln}\,M2$ 解释,或者 $\mathrm{Ln}\,M2$ 与 $\mathrm{Ln}\,AVEX$ 的相关系数在统计上显著时,就可以说"$\mathrm{Ln}\,M2$ 是 $\mathrm{Ln}\,AVEX$ 的 Granger 原因"。Granger 检验要借助受约束的 F 检验完成:对于原假设"$\mathrm{Ln}\,M2$ 不是 $\mathrm{Ln}\,AVEX$ 的 Granger 原因",若计算的 F 值大于给定显著性水平下 F 分布的临界值 F_a,则拒绝原假设,认为 $\mathrm{Ln}\,M2$ 是 $\mathrm{Ln}\,AVEX$ 的 Granger 原因。

第五步:脉冲响应函数。用于衡量一个标准差冲击之下对内生变量当前和未来取值影响的变动轨迹,能比较直观地刻画出 $\mathrm{Ln}\,M2$ 和 $\mathrm{Ln}\,AVEX$ 之间的动态交互作用。

第六步:方差分解。用于给出对 VAR 模型中的变量 $\mathrm{Ln}\,AVEX$ 和 $\mathrm{Ln}\,M2$ 产生影响的每个随机扰动项的相对重要性的信息,定量地把握变量间的影响关系。

2. 数据选取与处理

实证数据采取 720 个月度时间序列的平衡面板,包括金砖五国每个月的兑美元汇率和月度的人民币名义发行量($M2$)。

被解释变量为根据金砖五国平均兑美元汇率的月度数据所得出来的金砖四国(俄罗斯、巴西、印度、南非)的月度平均兑人民币汇率(AVEX)。解释变量采取月度人民币名义发行量(M2)作为货币政策变动的代理变量。数据长度从 2014 年 1 月至 2023 年 12 月,一是由于数据可得性与准确性,二是由于 2011 年南非加入金砖五国和 2013 年提出的"一带一路"倡议都会存在一定的滞后效应,会对中国货币政策的外溢效应产生一定影响。

数据主要来源于世界货币基金组织(IMF)、世界银行(WB)以及中国人民银行官网,所有数据都相应经过季节性调整和标准化处理,标准化主要是为了排除国家间差异的系统性影响。为了消除原始变量的异方差影响,在此对所选变量进行对数化处理,处理后的数据不会改变变量之间的相关关系。$AVEX$ 对数化处理后的数据记为 $\text{Ln}\,AVEX$,$M2$ 对数化处理后的数据记为 $\text{Ln}\,M2$。

3. 基准脉冲响应

(1) 单位根检验

在此采用上述 ADF 单位根检验方法对变量进行平稳性检验,选取 5% 的显著性水平,检验结果如表 7-1 所示。

表 7-1　$\text{Ln}\,AVEX$ 和 $\text{Ln}\,M2$ 的 ADF 检验

变量	检验类型	ADF 值	1%水平	5%水平	10%水平	P 值	结果
$\text{Ln}\,M2$	(C, T, 0)	−3.248	−3.977 3	−3.419 2	−3.132 2	0.076 5	不显著
D($\text{Ln}\,M2$)	(C, 0, 0)	−22.132 9	−3.443 8	−2.867 4	−2.569 9	0.000	显著
$\text{Ln}\,AVEX$	(C, T, 0)	−1.643 9	−3.977 3	−3.419 2	−3.132 2	0.774 1	不显著
D($\text{Ln}\,AVEX$)	(C, 0, 0)	−21.353 8	−3.443 8	−2.867 4	−2.569 9	0.000 0	显著

检验结果表明:序列 $\text{Ln}\,M2$、$\text{Ln}\,AVEX$ 的 ADF 值均大于 5% 的水平值,$P > 0.05$,拒绝不了"存在单位根"的原假设,原序列都存在单位根,为非平稳序列。对原序列进行一阶差分后,ADF 值均小于 5% 的水平值,P 值都小于 0.05,可以拒绝"存在单位根"的原假设,一阶差分后的序列不存在单位根,为平稳序列。因此序列 $\text{Ln}\,M2$、$\text{Ln}\,AVEX$ 为同阶单整序列,记为 $\text{Ln}\,M2 \sim I$

（1）、$\mathrm{Ln}AVEX \sim I(1)$，具备进一步协整检验的条件。

（2）协整检验

在此采用上述以残差为基础的 E‐G 法进行协整检验，对 $\mathrm{Ln}M2$，$\mathrm{Ln}AVEX$ 进行协整回归，结果如下（括号中为 t 值和 p 值）：

$$\mathrm{Ln}AVEX = 0.44739\mathrm{Ln}M2 - 5.236987$$
$$(2.235373) \qquad (-1.813361)$$
$$(0.0259) \qquad (0.0704)$$
$$R^2 = 0.0103, F = 4.9969, D.W = 0.0221 \qquad (7-5)$$

可见方程拟合度良好。令残差序列 $e_t = 0.44739\mathrm{Ln}M2 - 5.236987$，然后对该式计算的残差序列 e_t 进行 ADF 检验，检验结果如表 7‐2 所示。

表 7‐2　e_{t1} 的 ADF 检验结果

检验类型(c, t, k)	ADF 值	1%水平	5%水平	10%水平	P 值
(C，T，0)	−3.2790	−3.9773	−3.4192	−3.1322	0.071

由协整检验临界值表，得出 5%的显著性水平下协整的 ADF 检验临界值为−3.662568，10%的显著性水平下协整的 ADF 检验临界值为−3.255222。由上述检验可得 e_t 的 ADF 值为−3.2790，小于 10%的显著性水平下协整的 ADF 检验临界值为−3.255222，因此可以在 10%的显著性水平下拒绝存在单位根的假设，表明 e_t 是平稳序列。据此可以判断 $\mathrm{Ln}M2$ 和 $\mathrm{Ln}AVEX$ 是(1,1)阶协整，二者存在长期稳定的均衡关系，且 $\mathrm{Ln}AVEX$ 随着 $\mathrm{Ln}M2$ 同向变动。

通过式(7‐5)可以看出，长期内，$\mathrm{Ln}M2$ 每变动 1%，$\mathrm{Ln}AVEX$ 将会同方向变动 0.45%，即从长期来看，人民币发行量对金砖四国汇率的弹性系数为 0.45，二者之间存在显著的正向关系。

（3）VAR 模型的设立

在此采用人民币发行量与金砖四国汇率 2 个变量组成的系统建立 VAR 模型，模型滞后阶数 p 的确定采用多准则联合确定的方法，通过 LR，FPE，

AIC,SC,HQ 准则判断,选择滞后阶数 $p=1$,结果如表 7-3 所示。

表 7-3　VAR 滞后阶数的选择结果

Lag	LogL	LR	FPE	AIC	SC	HQ
0	−809.927		0.104652	3.41864	3.43617	3.425534
1	694.2899*	2989.433*	0.000189*	−2.898063*	−2.84547*	−2.87738*
2	694.4413	0.299586	0.000192	−2881858	−2.79421	−2.84739
3	694.5312	0.177113	0.000195	−2865394	−2.74269	−2.81714
4	694.8219	0.570425	0.000198	−2.84978	−2.69201	−2.78773
5	694.8531	0.060987	0.000202	−2.83307	−2.64024	−2.75724

接下来对 VAR 模型的稳定性进行检验。经检验,滞后期长度为 1 且有 2 个内生变量的 VAR 模型,特征根多项式有 $1 \times 2 = 2$ 个特征根。每个特征根倒数的模都在单位圆内,没有位于单位圆外的根,因此该 VAR 模型通过稳定性检验,认为模型是稳定的,VAR 模型的稳健性检验结果如图 7-1 所示。

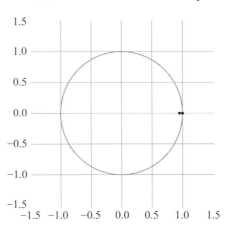

Inverse Roots of AR Characteristic Polynomial

图 7-1　VAR 模型的稳健性检验

由此得出的 VAR 模型估计结果为:

$$\text{Ln}AVEX = 0.99008\text{Ln}AVEX(-1) - 0.017921\text{Ln}M2(-1) + 0.272167$$

$$\mathrm{Ln}M2 = 0.958\,764\mathrm{Ln}M2(-1) + 0.958\,764\mathrm{Ln}AVEX(-1) + 0.594\,869$$

(4) 格兰杰因果检验

上述协整检验只能表明 $\mathrm{Ln}M2$ 和 $\mathrm{Ln}AVEX$ 之间存在长期稳定的均衡关系,是否存在统计学上的因果关系还需进一步检验。以下基于前文建立的 VAR 模型进行格兰杰因果关系检验,来分析两变量之间的因果关系,检验结果如表 7-4 所示。

表 7-4　格兰杰因果关系检验结果

Dependent variable:$\mathrm{Ln}AVEX$			Dependent variable:$\mathrm{Ln}M2$		
Excluded	Chi-sq	Prob.	Excluded	Chi-sq	Prob.
$\mathrm{Ln}M2$	0.347849	0.05553	$\mathrm{Ln}AVEX$	0.321385	0.5708
All	0.347849	0.05553	All	0.321385	0.5708

在 $\mathrm{Ln}AVEX$ 方程中,$\mathrm{Ln}AVEX$ 作为被解释变量对解释变量 $\mathrm{Ln}M2$ 进行格兰杰因果检验,$\mathrm{Ln}M2$ 的联合统计量值是 0.347849 且在 1% 的水平上构成对 $\mathrm{Ln}AVEX$ 的格兰杰因果关系;但在 $\mathrm{Ln}M2$ 方程中 $\mathrm{Ln}AVEX$ 的概率值为 0.5708,不构成对 $\mathrm{Ln}M2$ 的格兰杰因果关系。这说明上述 $\mathrm{Ln}M2$ 每变动 1%,$\mathrm{Ln}AVEX$ 将会同方向变动 0.45% 的协整关系成立。

(5) 脉冲响应函数

在此基于所建立的 VAR 模型,建立 $\mathrm{Ln}M2$ 和 $\mathrm{Ln}AVEX$ 的脉冲响应函数,进一步分析它们之间的动态关系。如图 7-2 所示,$\mathrm{Ln}AVEX$ 对 $\mathrm{Ln}M2$

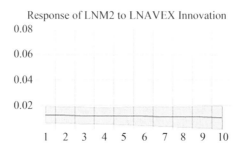

图 7-2　$\mathrm{Ln}M2$ 变动 1 个标准差对 $\mathrm{Ln}AVEX$ 的脉冲响应

的扰动没有立刻作出反应,约滞后 0.75 期后作出反应,响应值围绕 0.01% 的水平波动,趋于稳定。通过脉冲响应函数图可以判断,$\text{Ln}M2$ 对 $\text{Ln}AVEX$ 有持续的正向冲击作用。

如图 7-3 所示,$\text{Ln}M2$ 对 $\text{Ln}AVEX$ 的扰动没有立刻作出反应,约滞后 2 期后才有明显反应,随后缓慢下降,并在第 8 期达到冲击的峰值,响应值为 -0.009%,并趋于稳定。通过脉冲响应函数图可以判断,$\text{Ln}AVEX$ 对 $\text{Ln}M2$ 有持续的反向冲击作用,且在 8 年左右达到冲击的峰值。即总体来看 $\text{Ln}M2$ 的变动并不是特别明显,响应值很低,这样的结果与前文格兰杰因果关系检验中显示的 $\text{Ln}AVEX$ 的变动不能显著地影响 $\text{Ln}M2$ 的变动是一致的。

Response of LNAVEX to LNM2 Innovation

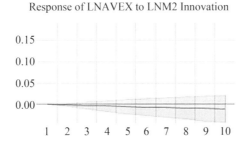

图 7-3　$\text{Ln}AVEX$ 变动 1 个标准差对 $\text{Ln}M2$ 的脉冲响应

(6)方差分解

利用方差分解可以看出每个变量的变动对 VAR 系统变量影响的贡献度,以下基于 VAR 模型进行方差分解,具体结果如表 7-5 所示。

表 7-5　方差分解结果

Variance Decomposition of $\text{Ln}M2$				Variance Decomposition of $\text{Ln}AVEX$			
Period	S. E.	$\text{Ln}M2$	$\text{Ln}AVEX$	Period	S. E.	$\text{Ln}M2$	$\text{Ln}AVEX$
1	0.076 352	100.000 0	0.000 000	1	0.179 898	2.696 935	97.303 07
2	0.105 809	99.999 23	0.000 774	2	0.253 001	2.578 096	97.421 90
3	0.127 024	99.997 42	0.002 577	3	0.308 154	2.465 852	97.534 15
4	0.143 811	99.994 59	0.005 412	4	0.353 877	2.359 845	97.640 16

Variance Decomposition of Ln$M2$			Variance Decomposition of Ln$AVEX$		
Period	S. E.	Ln$M2$	Ln$AVEX$	Period	S. E.
5	0.157 693	99.990 72	0.009 277	5	0.393 496
6	0.169 469	99.985 83	0.014 170	6	0.428 726
7	0.179 628	99.979 91	0.020 086	7	0.460 592
8	0.188 497	99.972 98	0.027 019	8	0.489 769
9	0.196 309	99.965 04	0.034 958	9	0.516 727
10	0.203 235	99.956 11	0.043 892	10	0.541 810

Ln$M2$	Ln$AVEX$
2.259 739	97.740 26
2.165 215	97.834 78
2.075 968	97.924 03
1.991 712	98.008 29
1.912 172	98.087 83
1.837 092	98.162 91

由表 7-5 可知,在 Ln$AVEX$ 的波动中,不考虑 Ln$AVEX$ 自身的贡献度,Ln$M2$ 在第 1 期就对 Ln$AVEX$ 产生影响并逐渐递增,最高可达 98%以上;而在 Ln$M2$ 的波动中,Ln$AVEX$ 在第 1 期并不对 Ln$M2$ 产生影响,随后才逐渐上升,最高也才达到 0.04%的贡献度。这说明 Ln$M2$ 对 Ln$AVEX$ 有着较大的影响,而 Ln$AVEX$ 对 Ln$M2$ 的影响并不大,说明 Ln$M2$ 存在着其他更大贡献度的因素。

二、全球贸易与投资格局变更

(一) 中国自由贸易区战略与区域经济一体化

1. 全球经济重心东移

随着全球经济格局不断演变,一个显著的趋势是全球经济重心东移,主要在亚洲,尤其是由中国和印度等快速发展的经济体所推动。这一现象不仅反映在经济增长速度上,亚洲国家特别是中国的增长速度远超西方发达国家,而且这种增长更加全面和多维。中国的经济增长已经成为全球经济增长的主要引擎之一。中国的经济崛起不仅在数量上占据重要地位,而且在质量和创新上也越来越受到重视。中国不断提高自身的科技水平和创新能力,成为许多领域的全球领导者,推动了全球产业结构的变革和创新发展。

除了中国之外,其他亚洲国家也在经济发展中发挥着越来越重要的作用。例如,印度、日本、韩国等国家也在全球经济中占据重要地位。亚洲地区的经济增长速度迅猛,为全球经济增长提供了强劲动力。同时,亚洲国家之间的贸易往来和经济合作也在不断加强,形成了一个相互促进、共同发展的亚洲经济体系。

首先,在贸易和投资方面,亚洲地区已成为全球制造业中心。跨国公司纷纷将生产基地转移到这里,利用低成本和庞大的劳动力市场。随着这些国家经济的增长和发展,国际资本也越来越多地流向亚洲,寻求更高的投资回报。中国的大规模工业化和城镇化进程推动了国内市场和消费的快速增长,这也对全球贸易格局产生了深远影响。

其次,亚洲国家在科技和创新方面取得显著进步,尤其是在电子、通信、人工智能和绿色能源等高科技领域。这些国家大幅增加对研发的投入,培育了一批技术创新型企业,这不仅改变了全球科技产业的格局,也为亚洲经济增长提供了新的动力。

再次,在人口动态方面,亚洲国家尤其是中国和印度的人口红利为经济增长提供了有力支持。这些国家的年轻劳动力市场相比西方国家的人口老龄化,为其经济发展带来了巨大优势。同时,快速的城镇化进程也刺激了国内消费和市场的扩张。在政策和治理方面,亚洲国家进行的市场导向的经济改革增加了经济的活力和竞争力。中国的市场改革和对外开放政策,以及亚洲国家之间的区域经济一体化努力,如《区域全面经济伙伴关系协定》(RCEP),进一步深化了区域内的经济联系。在全球治理方面,亚洲国家特别是中国在国际事务中的作用日益增强。在世界银行、国际货币基金组织等多边机构中,这些国家的影响力不断增加。同时,随着经济实力的增强,亚洲特别是中国的文化影响力在全球范围内逐渐扩大,提升了中国的软实力。此外,亚洲国家对教育和人力资本的投资日益增加,这不仅提高了劳动力的素质,也为高技术产业的发展打下坚实的基础。这种综合性的发展,包括经济增长、科技创新、人口红利、政策改革和全球治理的参与,共同推动了全球经济重心向亚洲,特别是向中国的转移。这一变化正在重新塑造世界经济的未来格局,为全球经济发展带来新的动力和机遇。

最后，全球经济重心东移的背景也包括了西方经济体的相对衰落。传统西方发达国家在经济增长和技术创新方面的优势正在逐渐减弱，而亚洲国家则在这些方面表现出越来越强大的竞争力。因此，全球经济格局正在发生深刻变化，东方的经济力量正逐渐取代西方成为全球经济的主导力量。这种全球经济重心东移的变化不仅仅是经济层面上的变化，还涉及政治、文化和地缘战略等多个领域。东方国家的崛起意味着全球治理结构的调整和重新平衡，以及新的国际秩序的形成。因此，全球经济重心东移将对世界各国的发展战略、国际合作模式以及全球治理机制产生深远影响。

2. 自由贸易区战略实施

随着全球化的深入发展，区域经济一体化成为推动世界经济增长的重要动力。中国作为世界第二大经济体，需要积极参与全球经济治理，推动建立更加公正合理的国际经济秩序。目前对国内来说，中国经济进入新常态，面临从高速增长向高质量发展转变的挑战，同时国内公司也面临着需要向更多国外优秀企业合作交流学习的机会；对国外来说，面对全球范围内贸易保护主义的抬头，中国政府提出"一带一路"倡议，旨在通过基础设施建设和经济合作，加强与沿线国家的互联互通。在如此全球化经济格局下，为了适应国际贸易和投资的新趋势，推动经济结构的优化升级，以及促进国内外市场和资源的有效对接，中国推行自由贸易区战略，旨在积极参与多边和区域贸易安排，维护多边贸易体系，推动建设开放型世界经济，勇于承担大国责任。

《区域全面经济伙伴关系协定》（RCEP）的正式签署，象征着全球最大的自由贸易区的诞生，这一自贸区涵盖了世界上大约三分之一的人口以及经济总量，具有里程碑式的意义。目前中国已与多个国家和地区签订自由贸易协定，形成了覆盖亚洲、欧洲、大洋洲等多个地区的自由贸易区网络。自由贸易区的建设有助于引入国际竞争机制，促进产业结构调整和创新能力提升。中国自由贸易区战略的提出，响应了经济全球化的发展趋势，顺应了全球经济重心东移的大背景，也符合国家利益和全球经济发展的需要。该战略旨在推动中国从封闭型经济向开放型经济转变，形成全方位、多层次、宽领域的开放新格局，通过降低贸易壁垒，增加商品和服务流通，促进国内外市场和资源的有效对接,实现互利共赢。通过自由贸易区建设,中国致力于构建开放型经济新体制,推动经济高质量发展。在自由贸易区中,通过降低关税壁垒和非关税壁垒,提高贸易便利化水平,吸引外资,鼓励中国企业"走出去",拓展国际市场。

通过自由贸易区建设,加强与周边国家和地区的经济联系,推动区域经济一体化,实现共同发展和繁荣,让越来越多的国家认识中国、了解中国。通过自由贸易区在与中国的交往中获益,也会使更多国家感受到全球经济领导权转移至中国的好处,提升中国在全球经济治理中的影响力和话语权,让中国获得更多全球经济领导权转移的国际支持。

3. 区域经济一体化的推行

随着经济全球化的不断推进,各国经济相互依赖加深,国际贸易和资本流动日益频繁。在此背景下,区域经济一体化成为各国寻求更大市场、更高效率和更强竞争力的自然选择,区域经济一体化也是全球化时代国家间经济合作的重要形式,对成员国之间的经济繁荣和区域稳定起到了重要作用。区域经济一体化并不是近年的产物,最早可以追溯到欧盟、东盟的区域合作机制。这两个成功的例子为其他地区提供了合作的范例,加之全球经济的不稳定,从而促进了更多区域集团的形成和合作的深化。

在全球化背景下,区域经济一体化旨在提高整个区域的经济效益,实现规模经济和范围经济,通过消除贸易壁垒和促进资源自由流动,促进成员国之间的贸易和投资,增加市场规模和深度,从而带动经济增长。通过优化资源配置和提高生产效率,区域经济一体化有助于提升整体经济的竞争力和创新能力,推动区域和全球经济的繁荣。区域经济一体化可以促进区域内产业的合理布局和优化升级,通过比较优势原理实现产业的互补和协同发展。降低或消除关税和非关税壁垒,促进了商品和服务的自由流通,这不仅有助于企业扩大市场,还鼓励跨国投资,促进资本和技术的流动,加速了区域内外的经济发展。同时这也有助于整合区域内部的供应链和产业链,提高生产效率和降低成本。企业可以更加灵活地调整生产布局,利用区域内的比较优势,构建更加高效和稳定的供应链体系。

在当前全球政治经济形势下，区域经济一体化展现了多边合作的活力，支持了以规则为基础的多边贸易体系。这种合作模式有助于维护全球经济秩序，推动全球经济治理体系的改革和完善。区域经济一体化提供了一个平台，使成员国能够共同应对全球性挑战，如气候变化、环境保护、公共卫生等问题。通过集体行动和协调政策，区域经济一体化有助于提高应对这些挑战的效率和效果。对一些发展中国家来说，区域经济一体化为它们提供了发展经济、减少贫困的机会。通过参与区域经济合作，这些国家可以更好地融入全球经济，获取技术、资本和市场资源，促进本国经济的发展。

中国作为世界第二大经济体，深知发展的重要性，特别是当前世界经济环境不稳定，美国又在推行贸易保护主义，为了维持世界经济正常发展，中国积极推行区域经济一体化。中国推动区域经济一体化是一个全面而深入的战略举措，旨在促进不同成员国之间的经济协调发展，实现资源的优化配置，提高整体经济效率和竞争力。越来越多的国家在得到中国的帮助后，自身经济得到了发展，也推动中国对外贸易的发展，从此互惠互利，更好地推动区域经济一体化的发展，推动世界经济的发展，也让中国得到更多对于全球经济领导权的国际支持。

（二）中国对外援助与发展中国家经济合作

中国对外援助是中国特色社会主义国际主义精神的重要体现，旨在通过帮助其他发展中国家提升自主发展能力，实现共同发展和繁荣，为世界发展贡献中国力量。中国在对外援助中注重培养受援国的本土人才和技术力量，帮助建设基础设施，开发本国资源，为受援国打好发展基础。通过援助项目，中国致力于帮助受援国建设基础设施、开发资源、培养人才，以及提高管理水平和技术能力，从而使受援国能够逐步实现自力更生和可持续发展。

中国在提供对外援助时，始终坚持和平共处五项原则，尊重受援国的主权和选择权，不将援助作为施加政治影响力或干涉内政的工具。中国视对外援助为发展中国家间的相互帮助，注重实际效果和双方利益，促进双边友好关系和互利共赢。中国的对外援助强调平等互利的原则，旨在通过合作促进双方的共同发展。中国认为，只有当援助关系中的双方都从中受益时，这种合作才是可持续的。因此,中国的援助项目往往既考虑受援国的需求,也考虑中国的比较优势,以便实现双赢的局面。

中国根据自身国情和国力,提供力所能及的援助,充分发挥比较优势,结合受援国实际需要。中国在对外援助中始终坚持根据自身的经济发展水平和受援国的实际需求来确定援助的规模与方式。中国根据自身的国情和能力提供援助,确保援助的可持续性,同时确保援助能够有效地用于受援国的发展项目。中国对外援助不断适应国内外形势变化,创新援助方式,调整改革管理机制,提高工作水平。随着国际形势和国内发展的变化,中国不断调整和优化对外援助的战略与方式。中国积极引入创新机制和管理模式,提高援助效率和效果,同时探索新的援助领域和方法,如通过南南合作援助基金等方式,加强与发展中国家的合作。

中国对外援助本着"授人以鱼不如授人以渔"的原则,通过基础设施建设、技术转移和人才培养,帮助发展中国家改善民生、提升经济发展水平,有助于受援国提升自主发展能力。例如,中国援建的公路、桥梁、医院和学校等项目,不仅直接改善了当地的公共服务水平,还为经济发展提供了必要条件。

中国对外援助不仅促进了受援国经济发展,也为中国企业提供了海外市场和发展机遇,实现了双方的互利共赢,加强了发展中国家之间的区域合作,推动了区域经济一体化进程,形成了更加紧密的经济联系。通过参与"一带一路"等倡议,中国与受援国之间的经济联系更加紧密,促进了区域内的贸易和投资流动,加强了区域经济的整体竞争力。同时在解决全球性挑战如气候变化、公共卫生危机等问题上,中国对外援助提供了重要支持。例如,在新冠病毒感染疫情期间,中国曾向多个国家提供大量医疗物资、疫苗和技术支持,帮助受援国抗击疫情,展现了国际社会成员的责任感,让世界看到中国作为世界大国该有的形象。

中国对外援助提升了中国在国际社会中的影响力,展现了中国的国际责任和大国担当,赢得了发展中国家的尊重和信任。通过援助项目,中国不仅帮助受援国改善了基础设施、提升了经济发展水平,还增强了受援国的自主发展能力,促进了区域合作与经济一体化,应对了全球性挑战,并推动了文化交流与可持续发展。中国的援助体现了平等互利、合作共赢的国际关系理念，为构建人类命运共同体作出了重要贡献。

（三）中国产品对全球消费市场的吸引力

1. 中国产品"引进来"

中国是全球第二大经济体，随着经济的飞速增长，消费者对于商品的需求也与日俱增，对商品品质更是有了极高的要求，即经济增长带来了巨大的消费市场潜力。为了满足中国消费者日益增长的消费需求，中国企业也在不断迎合消费者的品质需求，加快自身发展。2021年，中国社会消费品零售总额达到44.1万亿元，比2012年增长了1.1倍。这样的市场规模不仅为国内消费者提供了丰富的商品和服务，也对全球消费者产生了强大的吸引力。正因为中国消费者对高质量产品的需求不断增长，为中国品牌不断推出新品提供了巨大动力，也正因有了品质的要求，越来越多中国产品品质的"中国标准"甚至成为"世界标准"。同时中国品牌正逐渐从"中国制造"向"中国创造"转变，科技创新成为中国品牌的新标签。在智能手机、短视频应用、无人机等领域，中国品牌已经成为全球市场的领导者。这种科技创新能力不仅提升了中国产品的国际竞争力，也吸引了全球消费者的关注。

中国政府对品牌建设和质量提升给予了政策上的支持，如设立"中国品牌日"等活动，鼓励企业提升品牌价值和市场竞争力。此外，中国持续推进高水平对外开放，为国际消费者进入中国市场提供了更多机会，为中国产品的"引进来"提供了平台。中国企业在国际化战略上不断加大投入，通过品牌建设提升自身的国际影响力。通过参与国际展会、合作与交流，中国品牌正在全球范围内建立自己的形象和声誉。同时，中国企业也在学习和引入国际先进的管理经验和营销策略，进一步提升品牌的国际竞争力，让全球消费者对中国产品留下"中国印象"。

2. 中国产品"走出去"

中国产品的"走出去"战略是中国政府鼓励和支持国内企业拓展国际市场、参与全球竞争的一项重要举措。这一战略的实施，旨在促进中国企业的品牌建设、提升国际竞争力、推动经济结构的优化升级，以及实现从"中国制造"向"中国智造"转变。

随着全球经济一体化的深入发展,中国企业面临更加激烈的国际竞争和合作机遇,需要通过"走出去"战略,积极参与国际分工,提升全球竞争力。中国部分行业存在产能过剩的问题,通过"走出去"可以有效转移产能,寻找新的增长点,为企业扩大再发展增加可能。同时,中国企业需要通过国际化进程,加强技术创新和品牌建设,提高产品和服务的附加值。

在"走出去"的过程中,中国政府鼓励企业实施品牌国际化战略,通过构建研发、采购、生产、品牌建设推广、售后服务一体化体系,提升品牌的国际影响力。为了更有效地满足不同国家和地区的需求,中国企业实施全面的本土化策略,不仅涵盖品牌理念与形象的塑造,还深入到品牌营销和品牌传播的各个方面,从而更直接地触及并影响区域市场消费者的心智。同时将科技创新作为中国品牌的第一标签,通过不断的技术创新,提升中国品牌的国际认知度和市场竞争力。在海外市场,海尔、美的、比亚迪、华为等著名中国企业已经在全球消费市场占有较大份额,全球消费者也接受并且愿意去购买中国产品。

中国产品对全球消费市场的吸引力不断提升,这不仅得益于中国经济的快速增长和消费升级,还缘于中国品牌的创新能力、国际化战略以及政策和市场环境的支持。随着中国品牌继续加强品牌建设和质量提升,中国产品在全球消费市场上的影响力将进一步扩大。中国产品的"走出去"战略将继续深化,随着中国品牌的国际化进程不断推进,中国企业将在全球市场上展现出更加强劲的竞争力。通过不断的技术创新、品牌建设和市场拓展,中国品牌有望在全球经济中占据更加重要的地位,实现与世界的共赢共享。同时,中国企业也将积极参与国际合作,共同推动全球经济的繁荣发展。

第八章　中国全球经济领导权国际支持度提升的启示

中国全球经济领导权国际支持度提升将产生一系列效应,既包括对中国国内的,也包括对国际的。本章基于中国全球经济领导权的动因和效应的梳理,分析中国在百年未有之大变局下的应对之策,探讨中国如何更好地应用全球经济领导权造福世界人民,进而本着对人类命运的终极关怀,找到人类文明永续发展的精神指引。

第一节　构建创新驱动的实体经济与科技教育人才平台

一、构建服务实体经济的中国特色金融文化

在中共二十大报告中,习近平总书记强调要立足实体经济这个根基,做大做强先进制造业,积极推进新型工业化,改造提升传统产业,培育壮大新兴产业,超前布局建设未来产业,加快构建以先进制造业为支撑的现代化产业体系。加快建设制造强国、质量强国、航天强国、交通强国、网络强国、金融强国、数字中国。当今社会,金融被认为对实体经济的发展起着至关重要的作用。金融为整个社会和经济发展带来了新的活力,提供了更多的发展可能性,从而促进了经济发展,提高了经济运行效率。

当务之急是构建中国特色金融文化。它既是马克思主义金融理论同中华优秀传统文化相结合的重大理论创新,又有利于在实践中为探索中国特色金融发展之路,有效化解金融系统性风险奠定文化根基,提供基础保障,对于金融强国建设意义重大。中国金融体系注定不能简单复制美国华尔街金融模式,中国应当以上海与香港为金融中心,致力于稳定国家经济,为中国实体经济服务。"以义取利,不唯利是图",要求金融系统必须胸怀"国之大者",坚持以人民为中心的价值取向,坚持把服务实体经济作为根本宗旨,要通过不断满足经济社会发展和人民群众日益增长的金融需求推动金融业健康发展,切不可以损害人民利益和国家利益为代价换取自身利益。

(一)加大基础设施建设力度,优化基础设施运行环境,完善金融监管体系

1. 加大基础设施建设力度,优化基础设施运行环境

政府应积极引导金融机构,特别是银行和证券公司,投入更多资源和技术,提升金融基础设施的质量和效率。各级政府可以制定和实施一系列优惠政策,如财税优惠和便利化措施,以吸引各类支付结算机构在金融中心设立业务机构。政府还应加强信息基础设施建设,随着信息技术和金融科技的快速发展,各地区应加强无线局域网等信息网络的建设,提高信息传播的及时性和覆盖范围。通过科学合理的顶层设计、优化运行环境以及加强信息基础设施建设,中国可以打造一个功能完备、安全高效的国际金融中心,为实体经济发展提供更好的金融服务和支持。

2. 完善金融监管体系

良性的金融中心离不开监管,脱离了监管的金融中心注定走不长远。因此,我们要加强对区域金融组织的监督监管力度,积极探索有效的经营风险评估体系,并构建相应的防范与化解系统,增强对跨国金融服务领域违法犯罪行为的打击力度,以此来尽力维持金融服务的稳定性。同时,要做好"政企银"的合作,因为在国际金融方面,跨国交易程序复杂,各种融资业务风险层出不穷,因此存在许多隐性风险。我们需要进一步完善相关的法律法规,规避逃税行为、反恐怖融资行为,为国际金融中心的发展提供良好的环境,确保

其良性发展。

（二）建立规范的市场秩序及营商环境

建立规范的市场秩序及营商环境是另一重要启示。各政府部门亟需加强合作，最大程度减少对金融业的干预，进一步促进金融市场的发展，完善金融体系，为国际金融中心的建设提供更加有力的支持。中国金融市场仍然是政府主导，尚未形成有效的市场定价机制，金融资源配置效率较低。为此，需要通过改善金融中心的法治环境，加大对失信行为的惩罚力度，切实保障并提升市场信心。此外，政府还应当加强与金融机构和监管部门之间的沟通与协调，共同制定和实施相关政策，推动金融市场向更加自由、公平、透明的方向发展，促进金融资源的有效配置和优化利用。

（三）吸引国际金融机构落户，增强区域金融集聚水平

吸引国际金融机构落户，增强区域金融集聚水平也尤为重要。通过观察其他国家构建国际金融中心的经验，我们发现，要想成为真正的国际金融中心，必须具备吸引和汇聚各种金融要素的能力，促进跨国资金的流通和交易。因此，中国可以采取"筑巢引凤"的方式，吸引国内外大型金融机构的总部落户，推动国际金融中心的形成。例如，在银行业方面，政府可加大对商业银行的支持力度，鼓励外资银行在国内设立分支机构。同时，也应积极激励民间资金进入银行业，支持本土金融机构发展。这样，国内外金融机构相互促进，共同推动金融市场的良性发展。在此过程中，需要重点关注可能出现的风险，并有针对性地进行扶持。另外，要注意因地制宜、因材施教的原则。各金融机构应根据自身特点，积极探索创新型产业，发展各种可行的投融资手段。金融行业的特殊性决定了我们需要大量相关人才。因此，政府应加大吸引金融人才的力度，提升区域金融的集聚水平。在这方面，可以从以下三个方面入手：一是建立专业人才岗位统计信息平台，明确提供具有国际吸引力的薪资待遇，降低人才来此工作的成本；二是设立专业的咨询机构，为有意向的人才提供职业咨询；三是建立系统的金融服务组织，为就业人员提供资金支持和政策扶持。

（四）推进金融对外开放水平

推进金融对外开放水平是提升中国金融中心竞争力的必要手段。借鉴其他国家构建金融中心的经验，我们需要通过以点带面等方式深化金融改革，打造全新的开放创新格局，为建设国际金融中心提供有力的政策支持。同时，加强与其他国家的合作，促进互联互通和交流，力争在制度创新、组织创新等方面取得突破。在深化金融改革方面，可以通过以点带面的方式，先在一些具有示范意义的领域进行试点，再逐步推广到更广泛的范围。例如，可以先在特定地区或特定行业推行金融创新政策，探索符合中国国情的金融体系改革方案。同时，也要注重政策的整合和协调，确保各项改革政策的有效衔接和互相促进。此外，加强与其他国家的合作至关重要。我们可以借鉴其他国家成功的经验，学习它们在金融领域的创新做法，并通过国际合作平台促进经验交流和合作共赢，为构建国际金融中心打下坚实基础。

二、构建科技创新和制造业中心

在中共二十大会议中，习近平总书记指出要完善科技创新体系，坚持创新在中国现代化建设全局中的核心地位，健全新型举国体制，强化国家战略科技力量，提升国家创新体系整体效能，形成具有全球竞争力的开放创新生态。加快实施创新驱动发展战略，加快实现高水平科技自立自强，以国家战略需求为导向，集聚力量进行原创性、引领性科技攻关，坚决打赢关键核心技术攻坚战，加快实施一批具有战略性、全局性、前瞻性的国家重大科技项目，增强自主创新能力。

科技创新已经越来越成为综合国力竞争的决定性因素，创新也是一个国家兴旺发达的不竭动力。习近平总书记在主持二十届中共中央政治局第十一次集体学习时强调"必须继续做好创新这篇大文章，推动新质生产力加快发展"。我们要深入理解和把握习近平总书记关于新质生产力的重要论述的时代价值、核心要义和实践要求，不断增创高质量发展新动能新优势。然而，中国的科技创新能力仍显不足，科技创新成果转化能力也不够，在一些关键技术领域仍然会被"卡脖子"。制造业虽然是中国的优势产业，但现在仍旧面临数字化转型升级和尖端企业数量不足等问题。因此，我们需要在以下三方面下功夫。

（一）做强做优制造业，培育具有国际竞争力的产业集群

在构建科技创新和制造业中心方面，我们需要做强做优制造业，培育具有国际竞争力的产业集群。首先，迫切需要着手实施战略性新兴产业集群的发展。这意味着重塑产业基础，提升产业链、供应链的现代化水平，从而大幅推动中国制造业迈向国内领先水平。必须积极培育和发展具备国际竞争力的先进制造业集群，紧跟 2035 年世界级先进制造业集群建设目标。同时，国家与市场应加强对新一轮科技革命和产业变革趋势的研判与把握。优先布局重点领域，持续构建以科技创新为引领的现代化产业体系，以确保中国在全球经济中的持续竞争优势。

（二）深化智能制造，促进制造业数字化转型

深化智能制造，促进制造业数字化转型也是构建科创和制造业中心的关键。面对发展新质生产力的迫切需求，我们应当引入智能制造系统，并持续推进智能化改造示范，在生产过程中引入先进的人工智能、大数据分析等技术，提升生产效率和产品质量。通过打造典型示范应用场景，可以向其他企业展示智能化转型的成功路径，推动整个行业的升级换代。同时，制定数字化转型升级路线图，利用科技金融的杠杆效应，推进制造业企业的数字化转型升级。这包括在生产管理、供应链优化、产品设计等方面引入数字化技术，提高生产效率和灵活性，以适应市场需求的快速变化。

为了建设国际一流的科创和制造业中心，必须充分发挥新质生产力的优势。其中，优秀的风投体系至关重要。风投不仅可以为科技创新提供资金支持，还能为创新企业提供战略指导和行业资源，加速技术成果的商业化转化。特别是对于那些风险高、资金需求大的科技创新项目，传统金融机构难以承担其风险，而风投则能够勇于挑战，支持这些项目的发展。通过风投的助力，中小企业和初创企业能够更好地实现创新发展，从而推动整个产业的升级和转型。核心技术自主创新是实现科技创新和制造业中心构建的关键。通过

加大对关键核心技术的自主研发投入,减少对国外技术的依赖,提升自主创新能力,中国可以在全球竞争中保持领先地位。

(三)核心技术自主创新:增强科技创新与制造业竞争力

加大自主研发投入是核心技术自主创新的基础。应增加对科研的投入,特别是对基础研究和前沿技术的资金支持,并设立专项创新基金,支持高风险、高回报的前沿技术研发项目,鼓励企业进行自主创新。打造创新生态系统也至关重要。通过建设和完善科技园区和孵化器,为初创企业提供支持和资源,推动创新成果转化;同时,鼓励企业、高校和科研机构组成产业联盟,开展协同创新,形成创新合力。人才培养与引进是核心技术自主创新的动力源泉。加强与高校和科研机构的合作,培养具备国际视野的高水平科技人才;制定有吸引力的政策,吸引海外华人科学家和外国专家来华工作,增强国内创新能力。知识产权保护则为核心技术自主创新提供保障。完善知识产权法律体系,加强知识产权保护,营造良好的创新环境,鼓励企业和个人进行自主创新,并积极参与国际知识产权合作,以提升中国在全球知识产权体系中的地位。

三、构建国际教育人才平台

在中共二十大报告中,习近平总书记指出要坚持教育优先发展、科技自立自强、人才引领驱动,加快建设教育强国、科技强国、人才强国,坚持为党育人、为国育才,全面提高人才自主培养质量,着力造就拔尖创新人才,聚天下英才而用之。深入实施人才强国战略,坚持尊重劳动、尊重知识、尊重人才、尊重创造,完善人才战略布局,加快建设世界重要人才中心和创新高地,着力形成人才国际竞争的比较优势,把各方面优秀人才集聚到党和人民事业中来。

全球化的流动实际上是资本、技术和人才的国际大流动,这些都表明人才对于经济发展乃至引领全球的重要性。因此,政府应为人才的到来提供更多的福利,争取做到吸引他们来到,来了就不想走。在此过程中,我们也应注意信息安全等问题,在保障国家信息安全的前提下,积极推进信息高质量开放。重点吸引在金融、生物医药、信息技术、专业服务等领域的高端国际人才。顺应科技要素流动的新趋势,创新科技合作新机制,通过与发达国家进行合作研究、委托研发和联合开发等方式,形成全球创新网络。

吸引海外留学生归来和引进外国专家对中国科学技术的发展起着至关重要的作用。在新中国成立初期,中国原子核工业刚刚起步,大批海外留学学子归来,这些人后来成为中国研制"两弹一星"的中坚力量。而且在中国历届科学院委员中,绝大多数有着海外留学的经历。他们的归来不仅可以带来其他国家先进的科学技术知识,还可以将其应用于我们的研究项目中,这些都对我们的发展有重大影响。

(一) 吸引民间资本为构建国际教育人才平台添砖加瓦

当前全球经济仍在疫情后的阴影下艰难前行。在这种情况下,单靠政府资金已难以完全维持国际教育平台的发展。因此,我们迫切需要借助民间资本的力量。国际教育平台培养出的优秀青年学子中,有相当一部分将回归到民间资本领域,为其发展提供服务。政府在制定政策时,应积极鼓励和引导社会力量及民间资本参与国际教育平台的建设。政府可以制定并出台各种优惠政策,以吸引民间资本和社会资金投入国际教育平台。这种融资模式将为教育事业注入新的活力,推动教育质量和国际竞争力的提升。

(二) 推动教育人才国际化

优秀学子的出现离不开优秀教师的培育。要想构建出一个良好的国际教育人才平台,优秀的师资资源是必不可少的。正如优秀的学校往往由一群优秀教师组成,国际教育人才平台也是如此。我们需要放开政策,增强对国际优秀师资资源的吸引力,争取让他们落户国际教育平台。目前中国的外籍教师大多数教授的是外语而非专业课程,这对培养拥有国际视角的学生作用有限,因此在人才引进时应注重补足这一空缺。同时,应对现有优秀师资进行专业化培养,与国际接轨,培养他们成为更加优秀且全面的国际教育人才平台师资力量。政府方面,应摒弃旧的观念和管理制度,为人才引进和培养提供良好的环境。还需加强与国际科研机构和国际企业的合作,为教师提供更广阔的空间,让他们有充足的时间与机会进行交流,相互学习、共同进步。与国际企业的合作也有助于教师理解国际公司的工作理念和组织文化,从而提升自身能力,找到努力的方向。

(三)开设大学国际化课程

国际化课程是指高等教育融合了国际视野和跨文化理念的课程内容和教学方式,能够形成一个良好且有效的学习环境,满足世界范围内不同文化人群的学习需求。大学教育的视角要从国内放大到全世界,让学生在课堂上学到真正有用的知识①。目前,我们在上海设立了世界顶尖科学家发展基金以及国家"杰青""优青"项目,以此为契机,实施更加开放包容的人才引进战略,鼓励国外各行业的人才前来进行学术交流和合作创新。同时,持续推动企业、高校等相关场所积极开展国际学术交流,为相关人员出境参与学术研讨会提供便利化的支持。

(四)人才引进与国际化教育合作:构建科技创新和制造业中心的关键举措

人才引进与国际化教育合作是构建科技创新和制造业中心的关键,通过推动教育资源的国际化共享和建立有效的人才回流机制,增强中国在全球科技创新和制造业中的竞争力。

首先,加强与世界一流大学和科研机构的合作至关重要。中国应积极与全球顶尖教育和科研机构建立合作关系,通过联合研究、学术交流和教师互访等方式,推动教育资源的国际化共享。设立联合研究中心和国际合作实验

---

① 为落实"南开卓越公能人才培养体系3.0",贯彻"中外融汇"的育人理念,培养学生全球视野与使命担当,推进本科及研究生教育教学改革和人才培养的国际化进程,南开大学金融学院于2024年7月上旬成功举办为期两周的国际前沿小学期。本次小学期以"拓宽国际视野,引领金融前沿"为主题,共开设了2门全英文前沿课程,吸引了来自校内外100余名同学积极参与,其中包括10余名充满朝气的高中生。本次国际前沿小学期精心设计"可持续金融与量化基本面投资"和"金融实证分析方法"2门全英文课程,邀请来自得克萨斯农工大学、新加坡国立大学、伊利诺伊大学芝加哥分校等海外知名高校的4位教授作为主讲嘉宾,带来了前沿的学术知识和实践案例,让学生可以深入了解金融领域的最新研究动态和前沿分析技术。

室,共同开展前沿技术研究,提升中国在全球科技创新领域的影响力。同时,鼓励国内高校与国际知名大学合作,开设双学位项目和联合培养计划,提升学生的国际视野和创新能力。

其次,建立有效的人才回流机制,吸引海外高端人才回国发展,是增强国内人才储备的关键。制定吸引海外人才的优惠政策,如提供科研启动资金、住房补贴和优越的工作条件,吸引更多海外高端人才回国发展。设立专门的引才机构,为海外人才提供"一站式"服务,简化回国流程,提高效率。此外,鼓励企业、高校和科研机构与海外华人社团和专业组织建立联系,定期举办人才交流会和招聘活动,吸引更多优秀人才回国服务。

再次,中国还应注重优化国内的人才培养体系。加强基础教育和高等教育改革,注重培养学生的创新精神和实践能力,提升整体教育质量。鼓励企业与高校合作,建立产学研合作机制,促进科研成果转化和技术创新。通过多层次、多渠道的人才培养和引进策略,构建高水平的人才队伍,支撑科技创新和制造业的可持续发展。

最后,积极参与国际教育标准和认证体系的制定,提升中国教育的国际认可度和影响力。推动中文教育的国际化发展,设立更多孔子学院和中文学习中心,推广中国语言和文化,增强中国在全球教育体系中的话语权。通过这些措施,提升中国教育的全球影响力,为科技创新和制造业中心的构建提供强有力的人才保障。

第二节　推进高水平对外开放

以下将从加强"一带一路"建设,构建开放、透明的多边贸易和投资治理体系,建立多元公正高效的全球金融货币体系,以科技创新应对全球经济结构矛盾四个方面推进高水平对外开放。

一、加强"一带一路"建设

(一) 坚定推进"一带一路"建设,实现对外投资与贸易平衡

在中美博弈的大背景下,对外开放面临诸多阻力,但我们仍需坚定不移地坚持这一基本国策。"一带一路"倡议自提出以来,已取得显著成效,通过该倡议,我们有望实现对外投资与贸易盈余的平衡。传统的国际收支平衡方式通常依赖于本币贬值或迫使他国货币增值,这种方法效率低下,且无益于各方。在国际分工中,中国作为"世界工厂"具有最高的要素分配效率,这是我们在全球竞争中的一大优势。因此,过度出口并不是问题所在。短期内,中国在制成品方面的国际贸易顺差难以改变,因为中国的生产制造能力是其他国家无法独立取代的。尽管与改革开放初期相比,我们的人力成本优势在逐步减弱,但生产率优势也在逐步显现,因而人力成本的上升不会对我们造成严重影响。

我们可以将贸易顺差转化为对外投资,通过基础设施建设输出促进产能,推动更多发展中国家融入全球化。这种方法不仅经济效率更高,而且能带来更广泛的社会福利。"一带一路"倡议是中国与沿线国家的"共商、共建、共享",没有附加任何政治条件,也不针对任何国家。"一带一路"倡议展示出了强大且持久的生命力,正在吸引更多国家的关注,最终也必将被世界各国所认同。因此,我们应继续加大对"一带一路"建设的投入,保障其良性发展。

(二) 绿色金融推动"一带一路"沿线国家的可持续发展

绿色金融通过金融手段支持环境保护、应对气候变化和资源节约,助力经济的可持续发展。中国在绿色金融领域的领先地位和丰富经验,为"一带一路"沿线国家提供了宝贵的示范和支持。首先,绿色金融推动绿色基础设施建设。通过绿色贷款和绿色债券融资,中国在"一带一路"沿线国家建设清洁能源项目,如光伏和风电,减少碳排放,提升可持续发展能力。其次,绿色金融支持环保产业和绿色技术输出。中国通过绿色信贷和股权投资,与沿线国家合作,输出污水处理、空气净化等环保技术,提升当地环保产业水平。

此外,绿色金融促进绿色金融市场的建立与发展。中国帮助沿线国家发展绿色债券、绿色信贷和绿色保险等金融产品,增强金融体系的韧性。例如,设立绿色金融专项基金,支持当地绿色项目。通过国际合作平台,如亚投行和丝路基金,中国推动国际绿色金融合作,分享经验,提升全球绿色金融水平。

绿色金融政策和标准的推广与应用也是促进沿线国家可持续发展的关键。中国通过制定和推广绿色金融标准,帮助沿线国家建立适合自身的绿色金融体系,推动绿色项目的可持续发展。同时,绿色金融项目改善环境质量,创造就业机会,提高居民生活水平。例如,绿色农业项目通过绿色信贷提高生产效率,增加农民收入。通过绿色金融支持"一带一路"沿线国家的可持续发展,中国树立了绿色"一带一路"的国际形象,增强了"一带一路"倡议的吸引力和影响力,展示了中国在全球可持续发展中的积极贡献。

二、构建开放透明的多边贸易和投资治理体系

当前,中美博弈日渐加深,国际环境日益复杂。美国在多边贸易谈判中不积极,甚至阻碍其发展,导致自贸区(FTA)加剧国际贸易规则的碎片化,多边贸易体制面临瘫痪风险。在投资谈判方面,多边投资协定缺位,双边投资协定规则冲突,全球经济治理陷入困境。习近平总书记在中共十九大报告中明确指出,中国支持多边贸易体制,推动建设开放型世界经济。中国努力推动"多边谈判",并在 G20、上海合作组织、RCEP 和金砖国家等合作平台上呼吁建立全球投资规则。随着全球经济的发展,发展中国家的角色和地位不断变化,从接受者转变为参与者。然而,在全球治理体系中,发展中国家仍无法摆脱"局外人"的尴尬局面。作为世界上最大的发展中国家,我们要改变这一局面,秉持开放包容的原则,建设好与西方大国的关系,协调好与新兴经济体的关系。同时,依托 RCEP 平衡国家间的利益关系,为亚洲区域一体化提供新的助力,提升中国的国际影响力。

三、建立多元公正高效的全球金融货币体系

中国需要在全球金融治理结构改革中发挥积极作用,推动现有国际金融

体系的公平合理调整。当前全球金融治理资源分配严重不均,世界银行对发展中国家贷款附加一些政治条件。以美国为首的西方国家拥有对国际金融机构的绝对控制权,国际货币基金组织和世界银行的份额认缴与投票权分配十分不合理,无法反映世界各国经济实力的动态变化。

习近平总书记在多个场合多次提出改革现有国际金融体系、建立多元化融资体系的建议。首先,我们要推进全球金融治理的"存量改革",加快国际货币基金组织和世界银行扩容增资与份额改革进程,正确反映新兴经济体与发展中国家的正当权益。其次,推进全球金融治理的"增量改革",完善国际金融治理结构。亚投行的运行模式与现有国际金融机构实现了优势互补,成为构建高标准国际金融机构的成功范例。

通过"一带一路"倡议和亚投行等多边合作平台,推进人民币国际化,逐步建立多元、公正、高效的全球金融货币体系。这不仅有助于缓解美元霸权的影响,也能增强全球金融体系的稳定性和安全性。充分利用"一带一路"建设推动人民币国际化,在沿线国家率先实现人民币支付、结算、储备等基本货币职能,提升中国金融资源在全球的配置能力。

四、以科技创新应对全球经济结构矛盾

历史表明,每次科技革命都会带来生产力的突破性发展,并改变原有经济结构。例如,蒸汽机的发明引领了第一次工业革命,使英国成为世界上第一个完成工业革命的国家;电力应用主导的第二次工业革命,使美国成为GDP世界第一的国家;互联网应用为主的第三次科技革命,进一步强化了世界多极化的趋势。习近平总书记指出,无论是当前中国经济的高质量发展,还是解决世界经济面临的结构性问题,把握新一轮科技革命的机遇都至关重要。目前,世界经济正处在以人工智能为主要标志的第四次科技革命中,这些技术将导致全球经济结构的深度重构。在这一历史关键时期,我们应牢牢抓住这一机会。对于较为落后的领域,可以采用"模仿性"创新;在较为先进的领域,则应大胆创新,尽管风险较大,但成功后可实现突破性发展,甚至"弯道超车"。

习近平总书记强调,应通过创新驱动和结构性改革,抓住新一轮科技革命和产业变革带来的机遇。在数字经济、人工智能、纳米技术等前沿科技领域开展合作,使新技术、新产业、新业态、新模式成为经济发展的引擎,以应对全球经济结构的矛盾和挑战。通过科技创新,不仅可以提升中国在全球价值链中的地位,还能为全球经济的可持续发展贡献中国智慧。

第三节　疫情后的经济复苏与中美博弈下的改革创新

当前世界处于百年未有之大变局中,新冠病毒感染疫情的暴发使国际格局更加不确定、不稳定。俄乌冲突的不断升级和中美之间的矛盾激化,使得双方在意识形态、疫情处理、科技创新和人文教育等方面展开了更加激烈的博弈。美国曾一度将中国视为战略竞争对手,特朗普政府以激进甚至极端的方式开启了中美战略竞争的时代,其"美国优先"的观点使得中美关系骤然降温。在拜登政府时期,情况非但没有好转,反而更加注重中美竞争。拜登政府试图利用美国在金融市场、科技创新等方面的优势,强迫其他国家选边站队。

一、新冠病毒感染疫情是中美博弈的"分水岭"

美国著名作家托马斯·弗里德曼(Thomas Loren Friedman)在其著作《地球是平的》一书中指出,新冠病毒感染疫情可能成为像"公元前、公元后"一样重要的历史分期点。随着时间的推移,疫情的全面暴发不仅对世界各国造成了猛烈冲击,也对大国关系和全球经济领导权的转移产生了重大影响。经济全球化下的国际分工使疫情的到来更加剧了中美之间的博弈现状。因此,如何处理疫情带来的影响成为中美博弈的关键,也是确保中国经济能够实现高质量发展的关键。

(一)推动双循环格局下的高水平对外开放与产业链优化

1. 坚持双循环与推进产业链优化

习近平总书记在 2020 年 4 月的讲话中提出"双循环"新发展格局,旨在畅通国内循环的生产、分配、流通、消费五大经济发展渠道。面对百年未有之大变局,我们应深化供给侧改革,优化五大生产要素的市场资源配置,释放国内资本市场的新动能。同时,我们将积极推进全球产业链综合优化,提升科技创新和成果转化能力,优化全球产业链的新发展格局。数字经济的重要性日益凸显,我们要在全球产业链管理数字化和工业智能化方面达到世界领先水平,支持新型基础设施建设,推动信息化发展,确保中国实体经济稳步、高速、可持续发展。

2. 高水平对外开放与国际贸易

在中美博弈背景下,我们尤其需要坚守高水平的对外开放。首先,我们应主动积极地处理好中美关系,确保双边关系持续稳定可控。在美国等国家实施贸易保护主义政策的背景下,我们更需要坚持高水平的对外开放。历史教训告诉我们,封闭必然导致落后,而落后会让我们面临挑战。习近平总书记在中共二十大会议上指出,我们要推进高水平的对外开放,稳步扩大制度型开放,包括规则、规制、管理、标准等方面,加快建设贸易强国,推动共建"一带一路"高质量发展,维护多元稳定的国际经济格局和经贸关系。同时,我们要进一步推动全球贸易的多边合作与区域协调发展,确保国际贸易和产业链的稳定与繁荣。

(二) 加强全球公共卫生合作:推动国际健康治理与中国影响力提升

中国应积极参与和推动全球公共卫生治理框架的建设,与世界卫生组织(WHO)等国际卫生机构建立紧密合作关系,推动制定和完善全球公共卫生标准与应急预案。参与国际卫生政策的制定和实施,将显著提升中国在全球公共卫生领域的领导地位。

与其他国家合作,开展跨国公共卫生项目如疾病预防控制、卫生基础设施建设和卫生人员培训等是重要步骤。通过提供技术援助、资金支持和专业培训,中国能够帮助发展中国家提升公共卫生能力,树立负责任大国形象。在应对重大传染病疫情时,通过捐赠疫苗、医疗物资和派遣医疗专家,进一步展现中国的国际人道主义精神。

推动国际公共卫生信息共享与透明也是关键。建立国际公共卫生信息共享平台,实现全球疾病监测和信息及时共享,可以增强全球公共卫生应急响应能力。中国应积极主动地向国际社会分享本国公共卫生数据和防控经验,通过提升信息透明度,赢得国际社会的信任和支持。

设立全球公共卫生奖学金,吸引各国优秀学生来华深造,培养国际公共卫生领域的高端人才,能够进一步强化合作。通过举办国际公共卫生论坛和学术会议,促进全球公共卫生领域的知识交流和经验分享。建立国际公共卫生培训基地,为各国培养专业公共卫生人才,提升全球公共卫生治理水平。

二、构建国内统一大市场

(一)增强国内大循环内生动力

在中共二十大会议中,习近平总书记提出要坚持以推动高质量发展为主题,把实施扩大内需战略同深化供给侧结构性改革有机结合起来,增强国内大循环的内生动力和可靠性,提升国际循环的质量和水平,加快建设现代化经济体系,着力提高全要素生产率,提升产业链、供应链的韧性和安全水平,推进城乡融合和区域协调发展,推动经济实现"质"的有效提升和"量"的合理增长。随着全球经济发展水平的大幅提升,国际循环拉动国内大循环的边际效应逐步递减,当今世界上的大国也应依托大国民经济体系培育国内大循环,以此构建参与国际循环的新优势。

当前,中国外部面临百年未有之大变局,内部经济处于增长速度换挡期、结构调整阵痛期、前期刺激政策消化期"三期叠加"的阶段,面临需求收缩、供给冲击、预期转弱"三重压力"。在中美博弈的大背景下,美国对中国的针对性贸易限制也对我们的国际贸易产生了深远的负面影响。中国拥有超大市场规模这一强大竞争优势,构建国内统一大市场是我们当前必须要做的事情。

要建设良好的国内大循环,首先我们应该促进要素与资源市场的统一,努力促进劳动力要素加速自由流动,同时统一的劳动力要素也是中国从人力资源大国走向人力资源强国的关键。面对人口老龄化和出生率低的现状,劳动力供给预期面临长期压力,因此短期内提升劳动力利用效率是解决问题的关键。我们要逐步降低劳动力跨地区流动的限制,疏通专业人才的落户渠道,建立城乡统一的人力资源市场。

其次,要规范资本要素在市场的流动。资本要素是一把锋利的"双刃剑",使用得当可以促进经济发展,使用不当则可能带来负面影响。因此,我们要充分利用资本的正面影响,激发经济活力,刺激经济平稳增长。同时,必须加强对资本的管制,预防其无序扩张,确保经济的良性发展。

再次,建设统一的数据要素市场,数字技术是我们"弯道超车"的关键。数字技术和数据要素能够加速畅通经济循环,促进中国以国内大循环为主导的经济模式。我们要利用好数据要素的优势,提高信息传递能力,促进劳动力、资本等传统要素的自由流动,提升资源配置效率。同时,数据要素和其他产业的融合也能极大地推动其他产业的发展,提升国内大循环的效率。

然后,我们要促进市场设施的联通统一。俗话说"要想富,先修路",产品从生产到消费的必经之路是运输,运输效率极大地影响国内大循环的通畅程度。因此,必须建立能够畅通生产到消费的连接点,降低物流和信息流通的成本,促进国内大循环的良性发展,推动国家经济的高质量、可持续发展。

最后,任何事情的成功都离不开良性、有效的监管措施。我们要促进市场监管的公平与统一。要构建有效的监管措施:一是有法可依,颁布针对性的法律法规,做好立法工作,同时落实市场监督立法工作;二是严格执行规章制度,市场参与者做到有法必依;三是完善有效的法律法规离不开落实执行,政府要根据相关法律法规严格执法,增强执法威慑力,做到执法必严。建成统一的商品服务市场和监管体系,使产品质量标准与国际接轨,市场监管体系与国际市场联通,有利于扩大对外开放,提高中国市场对全球要素资源的吸引力,促进国际循环。

(二) 加强内陆自贸区建设

长期以来,中国的对外开放优先于对内开放,加上内部区域经济发展的不平衡,地方市场之间不流通等问题,这些都导致国内大市场无法有效发挥其功效的问题。在如今中美关系愈加紧张,中美博弈日渐加深的背景下,我们不得不重新思考对外开放和对内开放这两个方向的侧重点问题。虽然中国坚持对外开放毫不动摇,但在无法形成有效的对外开放背景下,对内开放、构建内陆自贸区的重要性也在日益凸显。随着中国经济发展水平的不断提高，低要素成本优势逐渐减弱，只有将低要素成本优势转化为国内统一大市场的规模优势，才能维持中国经济的高质量发展。

自国务院批准设立首个中国自由贸易试验区（即上海自贸区）以来，各省市竞相追逐建设自由贸易区的资格，政府也在大力扶持各省市经济的高质量发展，社会经济水平得到进一步提高。我们还可以利用自贸区建设的经验成果，为构建自由贸易港增添强大动能。在全球百年未有之大变局，在中美博弈日渐加深的背景下，我们要加快构建海南自由贸易港，形成如同香港一样的国际吸引力，为中国经济的高质量发展注入强大动力。最终，形成一批可以对标国际高标准规则的自贸区，形成一批有成效、可复制、能推广的制度创新成果，辐射中西部地区，推动在中西部地区形成开放型经济新增长极，助力构建陆海内外联动、东西双向互济的区域开放格局。

（三）区域与城乡一体化发展：构建均衡和谐的国内经济格局

区域与城乡一体化发展是实现国内经济均衡和谐的重要举措。要通过推动区域经济协调发展和城乡融合，缩小经济差距，优化资源配置，提升整体经济水平。

推动区域经济协调发展，缩小区域经济差距，形成均衡的国内市场是区域与城乡一体化发展的首要任务。为了实现这一目标，必须加大对落后地区的基础设施投资，改善交通运输、通信网络和公共服务设施，提升这些地区的经济发展潜力。通过建立区域协调发展机制，促进发达地区与欠发达地区之间的经济合作和资源共享，实现互利共赢。要设立区域发展基金，支持欠发达地区的产业转型和升级，吸引更多企业和人才到这些地区投资兴业，推动区域经济的全面协调发展。

城乡融合发展是实现区域经济协调发展的重要组成部分。通过促进城乡资源的优化配置，提升农村经济水平，缩小城乡差距，可以实现整体经济的可持续发展。要推动城市资源向农村转移，引导城市资本、技术和人才进入农村，支持农村产业升级和现代化农业发展。要加强农村基础设施建设，改善农村生产和生活条件，提高农村居民的生活质量。通过实施乡村振兴战略,促进农业、农村和农民的全面发展,实现城乡共同繁荣。

加大对教育和医疗资源的投入,改善区域和城乡间公共服务的均等化水平,能够有效提升人力资本质量和健康水平。通过推动教育资源的公平分配,确保每个地区和城乡居民都能享受到高质量的教育服务,提升劳动者的整体素质和技能水平。要加大医疗卫生投入,完善城乡医疗服务体系,提升基层医疗服务能力,实现健康中国目标。

区域与城乡一体化发展还需依托科技创新和信息化手段。通过推广现代信息技术,推动智慧城市和数字乡村建设,提升区域和城乡的治理水平与公共服务效率。要加快发展农村电商,拓宽农产品销售渠道,提升农村经济活力。要推动智能农业技术的应用,提高农业生产效率,实现农业现代化。

建立健全政策支持体系也是推动区域与城乡一体化发展的关键。制定差异化的区域和城乡发展政策,针对不同地区的具体情况,提供有针对性的政策支持和资源倾斜。加强财政转移支付制度建设,增加对欠发达地区和农村的财政支持力度,确保区域和城乡协调发展战略的顺利实施。

三、中美争端促进改革升级

(一)增强创新能力

中共十九大报告指出,中国经济已从高速增长阶段迈向高质量增长阶段。要实现经济高质量发展并构建新发展格局,必须提升产品竞争力,推动创新。首先,要开展制度创新,为更高水平的开放型经济新体制打下坚实基础。政府要积极创新制度与管理体制,创造良好的开放经济环境,加强相关部门的协调机制,构建高效运转的决策体系。其次,注重人才培养,创新型人才是发展的不竭动力。政府应出台人才引进战略,增强激励机制,加大人才制度保障,为优秀的创新型人才或团队提供更广阔的发挥空间,赋予其更高的自主权,最大程度调动其主观能动性。最后,加大财政支持力度,确保创新型人才的想法能够成为现实。

(二)强化产业创新

产业创新是实现更高水平开放型经济新体制的重要组成部分,也是激发经济发展新动能的重要因素。中国的产业结构目前仍以第二产业为主导,第三产业的比重虽然在不断上升,但总体占比依然不高,产业结构仍有不合理之处,导致发展效率相对低下。我们要重视第二、第三产业的地位,认识其对中国经济高质量发展的重要性。在未来的产业创新中,我们应尽快推进先进制造业和现代服务业的产业结构转型升级,支持高新技术产业如新能源技术的发展,最大限度提升产品的市场竞争力和企业的经济效益。

(三)应对开放带来的负面冲击

尽管积极的对外开放可以为中国带来先进的技术,但过于激烈的国际竞争可能会给部分产业和地区的经济主体带来严重冲击。在对外开放的过程中,部分企业可能因为短期内无法有效转型升级而导致大量亏损,甚至破产。对于企业破产带来的工人下岗问题,政府应该通过财政支出来保障下岗工人的基本福利,并通过就业指导等措施鼓励其再就业。对于破产企业,政府也应帮助其整顿和调整,争取让行业快速回归正轨。

(四)建立健全政策保障机制

首先,要构建国际宏观政策交流沟通机制。虽然中国已经取得长足发展,成为世界第二大经济体,但仍是发展中国家,在国际上仍处于弱势地位。在中美博弈日渐加深的今天,国际关系的不确定性和不稳定性更加凸显。即便外部环境艰难,我们仍应在国际宏观政策沟通交流机制中积极作为,实施稳健的货币政策,以中国经济的稳定增长为世界经济的复苏贡献力量。其次,要实现资源的高效配置,推进产业的开放,这些都离不开中国财政政策和货币政策的协调与紧密配合。最后,实行竞争政策。在中美博弈日渐加深的条件下,我们无法避免受到美国的技术封锁。要突破这一局面,我们就要不断提升科技创新的战略地位,以科技创新为经济发展提供源源不断的动力,为中国经济的高质量发展添砖加瓦。

四、提高中国金融综合实力

(一)实施积极的财政政策

当前,中国仍存在消费动力不足的问题。要扩大消费,首先必须保证企业在中美博弈日益加剧的背景下得以生存。相对来说,大企业可以享受很多的银行贷款福利,因此主要需要帮助中小微企业摆脱融资难、融资贵的困境。其次,在人均可支配收入方面,可以通过减税降费等政策来扩大人均可支配收入。

减税降费要依靠积极的财政政策。从经济来看,财政政策主要需要解决钱从哪里来,又将用到哪里去的问题。第一,我们可以将财政收入主要用于减租降税、减租降息,尽力将钱从中央直达各个县区,省和市均不能留存。第二,我们可以将其用于"两新一重"产业发展,即以新型基础设施建设、水利工程建设为代表的中国未来基础建设的发展方向,以"两新一重"来推动实现新型工业化、信息化、城镇化和农业现代化的融合,即所谓的"四化融合"。

(二)实施稳健的货币政策

当前中国的货币政策仍以稳为主。要灵活适度、更精准导向、不搞大水漫灌,保持货币供应量与社会融资规模的合理增长。金融业是现代经济中调节宏观经济的重要杠杆,是沟通整个社会经济生活的命脉和媒介,在整体经济中处于核心地位,是经济的血脉和支柱。然而,由于金融业具有其行业特殊性——天然的脆弱性和易受攻击影响,如果在开放中不加以注意,可能会导致金融风险的增加。因此,在开放过程中,尤其是金融业的开放,一定要谨慎,时刻注意开放的节奏、程度等问题,一旦发现问题要及时进行宏观调控。哪怕开放的节奏放缓,也不能一味过度开放,因为那样会给敌对势力攻击的机会,带来的风险巨大且不可估计。中国的金融业必须在循序渐进中稳步推进开放,保持党和政府对金融业的绝对发言权和控制力,才能从根本上防止出现系统性风险,进而防范经济危机。

(三)有力回击美元霸权

值得思考的是:经过多年发展,美国的制造业已经高度空心化,那么其如何创造如此巨额的财富? 为什么还能有那么多的钱进行外贸交易? 原因在于世界流通货币由美国制造。美国可以用美元强制收割世界各国的财富,因此美元也被称为"美刀"。要与美国进行博弈甚至对抗,我们必须从根本上根除美元霸权。俄乌冲突爆发后,美国利用其金融霸权地位强势制裁俄罗斯,这也给中国提出了警示。中国宣布中俄贸易和投资开始不再使用美元结算,转而使用人民币和卢布结算。与此同时,伊朗、阿联酋和巴基斯坦也宣布与中国的交易开始使用人民币作为结算货币。

(四) 降低对美债的过度依赖

目前,中国仍是美国国债的最大持有国。在 2008 年金融危机期间,美国国债陷入无人购买的尴尬境地,中国逆势购买将美国国债从危局中挽救过来,现在看来这种行为值得反思。我们需要改变"救美国就是救中国"的思维模式。我们的态度应是我们不会主动挑起斗争,但也不惧怕斗争。美国债务流通是美元霸权地位的必要条件和充分保障。要彻底打击美元霸权,我们必须从美元的流动性下手,先削弱美国债务的流通性。一旦美债在全世界流通不畅,美国靠借钱消费的好日子也将走到末路,这才能从真正意义上打击美元霸权。

(五) 金融科技创新:提升金融服务效率与安全性

金融科技发展是现代经济体系中不可或缺的动力源,通过推动金融科技的创新和应用,可以大幅提升金融服务的效率和安全性。为了实现这一目标,需要在技术研发、政策支持和市场应用等方面进行全面布局。

加大对金融科技的研发投入是关键。要鼓励金融机构与科技企业合作,重点发展大数据、人工智能、区块链和云计算等技术,通过这些先进技术的应用,提升金融服务的智能化和自动化水平,优化客户体验,提高运营效率。例如,利用大数据和人工智能技术,可以进行精准的风险评估和信用评分,提升贷款审批和风险控制的效率。

在建立健全金融科技监管框架方面,政府应制定科学合理的金融科技监管政策,确保金融科技的发展在安全和可控的环境下进行。要建立金融科技监管沙盒,为新技术和新模式的测试与应用提供安全空间,在促进创新的同时保障金融系统的稳定性。

要推广数字支付和移动支付技术,加快无现金社会的建设。提升支付系统的便捷性和安全性,推动电子支付在各类交易场景中的普及。金融科技的发展还应注重普惠金融,利用科技手段为偏远地区和小微企业提供便捷的金融服务,缩小金融服务的地域差距和群体差距。

推动金融科技与传统金融业务的深度融合至关重要。鼓励金融机构积极采用金融科技手段,提高业务处理效率,降低运营成本。通过区块链技术实现交易的透明和不可篡改,提升金融交易的安全性和可信度。

第四节　实施国内国际双循环发展战略

在未来的全球经济竞争中,中国的战略布局显示出其卓越的先发优势。通过实施国内国际双循环发展战略,中国不仅正在有效地增强自身经济的韧性,还通过优化产业链和供应链,加强国内与国际市场的互动,维持经济的连续性和稳定性。这一策略的推行体现了中国在全球经济不确定性中追求自主复苏与高质量发展的坚定意志。同时,中国乡村振兴战略的实施不仅着力解决"三农"问题,也为经济增长注入了新的活力。通过持续的财政支持和生态创新,该战略加速了农村地区的发展,实现了城乡间的均衡,进一步加强了社会的长期稳定,并为经济的持续增长奠定了坚实的基础。通过这三大措施的实施,中国不仅能有效应对当前全球经济的挑战,还展现了在未来全球竞争中取得领先地位的强大潜力。中国的经济模式和战略决策正在引领全球经济向更加平衡、健康的方向发展,最终将确保中国在世界舞台上保持领先地位。

一、提升中国经济韧性:稳定发展的战略行动

提高中国经济韧性对于确保国家经济的长期稳定和健康发展至关重要。在全球经济波动、贸易摩擦、金融市场动荡和地缘政治冲突等不确定性因素频发的背景下,增强经济韧性有助于中国更好地应对外部冲击,保持经济和社会的稳定。此外,提升中国经济韧性还有助于促进可持续发展,通过更有

效的资源利用和环境保护,支持中国实现长期发展目标,如碳中和和绿色发展。经济韧性提升还能增强中国企业在国际市场上的竞争力,使企业能够更快地适应市场变化,抓住新的机遇。

(一) 推动经济结构优化升级

推动中国经济结构优化升级是实现可持续和高质量发展的核心战略。通过加强传统产业的技术革新和设备更新,可以提升这些产业的价值创造能力以及在全球产业分工中的竞争力。其次,坚持创新驱动发展战略,深入实施创新驱动,加快完善科技创新体系,依靠创新提升实体经济发展水平,培育壮大发展新动能,是推动经济结构优化升级的关键。此外,要充分发挥市场在资源配置中的决定性作用,更好地发挥政府作用,营造市场化、法治化、国际化的一流营商环境,这也是优化经济结构的重要方面。

(二) 完善产业链和供应链布局

加强产业链和供应链的现代化建设对于提升中国经济韧性不可或缺。要通过推动产业链链长制和产业集群发展,培育具有生态主导力的"链主"企业,打造具有国际竞争力的先进制造业集群,进而提升产业链的自主可控能力和辐射带动作用。要强化企业科技创新主体地位,整体部署技术创新决策、研发投入、科研组织、成果转化等环节,推动形成以企业为主体、产学研高效协同深度融合的创新体系,以科技自立自强为引领打造创新链。此外,优化产业布局,提高防范国际市场风险能力,在关系到国家安全的领域和节点构建自主可控、安全可靠的国内生产供应体系也是关键措施之一。要推进产业链、供应链上下游对接合作模式,聚焦强链补链,搭建产业转移合作平台,创新区域间产业转移合作模式,完善产业在国内梯度有序转移的协作机制。

二、中国乡村振兴战略:引领未来发展的新篇章

乡村振兴战略是习近平总书记于 2017 年 10 月 18 日在中共十九大报告中提出的一项重要战略。报告指出,农业、农村、农民问题是关系国计民生的根本性问题,必须始终把解决好"三农"问题作为全党工作的重中之重。在全

球百年未有之大变局的大背景下,中国乡村振兴战略迎来了前所未有的发展契机。这不仅是缩小城乡差距的重要举措,也是实现"两个一百年"奋斗目标的必然选择。

(一)稳固财政支持策略:激发乡村振兴的新动力

中国作为一个农业大国,农业经济在国民经济中占有举足轻重的地位。尽管中国的农业发展已经取得一系列显著成就,但"三农问题"依旧是阻碍农业经济持续增长的核心难题。鉴于农业的基础性地位及其对外部因素的高度敏感性,加强财政支持,确保农业及农村地区的稳定和繁荣成为必然选择。

1. 优先保障农业基础设施和服务完善

财政支持的首要任务是确保农业基础设施和公共服务的完善。这不仅包括传统的水利、道路、电网等基础设施建设,还应扩展到信息技术、农业科技应用等现代服务领域,提升农业生产效率和产品附加值。同时,应特别关注改善重度贫困人口和地区的生产生活条件,通过提升基础设施和服务,有效缩小区域发展差距,促进社会公平和谐。

2. 推动财政与金融的深度融合

为进一步激发乡村振兴的内生动力,财政支持还应促进与金融的深度融合。通过政策引导和激励机制,推动社会资金尤其是私人资本向农业和农村地区流动,形成多元化的资金投入格局。这包括发展农村合作金融、支持小型农业企业的信贷政策以及创新金融产品和服务,特别是针对农业保险和农村贷款的新型金融工具,确保农业投资的安全性和有效性,增强农业抗风险能力。

(二)生态创新推动乡村振兴:建设绿色和谐农村

在面对人民日益增长的美好生活需要和不平衡不充分的发展之间矛盾的新时代背景下,生态环境的科学治理已成为实现乡村振兴的重要支点。提升农村生态环境,不仅能够满足居民对优质生活的向往,还能确保农村发展的可持续性,这对于构建和谐乡村至关重要。

1. 推进农村生态环境科学治理

政府应采取科学的方法推进农村生态治理,这包括生态保护和修复、污染防治以及绿色能源的开发利用。通过恢复生态系统、提升水质、改善土壤和控制环境污染，我们能够为乡村居民创造一个安全且宜居的环境。同时，推广使用太阳能、风能等可再生能源，以及促进农业废弃物的资源化利用，既可以减少环境污染，也能增加农民收入。

2. 促进生态与经济协调发展

在乡村振兴战略的指导下，生态环境治理不仅仅是一个单独的目标，更是推动经济社会发展的动力。发展生态旅游、绿色农业和生态产品等产业，可以有效地将生态优势转化为经济优势，同时保证生态环境的持续性。这种模式不仅能提高农民的生活质量，还能吸引更多的年轻人返乡创业，注入新的活力。

3. 推动多元主体共同参与

政府、企业、民间组织和农民自身都应成为乡村生态治理的参与者。政策激励和资金支持，可以鼓励更多的社会力量投入乡村生态治理中来。建立公私合营的模式，利用社会资本和创新技术，有利于共同开创农村生态治理的新格局。

（三）金融创新为乡村振兴注入动力

金融支持是乡村振兴战略成功的关键因素。在现代经济体系中，金融不仅是资金的提供者，更是推动经济发展和技术创新的重要力量。对于乡村振兴而言，创新和适应性强的金融服务是提高农村生产力和居民生活质量的必要条件。

1. 开发符合"三农"需求的金融产品

金融机构应根据农村的具体需求，设计和推出符合"三农"领域特点的金融产品。这包括提供低利率、长期限的贷款服务，以支持农业基础设施建设、农产品加工和农业科技创新等项目。这些金融产品不仅需要满足大型农业项目的资金需求，还应覆盖小型家庭农场和新兴农业创业者，确保金融服务的普及性和可及性。

2. 创新农村经济发展模式

金融支持还应促进农村经济发展模式的创新，比如支持具有地方特色的农业项目和乡村旅游,这些项目不仅能提高农村的就业率,还有助于防止返贫现象。金融机构可以通过投资这些具有创新性和地方特色的项目,帮助乡村发展成为具有独特魅力和经济潜力的地区。

3. 优化金融监管和风险防控

为确保金融活动真正服务于乡村振兴的目标,必须强化金融监管体系。利用互联网和大数据技术,可以有效监控金融机构的操作和项目的进展情况,确保资金使用的透明性和效率。同时,提升金融机构的风险防控能力至关重要,要加强对农村金融诈骗的宣传和教育,维护农村金融市场的稳定和安全。

三、构建国内国际双循环:引领中国未来发展的战略布局

在中共二十大报告中,习近平总书记明确指出,推进高水平对外开放,稳步扩大规则、规制、管理、标准等制度型开放,加快建设贸易强国,推动共建"一带一路"高质量发展,维护多元稳定的国际经济格局和经贸关系。历史经验告诉我们,封闭必然导致落后,落后就会遭受挫折。构建国内国际双循环的新发展格局,传承了马克思主义政治经济学的理论精髓,是对中国当前存在问题和未来发展方向的系统回应,也是中国特色社会主义政治经济学的重大理论创新。

(一) 未来中国:构建新发展格局与高质量增长的战略

习近平总书记在中共二十大报告中强调,为应对全球化的新挑战和机遇,中国必须完整、准确、全面贯彻新发展理念。这包括坚持社会主义市场经济改革方向,实现高水平对外开放,加快构建以国内大循环为主体、国内国际双循环相互促进的新发展格局。这一战略不仅着眼于国内市场的深化和完善,也寻求在全球合作的新背景下,通过国内强大的市场动力吸引全球资源,共同推动全球经济增长。

1. 构建公平、公正、公开的市场环境

构建一个"公平、公正、公开"的市场环境是实现高质量发展的基石。对于国有企业,我们将重点提升其创新能力、国际竞争力和抵御风险的能力;对

于民营企业，我们将继续提供引导和扶持，确保民营经济成为国家经济的重要支柱。这一策略旨在打造一个更加开放和包容的市场，使其成为推动国内大循环和国际循环的强大引擎。

2. 加强"六稳"工作，抓住全球合作机遇

在全球合作的背景下，我们将继续加强"六稳"工作，即稳定就业、金融、外贸、外资、投资和预期。这一策略的实施将帮助我们解决现有经济问题，并利用全球合作提供的机遇。通过精确的宏观调控和增强消费者信心，我们可以快速提升内需，促进消费和投资的同步增长。

3. 刺激消费和稳定就业

我们要鼓励民众消费，增强其消费能力。要增强消费能力，首先需要稳就业。目前，中小微企业仍面临融资难、融资贵等问题，我们应通过金融服务实体经济的模式帮助中小微企业脱困，利用其庞大基数实现稳就业。要刺激消费，还需提升收入水平。通过减税降费等积极政策扩大人均可支配收入，持续缩小不同群体及城乡收入差距。

（二）强化国际投资策略：中国在全球经济中的新动力

改革开放以来，中国经济实现了飞速发展，但也面临诸多挑战，如劳动力成本上升和环保要求的增强。这些变化要求中国在国际市场上寻找新的竞争优势，可以通过提升国际投资能力和构建区域产业循环来实现。有效的对外投资管理改革和创新政策支持将成为推动这一转变的关键。

1. 加强国际谈判与市场准入

中国需要通过加强双边和区域协议谈判，为企业争取更广阔的国际市场准入。利用产业和市场的互补性，推动国际投资和合作。这些努力将帮助中国企业在全球范围内占据更有利的位置，打造具有国际竞争力的中国投资品牌。

2. 引导产业转移与全球产业链布局

要建立产业转移政策引导机制，评估其对全球产业链布局、就业、利润增长及人民币国际化的影响，以确保策略的合理性和效果。这将帮助分散经济风险，同时提升中国企业的国际竞争力。

3. 深度融入投资国经济社会

对外投资策略的重点不仅是"走出去",更重要的是"走进去"。中国企业应根据投资国的特殊国情进行深度投资,融入当地社会并承担相应的社会责任,提升当地对中国企业和文化的认同感,促进长期合作。可以通过积极参与当地社区的建设和发展,树立良好的国际形象,增强合作伙伴的信任和支持。

4. 降低投资风险并提供保护

面对各种投资风险,中国企业应通过策略性的海外投资和建立健全投资保护机制来降低风险。具体措施包括:确保海外投资得到与国内外其他直接投资同等的保护;实施公平合理的赔偿政策;建立健全投资者仲裁机制,保障投资者的合法权益。

(三) 提升全球产业链竞争力,迈向未来经济高地

在全球合作的大背景下,国际环境为我们提供了有利条件,我们应充分利用这一机会提升全球产业链的竞争力。首先,作为社会主义国家,中国可以发挥集中力量办大事的制度优势,在人工智能、量子信息、先进制造等领域攻克一批基础性技术和通用共性技术,并将其广泛应用于相关行业,增强行业整体实力,使中国的产品在国际市场中更具竞争力。

1. 加强关键技术领域的突破

中国应聚焦人工智能、量子信息、先进制造等前沿科技领域,通过国家层面的支持,攻克一系列基础性和通用性技术难题。这些技术的突破和广泛应用将直接增强相关产业的全球竞争力,提升中国产品在国际市场中的竞争地位。

2. 优化市场机制与增强政府支持

对于前沿且不确定性较高的技术,中国可以利用市场机制优化资源配置,实现优胜劣汰。政府应加大对基础研究和创新发展的投入,支持企业和研究机构的技术创新,确保这些创新能够转化为实际的经济和社会效益。

3. 提升全球价值链的层次

中国需要通过全球科技资源的配置和加大研发投入,推动经济结构的转

型升级。此外,通过构建高水平的自由贸易区网络,积极适应国际贸易投资的新规则,中国可以在全球价值链中向中高端攀升。同时,利用东部地区的资金和人才资源优势,进一步提升开放水平,扩大国际合作。

4. 推动服务贸易的多样化和数字化

中国的服务贸易相比商品贸易展现出较大的逆差,这一现象亟待改变。利用 RCEP 等国际贸易协定带来的机会,中国应扩大服务贸易的总量,特别是在旅游、教育、医疗等领域加大支持力度,促进这些服务行业快速发展。依托数字经济的发展,构建具有中国特色的服务贸易优势,提高其国际竞争力。

(四) 加强区域贸易合作,提升国际竞争力

在全球经济一体化的背景下,加强区域贸易合作成为提升中国国际竞争力的关键策略。通过有效利用已签署的《区域全面经济伙伴关系协定》(RCEP),中国可以实现与区域内国家更紧密的经济联系,推动区域经济一体化进程,从而在全球市场上占据更有利的地位。

1. 推进商品与服务贸易自由化

中国需要进一步推动商品贸易的自由化,通过实施零关税政策和统一原产地规则来减少区域内的贸易壁垒。这将促进商品在区域内的自由流通,加强区域经济一体化。在服务贸易方面,结合发达国家和发展中国家的需求与特点,采取负面清单和正面清单相结合的管理方式,逐步过渡至全面采用负面清单,提升服务贸易的透明度和开放性。

2. 制定全面的投资政策

在投资领域,全面采用负面清单管理方式,为中外投资者提供公平、透明的投资环境。这不仅有助于吸引更多外资进入中国,也鼓励中国企业"走出去",在国际市场上扩大影响力和市场份额。

3. 加强东亚区域合作,深化与欧盟的经济贸易关系

特别是推进中日韩三国之间的经济贸易合作和自由贸易区建设,这将加强东亚地区的经济一体化,提升区域整体的经济实力和国际竞争力。同时加速推进《中欧全面投资协定》(CAI)的落实,扩大与欧盟的贸易和投资合作,为中国企业提供更广阔的市场和更多的商业机会。同时,这也有助于提升中国

经济的高质量发展。

4. 扩大进口以促进内部改革

通过扩大高质量进口,不仅可以满足国内市场需求,还能通过引入先进技术和设备来提升国内生产效率和技术水平。此外,扩大进口还有助于通过市场竞争推动国内产业结构的优化和升级。

(五) 扩大进口促进高质量发展:引领未来中国胜出

通过扩大进口,中国不仅可以弥补国内资源的不足,还能引进先进的技术设备,提升生产效率,推动国内技术改革。扩大进口能够提升大众的生活质量,使人们享受到国际一流的消费品,同时通过市场竞争促进国内产业的改革和创新,提升中国产品的国际竞争力。例如,进口高品质的汽车等产品可以激发国内市场的竞争活力,推动国内企业提高产品质量和创新能力。

目前,中国政府采购的实施标准尚未完全与国际接轨,国内企业在一些发达国家的政府采购市场中常被排斥,丧失了大量商业机会。尽管近年来中国政府采购制度不断完善,但仍需加快出台相关法规实施细则,加强政府采购的监督管理和信息公开力度。我们应充分利用发展中国家的身份,结合中国实际情况,稳步有序地扩大开放范围,实现内部协调配合,更好地实现物有所值。具体而言,首先要加强对高技术、高附加值产品的进口,推动国内产业结构升级,增强国际竞争力。其次,要完善进口政策,简化进口流程,降低进口成本,鼓励企业积极引进先进技术和设备。最后,要推动服务贸易进口,特别是在教育、医疗、旅游等领域,提升服务贸易的国际化水平,满足国内日益增长的高质量服务需求。通过这些措施,我们不仅能够提升国内产业的整体水平,还能为国内企业创造更多的发展机会,促进国内经济的高质量发展。扩大进口是实现高质量发展的重要途径之一,有助于优化资源配置,提升产业竞争力,推动中国经济实现更高水平的发展。中国在未来必将通过这些努力在全球竞争中胜出,引领世界经济的新格局。

(六) 提升全球影响力:中国企业国际竞争力的全面增强策略

在全球化日益加深的今天,中国企业通过拓展全球市场以增强国际竞争力成为一种必然趋势。通过系统地开拓新的国际市场，中国企业不仅可以拓宽业务领域，还能显著提升其市场影响力和整体经济效益。要实现这一目标，中国企业必须在市场研究、品牌建设、技术创新及国际合作等关键领域进行战略布局。

1. 市场研究：打造国际市场进入的坚实基础

成功进入国际市场首先依赖精确的市场研究。企业需全面了解目标市场的经济环境、法律法规、文化习俗及消费者需求。通过深入的市场调研和数据分析，企业可以制定出符合当地需求的市场策略，确保其产品和服务精准对接市场需求。利用大数据和人工智能技术，企业能够更精确地把握市场动态，制定更有效的市场拓展策略。

2. 品牌建设：塑造国际认可的品牌形象

品牌的国际化是提升企业竞争力的关键。中国企业应重视品牌形象的国际塑造和维护，通过提供高质量的产品和服务来赢得全球市场的认可；参加国际展览和行业峰会，积极推广品牌，扩大其国际知名度；同时，通过社交媒体和数字营销策略，加强与全球消费者的互动，提升品牌的全球影响力及增强消费者的信任和忠诚。

3. 技术创新：提升产品竞争力和市场适应性

技术创新是确保在国际市场上保持竞争力的关键。中国企业应增加研发投资，强化自主创新，开发具备国际竞争力的高科技产品；通过持续的技术革新不仅可以提升产品的附加值和市场竞争力，还能满足不同市场的需求。建立国际研发中心，吸引全球顶尖人才，促进技术交流与合作，是提升中国企业技术实力和市场适应性的有效途径。

4. 国际合作：加速市场扩张与风险降低

通过与国际知名企业的合作，中国企业可以更快速地融入目标市场。合资、并购和战略联盟等多种合作模式不仅可以帮助企业迅速获得新市场的接入点，还能有效降低进入市场的风险和成本。参与国际标准的制定，将不仅提升中国企业在全球产业链中的地位，还增强中国企业在国际市场上的话语权。

参考文献

安礼伟,张二震,2020.新时代我国开放型经济发展的几个重大理论问题[J].社会科学文摘,(11):16-18.

卞靖,陈曦,2022.人口大国跨越"中等收入陷阱"面临的主要挑战及经验启示[J].中国经贸导刊,(5):64-67.

陈大鹏,吴舒钰,李稻葵,2021.中国构建开放型经济的经验和对新发展阶段的启示——政府与市场经济学的视角[J].国际经济评论,(6):141-160+8.

陈卫东,2018.2017年国际金融十大新闻之二 "一带一路"高峰论坛成功举办,谱写国际合作新篇章[J].国际金融研究,(1):7.

陈艳艳,2022.中国共产党对"百年未有之大变局"的阐释及其贡献[J].西南交通大学学报(社会科学版),(1):10-24.

成汉平,宁威,2020."大变局"视野下中国—东盟关系中的问题、挑战与对策[J].云南大学报(社会科学版),(1):126-134.

仇朝兵,2022.权力再分配、国内政治与中美关系的未来[J].云南社会科学,(5):1-13.

楚尔鸣,王真,2018.中国货币政策溢出效应的异质性研究——基于51个国家的面板数据分析[J].国际金融研究,(10):13-22.

楚树龙,2017.特朗普"新政"走势及其影响[J].当代世界,(4):4-7.

崔百胜,葛凌清,2019.中国货币政策对世界主要经济体溢出效应的异质性分析——基于GVAR模型的实证研究[J].华东经济管理,33(08):83-94.

崔学锋,2012.19世纪美国的自然资源开发与经济崛起:经验与启示[J].学习与探索,(12):88-91.

董春岭,张昭曦,2021.2020年美国大选与美国的"百年变局"[J].美国问题研究,(1):61-75+214-215.

董楠,袁银传,2022.百年未有之大变局下逆全球化思潮的表现、趋势及应对[J].思想教育研究,(9):103-110.

董振瑞,2020.近年来国内学术界关于"百年未有之大变局"研究述评[J].党的文献,(3):118-127.

杜尚泽,王云松,2022.习近平同美国总统拜登在巴厘岛举行会晤[N].人民日报,2022-11-15(1).

杜心蕾,2021.为发展中国家提供新选项——亚投行的缘起、设计与创新[J].国际论坛,
　　(3):59-78+157-158.

樊亢,等,1997.主要资本主义国家经济简史[M].北京:人民出版社.

顾炜,2021.领导权与大国欧亚地区竞争的演化[J].世界经济与政治,(10):79-104+
　　158-159.

国际人才交流,2019.外国领导人点赞"一带一路"国际合作高峰论坛[J].国际人才交流,
　　(7):54-55.

韩妍,2023.中美货币政策对金砖国家的溢出效应——基于 TVP-SV-VAR 模型的比较
　　分析[J].青海金融,(4):4-11.

贺凯,冯惠云,2019.领导权转移和全球治理:角色定位、制度制衡和亚投行[J].国际政治科
　　学,(3):31-59.

侯建新,2005.社会转型时期的西欧与中国[M].北京:高等教育出版社.

胡鞍钢,2021.中国与世界百年未有之大变局:基本走向与未来趋势[J].新疆师范大学学报
　　(哲学社会科学版),(5):38-53+2.

胡晶晶,刘凡,2022.中美博弈背景下的中希关系:认知、现状及挑战[J].国际关系研究,
　　(5):76-91+157.

黄光耀,1993.工业革命时期英国人口发展的特点及对社会经济的影响[J].江苏社会科学,
　　(1):117-123.

黄鹏,2021.重构全球化:全球经济治理的改革取向[J].探索与争鸣,(2):88-98+179.

黄宪,白德龙,2017.中国货币政策对经贸关联国货币政策的外溢影响研究——基于"一带
　　一路"相关国的证据[J].国际金融研究,(5):15-24.

黄宪,杨子荣,2016.中国货币政策会冲击到美国货币政策吗——基于效应外溢的视角
　　[J].国际金融研究,(1):15-27.

贾春阳,2017.中美反恐合作:现实困境与未来出路[J].美国问题研究,(1):164-191+
　　224-225.

贾洪文,张伍涛,盘业哲,2021.科技创新、产业结构升级与经济高质量发展[J].上海经济研
　　究,(5):50-60.

江心英,赵爽,2018.江苏省经济增长、产业结构与碳排放关系的实证研究——基于 VAR 模
　　型和脉冲响应分析[J].南京财经大学学报,(2):16-24.

江心英,朱蓉,2022.江苏省第二产业发展与碳排放关系研究——基于 1987—2018 年时间
　　序列数据的实证分析[J].生态经济,(5):28-32.

蒋孟引,1988.英国史[M].北京:中国社会科学出版社.

黎斌林,2013.中、美矿产资源产业的经济贡献率研究[J].特区经济,(11):59-60.

李金林,叶长华,李玉山,2022.内陆国际金融中心的形成机制路径与政策建议[J].当代金
　　融研究,(9):61-69.

李婧,李世恒,2022.以邻为壑还是富足邻里:中国货币政策对 RCEP 成员的溢出效应研究
　　[J].北京工商大学学报(社会科学版),37(6):75-88.

李平,王春晖,于国才,2011.基础设施与经济发展的文献综述[J].世界经济,(5):93-116.

李向阳,2005.布雷顿森林体系的演变与美元霸权[J].世界经济与政治,(10):14-19+4.

李晓,陈煜,2020.疫情冲击下的世界经济与中国对策[J].东北亚论坛,(3):43-57+127.

李言,毛丰付,2019.中国区域经济增长与经济结构的变迁:1978—2016[J].经济学家,(2):55-65.

连平,2021.布雷顿森林体系:过去、现在和未来[J].中国外汇,(21):12-23.

林毅夫,2021.百年未有之大变局下的中国新发展格局与未来经济发展的展望[J].北京大学学报(哲学社会科学版),(5):32-40.

刘刚,2021.新常态下新兴开发性金融机构支持"一带一路"建设研究[M].上海:上海远东出版社.

刘刚,2024.金融安全助力中国式现代化[J].区域金融研究,(2):5-12.

刘国斌,2016.论亚投行在推进"一带一路"建设中的金融支撑作用[J].东北亚论坛,(2):58-66+128.

刘厚俊,2000.20世纪美国经济发展模式:体制、政策与实践[J].南京大学学报(哲学.人文科学.社会科学版),(3):28-40.

刘权,韩婷,2024.中国货币政策对RCEP成员国的溢出效应——基于GVAR模型的实证分析[J].宜宾学院学报,24(1):41-53.

刘睿,王越,2022.世界百年未有之大变局的科学应对方略探析——基于正确对待科技的视角[J].江汉论坛,(2):56-62.

刘艳,2011.我国服务贸易进口、服务业FDI与技术进步的关系研究——基于协整方法和VEC模型的实证分析[J].国际商务研究,(1):9-15.

刘艳,王诏怡,2010.中国服务贸易进口与技术进步的关系研究——基于协整方法和VEC模型的实证分析[J].工业技术经济,(8):87-90.

刘园,王达学,1999.金融危机的防范与管理[M].北京:北京大学出版社.

卢江,郭采宜,2021.国际经济格局新变化与中国开放型经济体制构建研究[J].政治经济学评论,(3):122-143.

陆江源,相伟,谷宇辰,2022."双循环"理论综合及其在我国的应用实践[J].财贸经济,(2):54-67.

梅德利科特,1990.英国现代史1914—1964[M].北京:商务印书馆.

梅冬州,张咪,2024.货币政策外溢与中国宏观政策选择[J].数量经济技术经济研究,41(1):25-46.

倪红福,2022.新发展格局下构建开放型经济体系:一个逻辑框架[J].经济体制改革,(3):5-15.

欧明刚,2021.亚投行五年:回顾与展望[J].银行家,(2):88-90.

欧阳康,2018.全球治理变局中的"一带一路"[J].中国社会科学,(8):5-16.

潘成鑫,2016.美国"全球领导权"话语——认知误区与反思[J].美国问题研究,(2):58-77+168-169.

庞金友,2019.百年大变局与中国方案[J].人民论坛·学术前沿,(7):21-31.

裴长洪,刘斌,2020.中国开放型经济学:构建阐释中国开放成就的经济理论[J].中国社会科学,(2):46-69+205.

裴长洪,郑文,2014.中国开放型经济新体制的基本目标和主要特征[J].经济学动态,(4):

8－17.

奇波拉,1991. 欧洲经济史:六[M]. 吴良健,等译. 北京:商务印书馆.

邱煜,潘攀,2019.“一带一路”倡议与沿线国家债务风险:效应及作用机制[J]. 财贸经济,
　　(12):96－111.

权衡,2019.“百年未有之大变局”:表现、机理与中国之战略应对[J]. 科学社会主义,(3):
　　9－13.

任琳,2020.“百年未有之大变局”下的全球治理体系改革[J]. 当代世界,(3):60－65.

上海企业,2020. 中国社会科学院经济研究所所长黄群慧:畅通国内大循环构建新发展格局
　　[J]. 上海企业,(8):50.

沈国兵,2020. 新冠肺炎疫情全球蔓延对国际贸易的影响及纾解举措[J]. 人民论坛·学术
　　前沿,(7):85－90.

沈铭辉,郭明英,2021. 大变局下的区域全面经济伙伴关系协定:特征、影响与机遇[J]. 当代
　　世界,(1):44－51.

石建勋,2020. 以更高水平对外开放　提升产业链供应链现代化水平[N]. 光明日报,2020－
　　11－17(11).

宋微,尹浩然,2021. 鼎撑多边贸易体制,还看中国担当[N]. 国际商报,2021－12－14(4).

隋广军,黄亮雄,黄兴,2017. 中国对外直接投资、基础设施建设与“一带一路”沿线国家经济
　　增长[J]. 广东财经大学学报,(1):32－43.

田轩,2020. 中美间综合国力竞争　本质是比拼技术创新[N]. 新民晚报,2020－08－03(9).

佟家栋,何欢,涂红,2020. 逆全球化与国际经济新秩序的开启[J]. 南开学报(哲学社会科学
　　版),(2):1－9.

佟家栋,鞠欣,2022. 构建更高水平开放型经济新体制的国际战略形势思考[J]. 国际经济合
　　作,(6):4－13＋86.

王德蓉,2022. 党的十八大以来我国开放型经济新体制的构建与发展[J]. 中共党史研究,
　　(4):15－23.

王厚双,邓平平,2018. 影响中国获取全球经济治理话语权的因素分析[J]. 经济问题探索,
　　(10):33－41.

王疆,江娟,2017. 母国集聚与产业集聚对中国企业对美直接投资区位选择的影响[J]. 世界
　　地理研究,(4):20－30.

王联合,潘超月,2020. 美国主要智库对亚投行的多重认知与政策主张[J]. 世界经济研究,
　　(11):127－134＋137.

王乃耀,1989. 英国早期圈地运动[J]. 北京师范学院学报(社会科学版),(1).

王世达,2020. 试析印度经济大滑坡及中印经贸合作前景[J]. 国际研究参考,(4):18－24.

王宇,钱亦楠,2009. 中美共治气候变化[J]. 财经,(22):100－101.

魏华颖,2013. 国际人才培养与高等教育国际化[J]. 人民论坛,(5):134－135.

温尧,谢蒙莹,陈冲,2021.“一带一路”浪潮的生成——基于空间模型的分析[J]. 世界经济
　　与政治,(2):134－154＋160.

吴波,肖楠,2021. 习近平关于百年未有之大变局的重要论述研究[J]. 马克思主义理论学科
　　研究,(3):26－32.

吴庆军,陈红梅,肖宛晴,2021.中美战略博弈的本质特征及其策略选择[J].海派经济学,
　　(3):191 - 209.

吴庆军,王振中,2021.基于习近平伟大斗争思想视域下的中美战略博弈[J].海派经济学,
　　(1):91 - 102.

吴婷婷,朱昂昂,2020.新冠肺炎疫情对中国经济的影响及应对策略[J].南方金融,(5):
　　3 - 11.

吴于廑,2005.15—17世纪英国乡村工商业的发展与其早期近代化[M]//十五十六世纪东
　　西方历史初学集.武汉:武汉大学出版社:207.

伍山林,2018.美国贸易保护的根源——以美国重商主义形态演变为线索[J].财经研究,
　　(2):18 - 30.

习近平,2022.高举中国特色社会主义伟大旗帜　为全面建设社会主义现代化国家而团结
　　奋斗——在中国共产党第二十次全国代表大会上的报告[R].中华人民共和国国务院公
　　报,(30):4 - 27.

谢世清,2011.国际货币基金组织份额与投票权改革[J].国际经济评论,(2):119 - 126+6.

薛荣久,2018.为完善全球经济治理贡献中国智慧[N].人民日报,2018 - 10 - 29.

严兵,谢心荻,文博,2021.中国对外援助与受援国经济增长:兼论基础设施的中介效应
　　[J].世界经济研究,(2):3 - 18.

颜色,郭凯明,杭静,2022.中国人口红利与产业结构转型[J].管理世界,(4):15 - 33.

杨丹辉,渠慎宁,2021.百年未有之大变局下全球价值链重构及国际生产体系调整方向
　　[J].经济纵横,(3):61 - 71+2.

杨河,2021."世界处于百年未有之大变局"的哲学思考[J].北京大学学报(哲学社会科学
　　版),(5):41 - 53.

杨茂生,1991.美国外交政策史[M].北京:人民出版社.

杨娜,王慧婷,2020.百年未有之大变局下的全球治理及中国参与[J].东北亚论坛,(6):39 -
　　50+124.

杨蓉荣,李滨,2019."百年未有之大变局"的机遇和挑战[J].江苏行政学院学报,(2):
　　101 - 106.

杨晓燕,解晓燕,2021.欧美之争:跨大西洋关系面临新的挑战[J].复旦国际关系评论,(1):
　　193 - 211.

易森,2021.大力促进制造业高质量发展　打造国家重要先进制造业中心[J].当代党员,
　　(11):26 - 27.

殷阿娜,王厚双,2014.中国开放型经济转型升级的路径研究——基于绩效评估[J].经济问
　　题探索,(4):106 - 110+153.

余雷,2020.更高水平开放型经济新体制的构建路径[J].河南社会科学,(2):57 - 65.

余淼杰,2021.新发展阶段、新发展理念与新发展格局[J].金融论坛,(6):3 - 6+16.

余淼杰,季煜,2022.构建全国统一大市场的价值意蕴及路径探析[J].新疆师范大学学报
　　(哲学社会科学版),(6):110 - 120.

余翔,2015.美国经济增长新特征与前景[J].国际问题研究,(4):82 - 95.

约翰·柯顿,王馨荷,先萌奇,2017.2030:中国能否领导全球治理[J].人民论坛·学术前

沿,(14):13-24.

岳兴程,汪五一,张云佳,2021.中国开放型经济发展水平的空间分布与演化特征[J].统计与决策,(21):98-103.

云莉,吕国平,2009.冲突还是共治——论中美关系的未来走向[J].内蒙古师范大学学报(哲学社会科学版),(5):73-77.

张杰,2022.中美科技创新战略竞争驱动下的全球产业链演变格局与应对策略[J].世界经济与政治论坛,(4):1-21.

张磊,2010.从哥本哈根会议看全球气候合作前景[J].国际关系学院学报,(4):79-84.

张铭慎,陆江源,2022.大国经济循环:轨迹特征、演进规律与政策启示[J].经济学家,(8):24-32.

张小路,2002.美国的西进运动及其西部开发模式[J].社会科学战线,(2):134-140.

张原,2018.中国对"一带一路"援助及投资的减贫效应——"授人以鱼"还是"授人以渔"[J].财贸经济,(12):111-125.

张中元,2021."一带一路"机制化建设与可持续发展研究[J].亚太经济,(4):1-10.

赵继龙,钟志凌,2022.中国式现代化新道路对"修昔底德陷阱"的超越及其启示[J].理论导刊,(3):56-61+72.

赵骏,金晶,2017.亚投行与现有多边开发银行的关系定位、澄清和协调[J].太平洋学报,(5):23-33.

赵可金,2019.如何在"百年未有之大变局"中理解中国角色[J].探索与争鸣,(1):10-13.

赵磊,2019.从世界格局与国际秩序看"百年未有之大变局"[J].中共中央党校(国家行政学院)学报,(3):114-121.

郑永年,2022.中国如何引领下一波全球化[J].中国企业家,(10):88-91.

周国荣,2020.国际体系危机、关注点趋同与国际领导权的共享——基于七国集团与二十国集团的比较分析[J].复旦国际关系评论,(2):140-167.

周江银,2009.影响人民币汇率走势的内外部因素分析[J].上海金融,(2):59-61.

朱锋,2019.近期学界关于"百年未有之大变局"研究综述[J].人民论坛·学术前沿,(7):6-12.

朱福林,2014.国际R&D溢出对中国全要素生产率的影响——基于服务进口渠道的实证研究[J].技术经济,(8):48-54+75.

朱孟楠,周禹,郑莉,2020.中国货币政策对"一带一路"沿线国家或地区经济外溢效应研究[J].世界经济研究,(6):89-105+137.

朱培金,2016.中美货币政策溢出效应研究——基于BVAR模型分析[J].金融与经济,(10):39-44+58.

ALLISON G, 2017. Destined for War: Can America and China Escape Thucydides's Trap? [M]. Houghton Mifflin Harcourt.

AIZENMAN J, ITO H, 2012. Trilemma policy convergence patterns and output volatility [J]. The North American Journal of Economics and Finance, 23(3): 269-285.

ANG Y Y, 2019. Demystifying Belt and Road [J]. Foreign Affairs, 20.

BARTELS L, BERMEO N, 2014. Mass Politics in Tough Times: Opinions, Votes and

Protest in the Great Recession[M]. Oxford University Press.

BERGSTEN C F, 2018. China and the United States: The Contest for Global Economic Leadership [J]. China & World Economy, 26:5.

BIRD G, MANDILARAS A, POPPER H A, 2012. Is there a Beijing Consensus on International Macroeconomic Policy? [J]. World Development, 40(10):1933 – 1943.

BOWN C P, PRUSA T J, 2010. U. S. Antidumping Much Ado about Zeroing [J]. Policy Research Working Paper No. 5352.

BROTO C, DÍAZ-CASSOU J, ERCE A, 2011. Measuring and explaining the volatility of capital flows to emerging countries [J]. Journal of Banking & Finance, 35 (8): 1941 – 1953.

Broz J L, Zhang Z, Wang G, 2020. Explaining Foreign Support for China's Global Economic Leadership [J]. International Organization, 74(3):417 – 452.

BUMSIDE C, DOLLAR D, 2000. Aid, Policies, Growth [J]. American Economic Review, 90(4):847 – 868.

CALLAGHAN M, HUBBARD P, 2016. The Asian Infrastructure Investment Bank: Multilateralism on the Silk Road [J]. China Economic Journal, 9(2):116 – 139.

CHENERY H B, STROUT A M, 1966. Foreign Assistance and Economic Development [J]. The American Economic Review, 56(4):679 – 733.

CHEN Y, EADTHONGSAI P, 2011. Global leadership in Emerging Countries: Focusin on China[M].

DAVIDSON J E H, HENDRY D F, SRBA F, et al. , 1978. Econometric modelling of the aggregate time-series relationship between consumers' expenditure and income in the United Kingdom[J]. The economic journal, 88(352): 661 – 692.

DREHER A, MARCHESI S, VREELAND J R, 2008. The political economy of IMF forecasts[J]. Public Choice, 137: 145 – 171.

DURBARRY R, GEMMEL N, GREENWAY D, 1998. New Evidence on the Impact of Foreign Aid on Economic Growth [J]. University of Nottingham.

FUNKE M, SCHULARICK M, TREBESCH C, 2016. Going to Extremes: Politics After Financial Crises, 1870 – 2014 [J]. European Economic Review, 88 (C):227 – 60.

GYIMAH-BREMPONG K, RACINE J S, 2014. Aid and Economic Growth: A Robust Approach [J]. Journal of African Development, 16(1):1 – 35.

HAGA K, 2021. The Asian Infrastructure Investment Bank: A Qualified Success for Beijing's Economic Statecraft [J]. Journal of Current Chinese Affairs, 50(3):391 – 421.

HALL T, YARHI-MILO K, 2012. The Personal Touch: Leaders'Impressions, Costly Signaling, and Assessments of Sincerity in International Affairs [J]. International Studies Quarterly, 56(3):560 – 573.

HANSEN H, TARP F, 2000. Aid Effectiveness Disputed [J]. Social Science Electronic Publishing, 12(3):375 – 398.

HOLTZ-EAKIN D, NEWEY W, ROSEN H S, 1988. Estimating vector autoregressions with panel data[J]. Econometrica: Journal of the econometric society, 1371 – 1395.

HUTCHISON M, SENGUPTA R, SINGH N, 2012. India's trilemma: Financial liberalisation, exchange rates and monetary policy 1[J]. The World Economy, 35(1): 3 – 18.

KAMDAR B, 2019. What to Make of India's Absence from the Second Belt and Road Forum? [N]. The Diplomat, 2019 – 09 – 05.

KAYA A, KILBY C, KAY J, 2021. Asian Infrastructure Investment Bank as an instrument for Chinese influence? Supplementary versus remedial multilateralism [J]. World Development, 145(1).

KOOPMAN R, POWERS W, Wang Z, et al., 2010. Give Credit to Where Credit is Due: Tracing value added global production chains [J]. NBER Working Paper, 16426.

KURNIASARI E, VIRGIANITA A, YEREMIA A, 2022. China's Perspectives on Multilateralism: A Preliminary Exploration of The Asian Infrastructure Investment Bank (AIIB) [J]. Intermestic: Journal of International Studies, 6(2):442 – 458.

LEVY V, 1987. Does Concessionary Aid Lead to Higher Investment Rates in Low-income Countries? [J]. The Review of Economics and Statistics, 69:152 – 156.

LIPSCY P Y, 2015. Why the United States Should Support China's Asian Infrastructure Investment Bank [J]. Foreign Affairs.

LU H, ROHR C, HAFNER M, et al., 2018. China Belt and Road Initiative: Measuring the Impact of Improving Transportation Connectivity on Trade in the Region [R]. Rand Corporation.

MIAN A, SUFI A, TREBBI F, 2012. Resolving Debt Overhang: Political Constraints in the Aftermath of Financial Crises [J]. American Economic Journal: Macroeconomics, 6(2):1 – 28.

OVERHOLT W, 2010. China in the Global Financial Crisis: Rising Influence, Rising Challenges [J]. The Washington Quarterly, 33(1):21 – 34.

PAPANEK G F, 1973. Aid Foreign Private Investment, Saving, and Growth in Less Developed Countries [J]. The Journal of Political Economy, 81(1):120 – 130.

PILIALEV I, 2021. On the Way to Global Leadership: Recent Shifts in China's Geo-economic Power [J]. Ukrainian Policymaker, 8.

PILIAIEV I, 2021. On the Way to Global Leadership: Recent Shifts in China's Geo-economic Power[J]. Ukrainian Policymaker, 8(8): 89 – 101.

SAINSBURY T, 2015. US global economic leadership: Responding to a rising China [R]. APO: Analysis &. Policy Observatory.

TWEEDIE A, 2012. Quote Formula Review — Initial Consideration [R]. IMF Working Paper, (9).

WANG L, 2017. "Belt and Road" Forum for International Cooperation Draws the World's Attention [J].China's Foreign Trade, 3:51 – 57.

WANG X, 2019. Leadership-building Dilemmas in Emerging Powers' Economic Diplomacy:

Russia's Energy Diplomacy and China's OBOR [J]. Asia Europe Journal, 18:117 – 138.

WILSON J, 2017. The evolution of China's Asian Infrastructure Investment Bank: From a revisionist to status-seeking agenda [J]. International Relations of the Asia-pacific, 19:147 – 176.

WRIGLEY E A, 1983. The growth of population in eighteenth-century England: A conundrum resolved [J]. Past & Present, (98),121 – 150.

YU H, 2016. Motivation behind China's 'One Belt, One Road' initiatives and establishment of the Asian Infrastructure Investment Bank [J]. Journal of Contemporary China, 26 (105):1 – 16.